HEYNE BÜCHER

SCIENCE FICTION

Herausgegeben
von Wolfgang Jeschke

JOERN J. BAMBECK

INNENWELTEN

Science Fiction-Erzählungen

Originalausgabe

WILHELM HEYNE VERLAG
MÜNCHEN

HEYNE-BUCH Nr. 06/4032
im Wilhelm Heyne Verlag, München

Das Umschlagbild schuf Walter A. Mahle
Die Illustrationen im Text sind
von Judit Böhm

Redaktion: Wolfgang Jeschke

Printed in Germany 1983
Umschlaggestaltung: Atelier Ingrid Schütz, München
Satz: Schaber, Wels/Österreich
Druck und Bindung: Elsnerdruck, Berlin

ISBN 3-453-30973-1

INHALT

Schon als Kind hatte ich, dem Vorbild meiner Mutter folgend, Abscheu und schließlich Angst vor Spinnen entwickelt. Was jedoch nicht weiter schlimm war, da sich meist jemand in meiner Nähe befand, der sie aus dem Zimmer schaffte. Später legte sich die Phobie soweit, daß ich imstande war, die unschuldigen Tiere, die sich in meine Wohnung verirrten, selbst, mit Handfeger und Schüppe zu beseitigen; aus Furcht, sie könnten mir nachts übers Gesicht laufen und in die Ohren, die Nase oder gar den Mund kriechen. Eine Vorstellung, die wohl für die meisten sehr unangenehm sein dürfte.

Diese unbegründete Angst hätte sich wahrscheinlich im Laufe der Jahre weiter verringert, wäre nicht folgendes passiert. Ich erwachte eines Nachts und öffnete, auf der Seite liegend, schlaftrunken die Augen. Keine zehn Zentimeter von ihnen entfernt – es war nicht völlig dunkel im Zimmer – befand sich ein dunkler Fleck auf dem Kopfkissen. Entsetzt reagierte ich erst, als sich dieser Fleck zu bewegen schien. Mit einem Satz war ich aus dem Bett und am Lichtschalter. Es war tatsächlich eine Spinne, die halb zerquetscht, hilflos mit den ihr verbliebenen Beinen zuckte.

Dieses Erlebnis reichte aus, um meiner weitgehend abgebauten Spinnenangst wieder den Status einer ausgewachsenen Phobie zu verleihen. Mit der Zeit jedoch reduzierte sich die Angst erneut, und da ich auch weiterhin nur selten Begegnungen mit Spinnen hatte, erachtete ich es als unnötig, etwas dagegen zu tun.

Da ereignete sich vor einigen Jahren folgende Geschichte: Ich leitete ein Seminar für Führungskräfte und hatte mich mit den Teilnehmern am Abend noch zu einigen Pils zusammengesetzt. Gegen Mitternacht hielt ich es für angebracht zu Bett zu gehen, ebenso ein Teilnehmer, der sein Zimmer auf dem gleichen Flur wie ich hatte. Er war noch damit beschäftigt, seine Tür aufzuschließen, als ich rückwärts wieder aus meinem Zimmer trat. Natürlich wunderte er sich über mein sonderbares Verhalten und fragte, ob irgend etwas mit mir los sei? Ich deutete in Richtung meiner offenstehenden Tür und brachte nur heraus: »Eine Spinne.« Obwohl er sich nun noch mehr wunderte, ließ er sich nichts anmerken und meinte nur, »das haben wir gleich«; und ehe ich mich versah, stand er in *meinem Zimmer, packte das überraschte Tier mit der bloßen Hand und beförderte es vorsichtig, um es nicht zu verletzen, aus dem Fenster.*

Als ich am kommenden Morgen die Geschichte erzählte, löste sie natürlich große Heiterkeit und eine gehörige Portion Schadenfreude bei meinen Seminarteilnehmern aus; verständlich, wenn sich herausstellt, daß ihr Leiter, ein Psychotherapeut, Angst vor Spinnen hat.

Trotz des Heiterkeitserfolges, entschloß ich mich, nun doch etwas gegen meine Spinnenphobie zu unternehmen. Ich konzipierte ein Desensibilisierungsprogramm und therapierte mich selbst. Seitdem empfinde ich Spinnen zwar immer noch nicht als ästhetische oder gar liebliche Tierchen, aber sie stören mich weit weniger als früher, und ich lasse sie am Leben.

Es reizte mich also, eine Spinnengeschichte zu schreiben, nicht zuletzt auch deshalb, um zu sehen, ob meine früheren Ängste dadurch erneut aktiviert würden. Aber eine Geschichte, die bloß von Horroreffekten getragen wird, schien mir zu uninteressant. Es sollte schon ein wenig mehr dahinter stecken.

Die Spinne

BEWEGUNGSLOS SITZT DIE GROSSE SCHWARZE SPINNE MIT ANGEZOGENEN BEINEN IN IHRER HÖHLE. AUCH FÜR SIE WÜRDE EIN LÄNGERER AUFENTHALT AN DER OBERFLÄCHE TÖDLICH SEIN. DIE SONNE HAT IHREN HÖCHSTEN PUNKT LÄNGST ÜBERSCHRITTEN, ABER NOCH IMMER ZITTERT DIE LUFT ÜBER DEM AUFGEHEIZTEN WÜSTENSAND. IN EINIGEN STUNDEN WIRD DIE SPINNE AUS IHREM FLACHEN SCHLAF ERWACHEN, FALLS NICHT VORHER EINE BEWEGUNG AM HÖHLENEINGANG DIE NÄHE EINES BEUTETIERS VERRÄT.

Mit *L'Amour Diabolique* war ihm der große Durchbruch gelungen. Kein Wunder, er spielte die Rolle nicht, er lebte sie. Den

Frauen hatte er schon immer gefallen, doch nun reihte er Affäre an Affäre. Er sah gut aus, gewiß, und er war ein Star, aber das war es nicht. Es war auch nicht der Samt seiner Stimme, es war vor allem jener abgründige Ausdruck seiner dunklen Augen, jene geheimnisvolle diabolische Melancholie, die sich hinter seinen Lachfalten zu verstecken schien. Er war zwar melancholisch, aber es war keine geheimnisvolle, geschweige denn abgründige Traurigkeit; es war nichts weiter als die banale Reaktion eines Übersättigten, gewürzt mit einem gehörigen Schuß Zynismus. Der Erfolg hatte ihn gefräßig gemacht und faul, zumindest in Liebesdingen; doch je weniger er sich um eine Frau bemühte, desto mehr schien er sie zu verwirren. Liebe macht nicht immer blind; meist sahen die Frauen sehr schnell hinter das Verwirrspiel seiner Augen, doch sie liebten ihn weiterhin, blieben gefangen in dem, was sie als den wahren Kern seines Wesens vermuteten oder gar erkannten. So ist es denkbar, daß jene Frauen mehr von ihm wußten, als er, der mit ihren Gefühlen spielte, je ahnte.

Die bislang letzte in der schier endlosen Kette seiner Eroberungen war eine junge Frau von 25 Jahren. Sie hatte alleine am Tisch gesessen, vor ihr ein Cappucino, ein Stück Apfelstrudel und ein aufgeschlagenes Buch, in das sie vertieft war. Also fragte er, ob er sich zu ihr setzen könne. Sie sah kurz auf, nickte und wandte sich wieder ihrem Buch zu. Sollte sie ihn wirklich nicht erkannt haben oder tat sie nur so? Ihr scheinbares oder tatsächliches Desinteresse reizte ihn mehr als es ihn ärgerte, und überdies war sie bildschön. Da er nicht recht wußte, was er tun sollte, musterte er sie ungeniert. Ein wenig überrascht doch sehr befriedigt stellte er fest, wie eine auffällige Röte ihr Gesicht und ihren Hals überzog. Was dann folgte, sollte ihn allerdings noch stärker überraschen.

»Falls Sie etwas sagen möchten, sollten Sie es möglichst bald tun. Wie sie sehen, irritiert es mich, angestarrt zu werden.«

Wie ein ertappter Schuljunge entschuldigte er sich, und dann geschah etwas, das er nie und nimmer für möglich gehalten hätte. Er wurde rot.

Sie senkte zwar rücksichtsvoll ihren Blick, doch es begann sie zu schütteln, zuerst lautlos, dann befreite sich das Lachen, bis es sich auch nicht mehr durch die vorgehaltene Hand bändigen ließ.

Es war ein ansteckendes Lachen, das schließlich auch ihn erfaßte. Dies war der Beginn ihrer Beziehung, einer Beziehung, der jedoch schon bald das Los all seiner Beziehungen beschieden war; ein weiteres totgeborenes Kind.

»Ich weiß nicht, ob es nicht besser wäre, Dich nicht zu lieben«, schrieb sie und füllte ihre Traurigkeit in hilflose Bilder. »Ich stehe an Deinem Ufer, sehe Deine Fluten steigen und fallen, sehe, wie sie meine Fußspuren aus dem Sand spülen, sehe, wie sie statt dessen ferne weiße Säume in den Sand zeichnen, wie sie meine Sandburg hinwegtragen. Ich könnte auch ein Meer sein, doch ich bin nur ein Baum an Deinem Ufer und suche mit meinen Wurzeln von Deinem Wasser zu trinken. Doch die Zeiten der Flut sind kurz. Ich spiele mit den Schatten meiner Zweige und zeichne wechselnde Formen auf Deine Wellen, ich werfe Dir meine Blätter zu und lasse sie mit Dir sprechen und ich gebe Dir meine Blüten, gelbschimmernd am Morgen und von dunklem Purpur am Abend, und in der Nacht werden sie davongetragen, um in der Tiefe zu versinken, und eines Tages werde ich all meine Blüten verloren haben, und Deine Wellen werden leer und farblos sein.«

Selbstgefällig lächelnd ließ er das Blatt sinken, während er in Gedanken die letzte Zeile wiederholte, da sah er die Spinne zum erstenmal. Er sah sie nur, weil sie zufällig in sein Blickfeld gekrochen war. Eine kleine schwarze Spinne, höchstens einen halben Zentimeter groß. Gedankenverloren verfolgte er ihren langsamen Weg über die weiß getünchte Rauhfasertapete. »Eigentlich ein ganz niedliches Geschöpf«, dachte er noch, bevor sie hinter der Schreibtischkante verschwand.

Am Abend bekam er Besuch. Eine frühere, fast vergessene Bekannte hatte ihn angerufen, und da er nichts Besseres vorhatte, lud er sie ein. Man ging zum Essen und anschließend ins Bett. Sie wäre gerne länger geblieben. Er fühlte sich müde und lustlos, strich ihr übers Haar, erzählte gähnend von seinem Aufnahmetermin in aller Herrgotts Frühe und brauchte nicht deutlicher zu werden. Nachdem sie gegangen war, er wollte gerade das Licht löschen, sah er die Spinne zum zweitenmal. Er konnte nicht wissen, daß es dieselbe war. Er sah nur eine etwas größere Spinne, vielleicht doppelt so groß wie die erste und wiederum an der Wand links über dem Schreibtisch. Er wartete, bis sie hinter der Schreibtischkante verschwunden war, dann erst löschte er das Licht.

Als er aufwachte, schneite es. Weihnachten stand vor der Tür, aber die Temperatur kletterte, wie schon in den Tagen zuvor, über den Gefrierpunkt. Sein Schlaf war unruhig gewesen, aber davon wußte er nichts, er fühlte sich nur unausgeruht. Um neun sollte er im Studio sein. Er machte sich am Schreibtisch zu schaffen, zog eine Schublade heraus und ließ den installierten Anrufbeantworter zurücklaufen. Nichts als Frauenstimmen, die um Rückruf baten, jedoch kein Anruf vom Studio, daß die Aufnahmen verschoben werden müßten. Er überlegte noch, ob er unter irgendeinem Vorwand absagen sollte, als er sie zum drittenmal sah. Sie war wieder etwas gewachsen. Er schätzte ihre Größe auf anderthalb Zentimeter, und niedlich fand er sie auch nicht mehr. Sich vorbeugend wollte er sie genauer betrachten; doch da bewegte sie sich, schneller als die Male zuvor verschwand sie wiederum hinter der Kante. Er vermutete ein Nest hinter dem Schreibtisch und ging ins Bad, um sich fertigzumachen; denn er hatte sich entschieden, rechtzeitig im Studio zu erscheinen. In jener Nacht war es das erste Mal, daß er einen bewußten Blick auf die Wände warf, insbesondere auf jene links vom Schreibtisch, bevor er das Licht ausmachte.

Die folgenden drei Tage und Nächte verbrachte er nicht zu Hause; Außenaufnahmen in Italien. Die Arbeit machte ihm Spaß, nicht zuletzt deshalb, weil er sie mit einer neuen Affäre verbinden konnte, die er selbstverständlich nur auf die Dauer seines Aufenthaltes beschränkte.

Am Sonntag vor Weihnachten kehrte er zurück. Inzwischen war es Winter geworden. Die Stadt hatte sich verändert, und auch der Blick aus seiner Wohnung. Der geräumige, italienisch anmutende Hinterhof mit seinen mächtigen Baumskeletten, zwei Eschen und einer Kastanie, war kaum wiederzuerkennen. Alles schien mit großzügig bemessenen Sahneklecksen überzogen, war zu einem überdimensionalen Zuckerbäckerwerk geraten. Bilder und Gefühle aus seiner Kindheit stiegen in ihm hoch, ließen ihn das hartnäckige Klingeln des Telefons fast überhören.

»Ich habe das Gefühl, dir lästig zu sein«, sagte die Frauenstimme, »aber ich liebe dich.«

»Ich weiß«, sagte er, ohne zu merken, daß er sie erneut verletzte.

Sie sprach weiter, und während er ihr zuhörte, glitt sein Blick wieder zum Fenster, hinaus in den märchenhaften Hinterhof, in dem alles den Atem anzuhalten schien.

»Hörst du mir überhaupt zu?«

»Natürlich«, sagte er, seiner Stimme einen versöhnlichen Klang gebend. Eine Bewegung am Blickfeldrand lenkte sein Augenmerk zurück ins Zimmer. Da war sie wieder, ein großer, dunkler achtbeiniger Fleck auf dem makellosen Weiß der Tapete.

»Warte einen Moment«, unterbrach er sie, »da ist eine Spinne.«

»Was ist?«

»Eine große Spinne«, wiederholte er lauter; denn er hatte unwillkürlich geflüstert, als befürchtete er, das Tier zu verscheuchen. »Warte, sonst läuft sie weg.«

Ihre nächste Frage erstickte das Kissen, auf das er den Hörer gelegt hatte. Behutsam näherte er sich dem Schreibtisch, in der rechten Hand einen Pantoffel. Er hielt inne, dachte an den häßlichen Fleck der zurückbleiben würde. Da fiel ihm der Handfeger ein. Noch während er überlegte, wo er ihn finden könnte, begann sich die Spinne zu bewegen, und er mußte untätig zusehen, wie sie gemächlich in Richtung Schreibtischkante kroch. Kurze Zeit waren noch zwei ihrer Beine zu sehen, dann verschwanden auch sie.

»Bist du noch dran?« Der Hörer blieb still. Sie hatte aufgelegt, als ihr Freund unerwartet ins Zimmer trat. Da er ahnte, was geschehen war, entschloß er sich, nicht zurückzurufen, sondern in der Abstellkammer nach dem Handfeger zu suchen. Er fand ihn schließlich im Bad und deponierte ihn griffbereit in der Nähe des Schreibtisches. Das nächste Mal sollte sie ihm nicht entkommen.

Die folgenden zwei Tage bekam er sie nicht zu Gesicht; erst am Abend des dritten Tages tauchte sie wieder auf. Ihr Durchmesser war auf mehr als vier Zentimeter angewachsen. Obwohl der Fernseher das Zimmer nur schwach erhellte, war sie nicht zu übersehen. Vorsichtig näherte er sich dem Handfeger, hob ihn auf. Die Spinne schien ahnungslos, sie bewegte sich jedenfalls nicht, auch nicht als die Borstenfläche nur mehr eine Handbreit von ihr entfernt war. »Jetzt«, dachte er und drückte den Handfeger so schnell er es vermochte gegen die Wand. Die langen Borsten spreizten sich, von der Spinne war nichts mehr zu sehen. Behutsam löste er den Handfeger von der Wand. Die Spinne war nirgends zu entdecken. »Sie muß zwischen den Borsten stecken«, sagte er sich, »womöglich ist sie nur betäubt.« Er eilte ins Bad, öffnete den Klodeckel. Aber soviel er auch schüttelte und klopfte, aus den Borsten löste sich nur etwas Staub. Langsam drehte er den Handfeger um, da tauchte sie auf, direkt am Griffansatz. Schneller, als er reagieren konnte lief sie in Richtung seiner Hand. Sein Arm zuckte zur Seite, der Handfeger knallte gegen die Wand. Doch die Spinne war schneller, hatte bereits die Handwurzel erreicht und verschwand unter dem Ärmel seines Pullovers. Er stand wie gelähmt, spürte zitternd, wie Gänsehaut seinen ganzen Körper überzog. Bewegungsunfähig starrte er auf die Beule. Kalter Schweiß sammelte sich auf seiner Stirn, Tropfen traten aus seinen pochenden Schläfen, liefen über die Backenknochen, lösten sich vom Gesicht. Einer der Tropfen traf die Beule. Die Spinne zuckte zusammen, die Beule setzte sich in Bewegung. In diesem Moment löste sich seine Erstarrung. Keuchend stieß er die einbehaltene Luft aus, seine linke Hand schnellte hoch, krallte sich um die Beule, riß sie vom rechten Unterarm, schloß sich krampfartig ohne spürbaren Widerstand. Mit der Rechten zerrte er den Pullover über den Kopf, zerrte ihn über die Arme, bis er umgestülpt nur mehr an seiner linken Faust hing. Voller Ekel schleuderte er den Pullover auf die Fliesen. Mit geballten Fäusten trampelte er auf ihm herum, während ein tiefes Grollen, das entfernt an Lachen erinnerte, stoßweise aus seinen zusammengepreßten Zähnen quoll. Schließlich beruhigte er sich und schob den Pullover mit dem Fuß in einen umgekippten Plastikeimer. Ohne ihn auch nur eine Sekunde lang aus den Augen zu lassen, ergriff er den Henkel und verließ die Wohnung, trug er den Eimer nach unten und warf ihn samt Inhalt in eine der schneebedeckten Tonnen. Erst jetzt bemerkte er, daß er mit bloßem Oberkörper in der Kälte stand. Wieder in der Wohnung, musterte er sorgfältig Boden und Wände im Bad, bevor er sich erleichtert eine Pfeife anzündete. Die Erleichterung war so groß, daß ihm die Unangemessenheit seines Verhaltens gar nicht zu Bewußtsein kam. Die Situation wäre zweifellos für viele unangenehm gewesen, aber nur wenige hätten derart vehement reagiert. Grund zur Panik hatte es eigentlich nicht gegeben, und doch zeugte sein Verhalten von panischer Angst, wie das Verhalten eines Phobikers, eines Menschen mit starken neurotischen Ängsten.

Eigentlich wollte er diesjahr Weihnachten nicht verreisen, als er jedoch am Vorabend des Weihnachtstages die Einladung eines befreundeten Ehepaares erhielt, das Fest mit ihnen in Paris zu verbringen, sagte er kurzerhand zu, ohne auch nur die leiseste Ahnung von den tiefern Gründen seines Entschlusses zu haben. Das Bequemste wäre gewesen, am nächsten Tag nach Paris zu fliegen, doch er wählte die Fahrt mit dem Zug, da sie es ihm ermöglichte, die Wohnung noch am Abend zu verlassen. Am Gare du Nord verließ er, ausgeruht und guter Laune, den Zug. Trotz des schmalen, unbequemen Schlafwagenbettes hatte er gut geschlafen. Nachdem er genügend Geld gewechselt und ausgiebig gefrühstückt hatte, benachrichtigte er seine Freunde, daß er im Laufe des Nachmittags bei ihnen eintreffen werde. Er wollte ihnen und auch sich ein wenig Zeit lassen, wollte allein durch das verschneite Paris bummeln, alten Erinnerungen nachhängen, die sich an jene zwei Jahre knüpften, die er während seines Studiums hier verbracht hatte und außerdem mußte er noch Geschenke besorgen.

Aus der beabsichtigten Stippvisite von ein, zwei Tagen wurde ein Besuch, der bis Silvester dauerte. Länger konnte er allerdings nicht bleiben. Wichtige Termine, die sich nicht verschieben ließen, mußten eingehalten werden. So flog er von Paris gleich nach Hamburg und weiter nach Berlin.

Zwölf Tage nachdem er seine Wohnung verlassen hatte, kehrte er in sie zurück, trotz der schönen Zeit in Paris und erfolgreicher Vertragsabschlüsse froh, wieder zu Hause zu sein. Eisblumen verzierten die Fenster. Es roch nicht muffig, eher steril und unbewohnt. Die Zimmerpflanzen ließen ihre Blätter hängen. Richtig zu Hause fühlte er sich erst, nachdem er die Pflanzen gegossen hatte, und die Wohnung mit warmem Pfeifenrauch geschwängert war. Er schaltete den Receiver ein; die Musik gefiel ihm nicht, auch die nicht anderer Stationen. Er wechselte zum Telemaster, sah kurz in die einzelnen Sendungen hinein, schaltete auch den Fernseher ab, griff schließlich zum Adressen-Memo. Grüne Zeilenbänder leuchteten auf, Namen, Adressen, Telefonnummern. Bilder formierten sich, mal nur Gesichter, mal ganze Körper, hin und wieder begleitet von Erinnerungen an Bewegungen, an den Duft von Haut und Haar, nur nicht an Stimmen. Die grünen Zeilen machten ihren Weg durchs Alphabet, hie und da in ihrem gleichgültigen Lauf unterbrochen, wenn der gewählte Anschluß nicht zustande kam oder andere Umstände ein Treffen vereitelten. Er drückte die Reset-Taste, obwohl er sich bereits damit abgefunden hatte, die Nacht allein zu verbringen. Noch während sich das Zeilenband emsig weiterschob, stand er auf und ließ Wasser in das bauchige Oval der Doppelwanne, roch an verschiedenen Behältern und entschied sich für das phallusförmige Glas mit der Aufschrift HONIGKLEE.

Nach dem Bad las er noch ein wenig. Als er die Jalousie herunterlassen wollte, bemerkte er, daß es wieder zu schneien begonnen hatte. Dicke Flocken tanzten vor seinem Fenster, als hätten sie in ihrem Übermut die Gesetze der Schwerkraft vergessen. Die Jalousie blieb diesmal oben. Er löschte das Licht und ging zu Bett.

Die Dunkelheit schien undurchdringlich; doch mit der Zeit lüftete sie einige ihrer Schleier, fast schamhaft, als gelte es, das schemenhafte Geschehen jenseits des Fensters zu verbergen. Der Tanz der Flocken wurde immer deutlicher, sie schienen zu leuchten, Irrlichtern gleich drangen sie durch sein Fenster, erfüllten das Zimmer, um zu guter Letzt leise kichernd durch seinen Kopf zu wirbeln. Die Flocken verdichteten sich zu Tüll, zu wippenden Ballettröcken, aus denen gläserne Frauenkörper hervorwuchsen, kalte makellose Körper, die langsam zum Leben erwachten. Die Frauenkörper entfalteten sich, blühten auf wie Rosenknospen, ihr Inneres hinter milchfarbener Undurchsichtigkeit verbergend. Sie begannen zu tanzen, zuerst mit zwei Armen und Beinen, dann wurden es drei, dann vier. Es war eigentlich kein Tanzen, nur ein lautloses Sich-hin-und-her-Wiegen, Bewegungen, ähnlich jenen von Wasserpflanzen. Die Rümpfe beugten sich, wurden zu wippenden Mittelpunkten in Kreisen aufgestützter Arme und Beine.

Langsam krochen die Körper näher, umringten ihn, näherten sich von allen Seiten und wurden immer kleiner je näher sie kamen. Immer kleiner wurden sie, bis sie aus seinem Blickfeld verschwanden. Unfähig sich zu bewegen, lag er auf dem Rücken, die Augen starr nach oben gerichtet. Er wußte, daß sie da waren, aber er vermochte sie weder zu hören, noch zu sehen. Dann spürte er sie, tastende Berührungen an den Füßen, dann auch an den Händen, weiche, federleichte Tüllflocken, achtgliedrige kriechende Wattebällchen. Er war nackt. Die lebende Decke breitete sich unaufhaltsam aus, bedeckte seine Arme, nahm von seinem Unterkörper Besitz, schob sich über den Bauch, erreichte schließlich seinen Hals. Es war die Unfähigkeit, sich zu bewegen, die völlige Hilflosigkeit, die ihm Angst machte. Seine Lider schlossen sich über heißen Augen, unfähig, ihr Überfließen zu verhindern. Tastendes Fühlen an seinem Kinn, verzweifelte Versuche, den Kopf zu bewegen, den Mund zu schließen. Die erste Berührung der Unterlippe. Nicht einmal schreien konnte er. Es kroch über die Lippe, schob sich zwischen die wehrlosen Zahnreihen. Er begann, am ganzen Körper zu zittern, wollte die schmerzende Zunge noch weiter zurückziehen. Grenzenloser Ekel, als sie das erste Bein berührte, so maßlos, daß das Traumgespinst zerriß.

Schweißgebadet und schwer atmend öffnete er die Augen, aber nur langsam fand er in die Wirklichkeit zurück, nur langsam begriff er, daß alles nur ein böser Traum gewesen war. Sein Körper gehorchte ihm, wenn auch widerwillig, noch immer fühlte er sich fremd an, ebenso der Mund, taub und pelzig, auf den Lippen noch immer das Echo tastender Berührungen. Unwillkürlich zuckte er zurück. Suchend griff er nach dem Lichtschalter.

Der Schreck hätte nicht größer sein können. Keine Handbreit von seinem aufgestützten Arm, dicht neben der Stelle, wo sein Kopf gelegen hatte, saß die Spinne, schwarz, über und über behaart, so groß wie ein Unterteller. Gellend aufschreiend stürzte er rücklings aus dem Bett. Da kam auch Leben in die Spinne. Mit steil aufgerichtetem Hinterteil schnellte sie vom Bett, huschte über den Teppichboden und zwängte sich unter den Schreibtisch. Merkwürdig, was dann geschah. Wie ein Besessener rannte er zum Schreibtisch und zerrte das schwere Stück von der Wand, zerrte es fast bis in die Mitte des Zimmers, und kippte ihn um.

Die überraschte, ihres Schutzes beraubte Spinne suchte erst jetzt ihr Heil in der Flucht. Da ihr der Weg unter den Schreibtisch versperrt war, versuchte sie über die Wand zu entkommen. Das nach ihr geschleuderte Kissen ließ sie den Halt verlieren. Schneller noch als das erste Mal versuchte sie einen zweiten Anlauf, doch seine Faust war noch schneller. Fast lautlos zerriß der weiche Körper; sein Inneres verspritzend verlor er seine Gestalt und erstarrte zu einem schwarzroten klebrigen Fleck aus dem sich zähflüssige Rinnsale lösten, die, zunehmend dunkler werdend, auf halbem Wege zum Boden erstarrten.

Nun, nachdem alles vorbei war, legte sich seine ungezügelte Erregung fast ebenso schnell, wie sie gekommen war, dafür überkam ihn Ekel und Übelkeit, als er den ausgedehnten Fleck und seine blutverschmierte Hand betrachtete. Seine Hand wusch er, und den Schreibtisch konnte er, wenn auch nur mit Mühe, wieder aufstellen und an den rechten Platz rücken. Zu mehr war er nicht fähig. Um den ekligen Fleck wollte er sich später kümmern. Erschöpft, aber auch unendlich erleichtert, sank er ins Bett, zu müde, auch nur einen Gedanken an die Frage zu verschwenden, ob es noch weitere Spinnen in seiner Wohnung geben könnte.

Er schlief, bis strahlender Sonnenschein durch das ungeschützte Fenster drang. Sein erster Gedanke galt den nächtlichen Ereignissen. Nicht hinschauen! dachte er. Erst in Ruhe aufstehen und frühstücken. Ohne auch nur einen Blick auf die verunstaltete Tapete zu werfen, begab er sich ins Bad. Es war jedoch ein Irrtum, in Ruhe frühstücken zu können. Schon der erste Bissen blieb ihm im Halse stecken. Es half nichts, zuerst mußten die Spinnenreste beseitigt werden, die ständige Erinnerung an Übelkeit erzeugende Vorstellungen. Ein Paar Plastikhandschuhe waren nicht genug, zwei Paar zog er an und streifte die Stulpen möglichst weit über die Ärmel. Ausgerüstet mit einem Eimer Wasser, einem Schwamm sowie einer Bürste, wollte er sich an die Arbeit machen.

Fassungslos starrte er auf die Wand, auf ein Weiß, das fleckenloser nicht hätte sein können. Gedanken formierten sich, wirbelten durcheinander, überschlugen sich. Ich bin doch nicht verrückt! Ich hab' sie doch erschlagen! All das kann doch kein

Traum gewesen sein! Oder doch? Ein Trick, ein raffinierter Trick meines Unterbewußtseins, um mich von einem Alptraum zu erlösen? Ich hätte schwören können, daß ich sie getötet habe, mit meiner bloßen Faust erschlagen habe!

Sein Blick glitt von der Wand zum Schreibtisch. Eine der Schubladen stand halb offen. Unordnung auf der Schreibplatte, nicht die gewöhnliche Unordnung, ein einziges Durcheinander. Ein beklemmendes Gefühl machte sich breit. Er wollte die Tischlampe einschalten. Sie ging nicht. Da sah er die zersplitterte Birne, die gerissenen ungeschützten Glühfäden. Er ahnte, wo er die Glassplitter finden würde. Sie lagen, nicht allzu weit verstreut, in der Mitte des Zimmers. Und noch etwas fand er, Schleifspuren, die unmißverständlich an den Schreibtischfüßen mündeten. Er war also doch wach gewesen, hatte den Schreibtisch von der Wand gezerrt, ihn umgekippt und die Spinne erschlagen. Aber wo war der gräßliche Fleck? Es war zum Auswachsen. Sollte seine nächtliche Jagd einem Phantom gegolten haben, einer Riesenspinne, die es in Wirklichkeit gar nicht gegeben hatte? So oft er die Ereignisse der vergangenen Nacht auch Revue passieren ließ, die Geschichte blieb mysteriös, das Verschwinden des Flecks unerklärlich. Dennoch, die leidige Angelegenheit war ausgestanden, hätte ausgestanden sein können; denn von nun an sah er keine Spinne mehr.

Aber die Geschichte war nicht ausgestanden. Sobald er zu Bett ging und das Licht löschte, kam die Angst. Das Einschlafen wurde immer schwieriger, obwohl er die ganze Nacht Licht brennen ließ, eine schwache Birne, die das Zimmer in gedämpfte, kaum störende Helligkeit tauchte. Immer öfter schreckte er hoch, immer kürzer und oberflächlicher wurde sein Schlaf, immer häufiger versuchte er, die chronische Müdigkeit durch Schlafversuche am Tage zu lindern. Ohne allzu großen Erfolg, wie sich bald herausstellte. Sein Arzt verordnete Beruhigungstabletten und riet ihm schließlich, eine neue Wohnung zu suchen; da dies auch nicht den erhofften Erfolg zeitigte, sah der Arzt keinen anderen Ausweg, als ihn an einen Kollegen zu überweisen, an einen Nervenarzt. Dieser verschrieb ihm neue Medikamente und verwies ihn ratlos an einen Psychotherapeuten.

Es ist zumindest eine eigenartige Sache, einem wildfremden

Menschen seine intimsten Gedanken und Gefühle offenzulegen. Erstaunlicherweise ist dies aber nur kurze Zeit so. Bereits nach wenigen Sitzungen machte es ihm kaum mehr etwas aus, was wohl nicht zuletzt an dem stets verständnisvollen Verhalten des Therapeuten lag. Er hatte allerdings mehr Aktivität seitens des Therapeuten erwartet, nicht nur kurzes Nachfragen zu seiner Lebensgeschichte und unermüdliche Geduld beim Zuhören. Überrascht war er aber doch, wieviel er über sein Leben zu erzählen wußte, wieviel längst vergessen Geglaubtes wieder zum Vorschein kam, und wie gut es ihm tat, all dies einmal loszuwerden. Nach einigen Sitzungen hatte er sich bis zur jüngsten Vergangenheit durcherzählt, und er war neugierig, was nun geschehen würde. Es war das erste Mal, daß ihn der Therapeut bat, in dem bislang unbenützten Liegesessel Platz zu nehmen.

»Nachdem wir Ihr bisheriges Leben in groben Zügen durchgegangen sind (in groben Zügen ist gut, dachte der Patient), möchte ich heute einen Assoziationsversuch mit Ihnen machen.« Der Therapeut unterbrach sich, um seine Pfeife anzuzünden. »Ich werde Ihnen einige Situationen schildern, in die Sie sich bitte hineinversetzen. Das ist alles. Schließen Sie nun die Augen und konzentrieren Sie sich als erstes auf alle Geräusche, die Sie wahrnehmen können! – Sie hören an- und abschwellende Motorengeräusche von der Straße – konzentrieren Sie sich nun auf die Vogelstimmen im Hintergrund – nur auf die Vogelstimmen! Und nun richten Sie Ihre Aufmerksamkeit auf sich selbst, auf Ihr Inneres, auf die Bilder, die nun aufsteigen werden! – Stellen Sie sich einen Wald vor – keinen bestimmten Wald, sondern einen Phantasiewald – sehen Sie sich den Wald genau an und überlegen Sie, ob Sie hineingehen würden – auch wenn Sie nicht hineingehen wollten, gehen Sie nun in den Wald! – Sie richten Ihren Blick auf den Boden und sehen einen Schlüssel! – Sie heben den Schlüssel auf und betrachten ihn genauer – entscheiden Sie, ob Sie den Schlüssel wieder wegwerfen oder mitnehmen! – Sie gehen weiter und kommen an ein Wasser – betrachten Sie das Wasser – entscheiden Sie, ob Sie in dem Wasser baden wollen! – Sie gehen weiter und kommen zu einer Lichtung, auf der ein Gebäude steht – betrachten Sie es genau! – Was tun Sie? – Sie machen sich nun wieder auf den Weg, der Sie schließlich an eine Grenze führt, die ein Weitergehen verhindert und den Blick auf die Dinge jenseits der Grenze verwehrt! – Wie sieht diese Grenze aus? – Was wollen Sie tun? – Wie auch immer die Grenze geartet ist, Sie überwinden sie! – Wie sieht es jenseits der Grenze aus? – Was wollen Sie tun? – Das war's, bitte öffnen Sie nun wieder die Augen!«

Er zwinkerte einigemale und wollte aufstehen.

»Bitte bleiben Sie liegen!« sagte der Therapeut und machte sich am Tonbandgerät zu schaffen. »Erzählen Sie mir nun als erstes, wie Ihr Phantasiewald aussah!«

»Mein Wald war eigentlich recht schön«, begann der Patient. »Er bestand vorwiegend aus riesigen Bäumen. Hoch oben in den gewaltigen Kronen turnten kreischende Affen herum, und bunte Vögel gab es, und Orchideen, überhaupt viele Blumen. Der Boden war teilweise mit Moos bedeckt. Er war feucht und sumpfig.«

»Wären Sie auch ohne meine Aufforderung in den Wald hineingegangen?«

»Ich weiß nicht, aber ich denke doch, nur der sumpfige Boden war mir unangenehm.«

»Sie haben dann einen Schlüssel gefunden.«

»Ja, einen tollen Schlüssel, so einen großen schwarzen Kellerschlüssel, wie es sie heute kaum mehr gibt. Ich hab' ihn mitgenommen, weil er mir so gut gefiel, und an meinem Gürtel befestigt.«

»Dann kamen Sie an ein Wasser.«

»Es war ein kleiner Wasserfall, der in ein malerisches Gewässer stürzte, so eine Art Lagune mit vielen Seerosen. Am gegenüberliegenden Ufer sah ich Frauen, die sich auszogen, um zu baden. Sie fragten, ob ich baden wollte. Ich wollte schon, ich hab' mich auch ausgezogen und wäre gerne zu den Frauen rübergeschwommen, aber ich hab's dann doch nicht getan.«

»Und weshalb nicht?«

»Als ich ins Wasser wollte – das heißt, ich stand bereits bis zum Nabel im Wasser –, da sah ich überall lauter so kleine Spinnen; ich glaube, sie heißen Wasserläufer.«

»Wegen der Spinnen sind Sie nicht ans andere Ufer geschwommen?«

»Ja, ich hab' auch nicht gebadet, obwohl das Wasser angenehm warm war. Dann bin ich weitergegangen und kam zu der Lichtung mit dem Schloß.«

»Und was haben Sie gemacht?«

»Zuerst hab' ich es mir näher angesehen und dann bin ich reingegangen. Alle Türen waren unverschlossen. Überall hingen Bilder von fürstlich gekleideten Männern und Frauen. Prachtvolle Kandelaber und Kristallschalen standen auf den Tischen, und alles war mit Staub bedeckt und mit Spinnweben. Überall diese ekligen Spinnweben. Ich war froh, als ich wieder weitergehen sollte.«

»Dann kamen Sie zu der Grenze.«

»Das war das Eigenartigste. Irgendwie schien mir das Schloß mit seinen vielen Spinnweben noch im Kopf rumzugehen. Jedenfalls bestand die Grenze aus einem riesigen Spinnennetz. Besser gesagt, aus einer ganzen Folge von Netzen, so daß ich nicht hindurchsehen konnte.«

»Und wie haben Sie diese Grenze überwunden?«

»Ich hab' sie nicht überwunden. Ich fühlte, daß ich in den Netzen hängen bleiben würde. Ich weiß auch nicht warum, aber ich war mir dessen ganz sicher.«

»Haben Sie es denn versucht?«

»Nein. Ich habe allerdings einen großen Stein in die Netze geworfen. Der Stein zerriß nur einige Schichten, dann blieb er hängen, und die zerrissenen Gewebe schlossen sich wieder. Ich spürte förmlich das Lauern der Spinne, obwohl ich sie nicht sah. Aber ich wußte, daß sie da war und nur darauf wartete, meiner habhaft zu werden.«

»Haben Sie sonst noch etwas gesehen?«

»Nein, an dieser Stelle haben Sie gesagt, daß ich die Augen öffnen soll«, und dann fügte er noch hinzu, daß er sehr neugierig sei, was dies alles zu bedeuten habe. Ohne die Frage zu beantworten, erhob sich der Therapeut und ließ das Band zurücklaufen, dann sagte er: »Sie können wieder auf dem Stuhl Platz nehmen.« Nachdenklich klopfte er die Dunhill aus, stellte sie in den Halter zurück und wählte eine andere. Dann stoppte er das Band, stopfte bedächtig die entnommene Pfeife, entzündete den Tabak. »Dieser Assoziationsversuch hatte zum Ziel, erste Einblicke in Ihre unbewußten Einstellungen zu wichtigen Lebensaspekten zu ermöglichen. Es hat sich gezeigt, daß der Wald, der Schlüssel, das Wasser, das Gebäude und die Grenze häufig einen bestimmten Symbolwert haben. Sie stellen gewissermaßen Gefäße dar, in denen sich unsere bewußten und unbewußten Einstellungen zu wichtigen Lebensbereichen, ja zum Leben überhaupt, sammeln lassen. Der WALD zum Beispiel steht für das LEBEN, für unsere Einstellungen und unsere Gefühle dem Leben gegenüber. Hören Sie selbst!« Und dann ließ er das erste Stück des Bandes ablaufen, bis zu der Stelle mit dem Schlüssel. Anschließend ließ er den Patienten seinen Eindruck schildern. Der Therapeut stimmte der Deutung des Patienten, daß er dem Leben grundsätzlich positiv gegenüber stehe, weitgehend zu, wenn auch der unsichere sumpfige Boden auf versteckte Ängste hinwies. Der sexuelle Gehalt der riesenhaften Bäume war dem Patienten jedoch entgangen.

»Und was bedeutet der Schlüssel?«

»Der Schlüssel ist häufig das Symbol für den PENIS, oder allgemeiner für die MÄNNLICHE SEXUALITÄT«, antwortete der Therapeut und ließ ein weiteres Stück des Bandes abspielen.

Der Patient mußte unwillkürlich lachen: »Da hab' ich ja was Schönes erzählt. Ein großer Schlüssel, der auch noch höchst dekorativ an meinem Gürtel baumelt. Und schwarz ist er auch noch, wie ein richtig potenter Negerschwanz.« Er lachte. »Aber wenn ich das richtig sehe, brauche ich mir wenigstens um meine Potenz keine Sorgen zu machen.«

Dem Therapeuten entglitt ein Schmunzeln. »Es könnte allerdings auch etwas anderes bedeuten.«

»Sie meinen, das Gegenteil, daß sich hierin ein Wunsch widerspiegelt, oder gar eine versteckte Angst vor Impotenz. Aber das glaube ich, ehrlich gesagt, nicht.«

Der Therapeut nickte, zögerte, als ob er hierzu noch etwas sagen wollte. Er unterließ es und wandte sich erneut dem Band zu. »Das WASSER steht für die LIEBE«, sagte er.

»Da sind zwar Frauen«, begann der Patient unaufgefordert, nachdem auch diese Passage abgespielt war, »aber sie sind am anderen Ufer. Die Lagune bietet zwar einen malerischen Anblick, und das Wasser ist angenehm warm, doch da sind diese Spinnentiere. Ich frage mich nur, ob das ein Wunder ist nach all den unerfreulichen Erfahrungen, die ich in letzter Zeit mit Spinnen hatte.

Könnte das nicht eine plausible Erklärung sein und auch für die vielen Spinnweben im Schloß und vor allem an der Grenze? Was bedeuten eigentlich das Schloß und die Grenze?«

Auch hier entschied sich der Therapeut, nur auf die letzte Frage einzugehen: »Das GEBÄUDE symbolisiert nicht selten unser VERHÄLTNIS ZU ANDEREN MENSCHEN.« Nach dem Satz »Ich war froh als ich wieder weitergehen sollte« stoppte der Therapeut das Band ein weiteresmal.

»Eigentlich wieder das gleiche.« Die gerunzelte Stirn und das Spiel des Zeigefingers am Mund des Patienten signalisierten Nachdenklichkeit, vielleicht sogar Betroffenheit. »Wiederum ein schönes Haus, sogar ein Schloß, aber keine Menschen. Und all der Staub und die ekligen Spinnweben. Soll das heißen, daß irgend etwas in meinen Beziehungen zu den Menschen nicht stimmt?«

»Menschen sind zwar da ...«

»Aber nur als Ahnenbilder. Als Menschen, zu denen man keine Beziehung hat, mehr haben kann. Aber dieser Eindruck ist falsch. Ich habe Freunde, sogar einige sehr gute. Zum Beispiel war ich über Weihnachten und Neujahr bei einem befreundeten Ehepaar in Paris mit dem ich mich sehr gut verstehe. Wie erklären Sie mein verwaistes Schloß?«

»Bilder können mehr oder weniger verschlüsselt sein. Die Assoziation scheint im Widerspruch zur Realität zu stehen oder zur Realität, wie sie Ihnen erscheint. Bilder sprechen jedoch nicht nur von der Gegenwart.«

»Sie meinen in ihnen ist auch Vergangenes enthalten?«

»Und nicht selten auch Zukünftiges.«

»Demnach hätte ich hellseherische Fähigkeiten.«

Der Therapeut tat, als hätte er die offensichtliche Ironie überhört: »Sie wissen sicherlich, daß Träume nicht selten von Vorahnungen geprägt sind. Daß es eine Unzahl von Belegen für das Vorhersehen zukünftiger Ereignisse in Träumen gibt?«

»Ich hab' davon gelesen, aber ich habe doch nicht geträumt?«

»Assoziieren ist auch eine Art zu träumen. Ich wollte damit aber nicht sagen, daß es so sein muß, sondern nur eine mögliche Erklärung für die offensichtliche Diskrepanz zwischen ihren realen Erfahrungen und dem Assoziationsbild geben.«

»Ich verstehe. Und was bedeutet die Grenze?«

»Die meisten meiner Kollegen benützen das Bild einer MAUER, meine Erfahrung zeigte, daß die Assoziationsmöglichkeiten dadurch zu sehr eingeengt werden. Ich bevorzuge daher das Bild einer undefinierten GRENZE für den ÜBERGANG ZWISCHEN LEBEN UND TOD.«

»Und was sagen Ihnen meine Assoziationen von dem Spinnennetz?«

»Hören wir uns zunächst an, was Sie gesagt haben.« Der Therapeut betätigte das Bandgerät zum letztenmal. »... ich spürte förmlich das Lauern der Spinne, obwohl ich sie nicht sah. Aber ich wußte, daß sie da war und nur darauf wartete, meiner habhaft zu werden.« Der Therapeut schaltete das Gerät ab.

»Ich habe es bereits gesagt.« Irritation schwang in den Worten des Patienten, »irgendwie muß dieses Spinnennetz, und auch die Spinnweben im Schloß, mit jenen Ereignissen der letzten Zeit zusammenhängen. Hätten Sie diesen Versuch zu einem anderen Zeitpunkt gemacht, wäre sicherlich etwas ganz anderes rausgekommen. Sie haben diesen Test doch schon öfter gemacht?«

Der Therapeut nickte.

»Und was haben sich andere als Grenze vorgestellt?«

»Alles mögliche ...«

»Nur kein Spinnennetz. Ich habe das Gefühl, Sie verschweigen mir etwas?«

Der Therapeut machte sich umständlich an seiner Pfeife zu schaffen: »Ich komme mit einer Sache nicht so recht klar ...«

»Daß nur ich ein Spinnennetz gesehen habe?« unterbrach ihn der Patient.

»Es ist weniger das Spinnennetz als die Tatsache, daß Sie der erste sind, der die Grenze nicht überwunden hat ...«

»Sie meinen, nicht überwinden wollte.« Er hatte den Therapeuten erneut unterbrochen. »Aber es war so, wie ich Ihnen sagte. Ich wollte schon, ich wollte sie sogar unbedingt überwinden, aber ich *konnte* nicht.«

Der Therapeut klopfte seine Pfeife aus, stellte sie zurück, griff nach dem Füllfederhalter. »Ich glaube Ihnen«, sagte er, in die fragenden Augen seines Gegenüber blickend. »Ich möchte Sie bitten, von nun an ein Notizbuch neben ihr Bett zu legen, um ihre

Träume festzuhalten. Es ist wichtig, sie gleich aufzuschreiben, da man sich meist nur sehr kurze Zeit nach dem Erwachen an einzelne Details erinnert. Und jedes noch so unwichtig erscheinende Detail könnte für unsere weitere Arbeit wichtig sein.« Er griff nach seinem Terminkalender, überschlug einige Seiten: »Würde es Ihnen am kommenden Dienstag passen? 17 Uhr 30?«

Der Patient nickte. Wortlos reichte er dem Therapeuten die Hand. Dieser begleitete ihn bis zur Tür und stand noch eine geraume Zeit im Flur, nachdem der Patient gegangen war.

An diesem Tag hatte er zum erstenmal ein Gefühl tiefer Unzufriedenheit nach der Sitzung. Er überlegte, ob er ein Taxi nehmen sollte, entschied sich jedoch zu gehen, und während er ging, gewannen seine Gefühle an Intensität, begannen sie sich zu verändern. Die Unzufriedenheit wandelte sich in Enttäuschung, unerklärliche Hilflosigkeit überflutete ihn, wie er sie wohl zuletzt als Kind erlebt hatte, dann machte sich Angst breit. Unwillkürlich beschleunigte er seine Schritte. Die Angst weitete sich aus. Er begann zu laufen. Unfähig auch nur einen einzigen klaren Gedanken zu fassen, überließ er sich seinem Unterbewußtsein.

Die Wohnungstür fiel hinter ihm ins Schloß, erschöpft und äußerst verwirrt ließ er sich aufs Bett fallen. Schluchzen brach aus seiner Kehle. Nur langsam legte sich der innere Aufruhr, löste sich der betäubende Krampf. Erste Bilder vermochten durchzudringen. Das Schluchzen verebbte, sein Atem wurde ruhig und gleichmäßig.

Die Bäume lichteten sich, ganz in der Nähe das gleichmäßige Geräusch fallender Wassermassen, und vor ihm, ein großer schwarzer Schlüssel, der aus dem sumpfigen Pfad ragte. Das Buschwerk tat sich auf, gab den Blick auf die Lagune frei. *Diesmal werde ich rüberschwimmen,* sagte er und wunderte sich, warum er *diesmal* sagte. Obwohl er noch nie hier gewesen war, schien ihm alles seltsam vertraut. Helles Gelächter, vom Wind über das Wasser getragen, drang an sein Ohr. Frauen erschienen am anderen Ufer. *Diesmal werde ich schwimmen*, dachte er, *diesmal muß ich ans andere Ufer gelangen.* Während sich die Frauen entkleideten und ins Wasser liefen, glitt auch er ins warme, langsam fließende Gewässer. Irgend etwas schien ihn abhalten zu wollen, aber da war nichts, was ihn hätte abhalten können. Er schwamm los, hin und wieder die Augen schließend, um die Richtung zu bestätigen, aus der das Lachen kam. Frauengesichter tauchten vor ihm, kamen lachend näher. Irgend etwas irritierte ihn, aber er wußte nicht, was es war. Eine der Frauen löste eine Blume aus dem Haar und warf sie ihm zu, die anderen folgten ihrem Beispiel. Sätze, die er längst vergessen glaubte, fielen ihm ein. *»... ich werfe Dir meine Blätter zu und lasse sie mit Dir sprechen und ich gebe Dir meine Blüten, gelbschimmernd am Morgen und von dunklem Purpur am Abend, und in der Nacht werden sie davon getragen, um in der Tiefe zu versinken.«* Die Frauen kamen näher, und er erkannte, was ihn irritierte. Alle hatten das gleiche Gesicht, die gleiche bodenlose Traurigkeit in ihren dunklen Augen. *»... und eines Tages werde ich alle meine Blüten verloren haben, und Deine Wellen werden leer und farblos sein.«*

Nicht näher kommen! rief er, doch der Ring hatte sich bereits geschlossen. Er drehte sich im Kreise, schneller und schneller, suchte verzweifelt nach einem Ausweg, da spürte er die erste Berührung. Sanft war sie wie das Fallen einer Schneeflocke. Erschreckt wich er zurück. Tastende Bewegungen von allen Seiten, weicher noch als Kinderhände. Er begann um sich zu schlagen, sank unter Wasser, die Augen weit aufgerissen. Ringsum menschengroße schwebende Spinnenkörper, die suchenden Beinpaare weit geöffnet, bereit ihn zu empfangen. Röchelnd durchstieß sein Kopf die Wasserfläche. Er wollte schreien ...

Komm! sagte der Mann am Ufer, und wie von Zauberhand zerfielen die Frauenköpfe zu unschuldigen Blüten, zu Blütenblättern, die sich flußabwärts treibend auf einen langen Weg machten, dessen Ziel er nicht kannte. *Komm!* wiederholte der Mann und bedeutete ihm zu folgen. *Wohin gehen wir?* fragte er. *Du weißt es,* sagte der Therapeut. *Aber ich bin nackt,* wandte er ein. Der Therapeut nickte nur, und keiner sprach mehr ein Wort, bis sie zum Schloß kamen. Die großen Flügeltüren standen erwartungsvoll geöffnet, und alles war, wie er es irgendwann schon einmal gesehen hatte. *Ich bin schon einmal hier gewesen.*

Ich weiß, sagte der Therapeut und bedeutete ihm, am anderen Ende der Tafel Platz zu nehmen. Eine dicke Staubschicht lag über allem, und Gespinste, welche die Dinge miteinander verbanden.

Danke, daß Sie mich vor den Spinnen gerettet haben.

Da waren keine Spinnen, sagte der Therapeut.

Doch, die Frauen waren Spinnen, und noch während er widersprach, glaubte er den tieferen Sinn in den Worten des Therapeuten zu erkennen. *Sie denken, ich habe Angst vor den Frauen. Sie täuschen sich. Ich liebe die Frauen, ich brauche sie ...*

Richtig, unterbrach ihn der Therapeut, *Du gebrauchst die Frauen,* und es hörte sich an, als sprach er von *mißbrauchen.*

Ich habe keine einzige Frau zu irgend etwas gezwungen, versuchte er sich zu verteidigen.

Und doch hast du jeder einzelnen Leid zugefügt, und Schuld verlangt nach Sühne.

Schuld, Sühne, schrie er, *ist das alles, was Sie mir zu sagen haben?* Und als wären seine Worte Kanonenschüsse, begannen die Mauern um ihn herum zu zerfallen, lautlos stürzten sie in sich zusammen, zerkrümelten zu schwarzem Sand.

Lautlosigkeit breitete sich aus, ergriff die Tiere, stillte den Wind, erstickte selbst die laute Geschäftigkeit des nahen Flusses. Er wußte nicht mehr, was ihn erwartete, er wußte nur, daß er seinen Weg zu Ende gehen mußte.

Vereinzelte Gespinste säumten den Wegrand, Altweibersommer schlug ihm ins Gesicht. Die Gespinste mehrten sich, verdichteten sich zu einer weiten, farblosen Decke. Plötzlich erinnerte er sich, was ihn hinter der nächsten Biegung erwarten würde. Das mächtige Netz spannte sich bis in die höchsten Wipfel, versperrte den Weg, so weit sein Auge reichte. *Diesmal sollte es ihn nicht aufhalten.* Fast widerstandslos rissen die ersten Schichten unter seinen gewalttätigen Händen. Unmerklich wuchs der Widerstand, je weiter er vordrang. Er nahm einen abgebrochenen Ast zu Hilfe. Der Abstand zwischen den einzelnen Netzen wuchs. Immer dicker wurden die Fäden. Längst führte er den Knüppel mit beiden Händen, längst hatte er jeden Gedanken an Umkehr aufgegeben, und noch immer folgte Netz auf Netz. Fingerdicke Fäden schleuderten den Knüppel immer häufiger zurück, rissen ihn schließlich aus seinen geschwollenen Händen. Mit letzter Kraft riß er ein Loch, groß genug, um sich hindurchzuwinden, bevor es sich schloß. Auf allen vieren kroch er zum nächsten Netz. Kraftlos zerrte er an den Strängen, zerrte sie ein wenig aus-

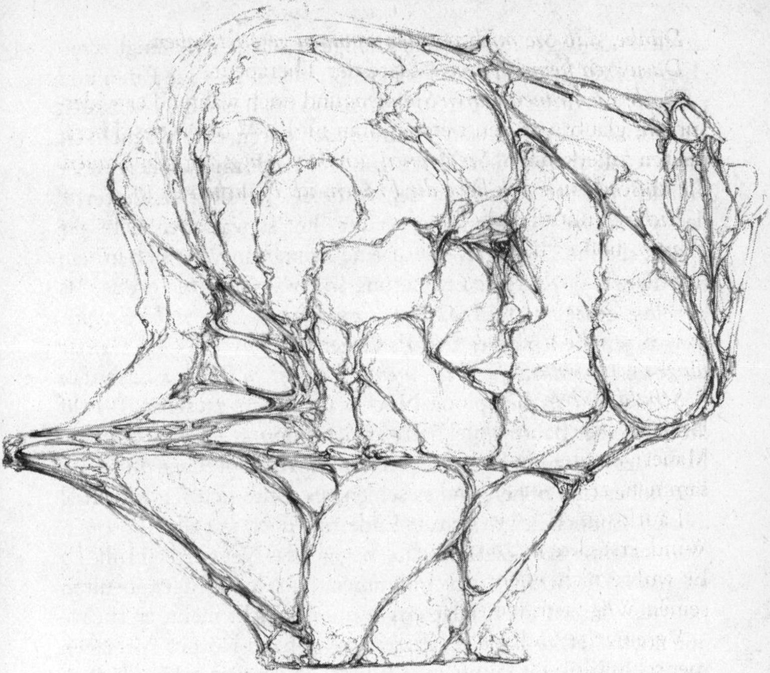

einander. Lichtstrahlen. Wie ein Tier biß er sich den Weg frei, zwängte er den Oberkörper in die zu enge Öffnung, bis er stecken blieb.

Licht umfing ihn, breite Lichtbalken, die ungehindert durch ein letztes großmaschiges Netz brachen. Die Stränge gruben sich in sein Fleisch. Ein letztes wildes Aufbäumen, und das Netz gab ihn frei. Keuchend blieb er liegen. *Nur noch ein Netz, ein allerletztes Netz, und ich bin frei.* Den geschundenen Körper mit unsäglicher Mühe über den Boden ziehend, näherte er sich der letzten Hürde. Seine blutenden Hände griffen ins Geflecht der Stränge, zogen den Oberkörper nach oben. Jenseits des Netzes war es hell, keine gleißende blendende Helligkeit, nur hell. Es erinnerte auch nicht an dichten Nebel, oder an das Durchstoßen der Wolkendecke. Hier waren keine Schwaden, keine wie auch immer geartete Substanz. Alles, was er sehen konnte, war eine wohltuende, verheißungsvolle Helligkeit, die er unbedingt erreichen wollte. Er prüfte die Stränge. Sie waren fest wie Eisen und rührten sich nicht von der Stelle. Aber so hoch sich das Netz auch auftürmte und so fest seine Stränge auch waren, eine Möglichkeit blieb, es zu überwinden. Trotz wunder Hände und schmerzender Glieder, machte er sich an den Aufstieg. Je höher er kletterte, desto stärkere Beklemmung erfaßte ihn; es war aber nicht die Höhe, die ihn ängstigte, es war eine Erinnerung, die sich in sein Bewußtsein quälte. Die Erinnerung an etwas Gesagtes, etwas, das er selbst gesagt hatte. *Ich spürte förmlich das Lauern der Spinne.* Vergangenes entpuppte sich als Gegenwärtiges. *Ich weiß, daß sie da ist und nur darauf wartet, meiner habhaft zu werden.* Er mußte schneller sein als die Spinne. Noch war sie nicht zu sehen. Bis auf die Höhe der Baumwipfel hatte er sich emporgearbeitet, aber ein Ende des Netzes war nicht auszumachen. Trotzdem mühte er sich höher und höher, und es schien, als sollte sich seine Mühsal lohnen. Endlich zeigte sich ein Ende, und doch war alles umsonst. Kurz bevor er sein Ziel erreichte, begann das Netz in die Höhe zu wachsen. Die Stränge verschwammen vor seinen Augen, beulten sich aus, flossen über. Klettern konnte er nicht mehr, er zuckte nur noch. Letzte Reflexe, Zittern am ganzen Körper. Versagen der Beine, hilfloses Baumeln. Aufbrechen der ersten Hand, dann der zweiten. Zeitloses Stürzen durch ungeordnete Bilder; lautloses Fallen ins Diesseits des Netzes. Am Ende nur noch ungläubiges Staunen: *also keine Spinne?* – dann schlug er auf.

Doch es war kein Aufschlagen. Es war mehr ein Berühren des Bodens, weicher noch als das Aufsetzen einer Katze, eher wie das Aufkommen einer Feder, eines leichten, knochenlosen Tieres. Ein Kribbeln am Rücken, war das letzte, bevor er erwachte.

SANDKÖRNER RIESELN AUF SEINEN RÜCKEN, BEENDEN SEINEN UNRUHIGEN SCHLAF. KURZES, ANGESPANNTES VERHARREN IN DER DUNKELHEIT; DANN SCHNELLT ER AUS DER HÖHLE. BLITZSCHNELLES ZUPACKEN. WILDES, NUTZLOSES ZAPPELN ZWISCHEN SEINEN KLAUEN. ERREGTES BETASTEN DER BEUTE, DANN DER BISS. OHNE ZU WISSEN, SENKT ER DIE KRÄFTIGEN KIEFER IN DEN BERSTENDEN KOPF DES OPFERS.

EPILOG

»Das Leben, sagen die Hindu, läßt sich nur unter der Voraussetzung begreifen, daß jede Existenz die Bestrafung oder die Belohnung eines vorherigen Lebens ist. Keine Tat, ob groß oder klein, gut oder schlecht, kann ohne Folge bleiben. Das ist das Gesetz des KARMA – das Gesetz der Tat, das Gesetz von Ursache und Wirkung im Bereich des Geistigen; und es ist das höchste Gesetz und das schrecklichste von allen. Wenn ein Mensch ohne Fehl und Tadel bleibt, wenn er Gerechtigkeit übt und gütig ist, so wird sein Lohn größer sein, als ihn die Spanne eines Lebens fassen könnte; der Lohn wird sich über mehrere Leben erstrecken, in denen der Glückliche, sollte er ohne Schuld bleiben, an höherer Stelle und zu größerer Glückseligkeit wiedergeboren wird; sollte er jedoch neue Schuld auf sich laden, so wird er als ein Ausgestoßener wiederkehren …«

WILL DURANT, Kulturgeschichte der Menschheit, Band 1

1981 war ein Jahr, in dem ich mich vornehmlich auf populärwissenschaftliche Artikel konzentrierte. Quasi zur Erholung wollte ich zwischendurch etwas ganz anderes schreiben, am liebsten ein SF-Märchen.

Den Grundgedanken hierzu trug ich schon seit meiner Kindheit mit mir herum, die alte Märchenfrage: was sollte man sich wünschen, wenn man einen Wunsch frei hätte?

Ermutigt durch die Erfahrung mit der Erzählung DAS INTERVIEW, knüpfte ich nur einen losen Faden und begann drauf los zu schreiben, in der Hoffnung, mir werde schon ein geeignetes Ende einfallen; mit dem Ergebnis, daß ich plötzlich an einem Schluß angelangt war, der für meinen Geschmack zu sehr in der Luft hing.

Gegen ein wenig In-der-Luft-Hängen, habe ich nichts einzuwenden, im Gegenteil, da ich gegen allzu eindeutige Antworten eine Abneigung hege, weil sie die Dinge meist in ungerechtfertigter Weise vereinfachen.

Ich suchte ziemlich lange nach einem geeigneten Ende, doch keine meiner Ideen wollte mir so recht gefallen. Mein Bruder war es schließlich, der einen, wie ich hoffe, befriedigenden Abschluß für MMIRG vorschlug, als ich ihm die unfertige Geschichte zeigte.

(Und falls Sie inzwischen noch nicht herausgefunden haben sollten, was es mit dem, ein wenig eigenartig klingenden Titel dieses SF-Märchens auf sich hat, brauchen Sie ihn nur rückwärts zu lesen.)

Mmirg

Man sagt, Mmirg gibt es nicht mehr, viele behaupten sogar, Mmirg habe es nie gegeben. Ich aber sage euch, Mmirg gibt es, und nichts ist wahr von all dem, was man sich erzählt. Mmirg ist nicht trostlos, von glühender Hitze versengt, oder vom ständigen Eis bedeckt. Mmirg ist ein Paradies. Ich weiß es; denn ich bin dort gewesen.

Ich war nur Passagier an Bord des Raumtransporters und verstehe nichts von technischen Dingen. Nur soviel habe ich verstanden, daß wir ohne Kadmium oder Bor unsere Fahrt nicht fortsetzen konnten. Als der Schaden aufgetreten war, befanden wir uns unweit von Mmirg, und dort gab es zumindest Kadmium, wie ein spektralanalytischer Test ergeben haben soll. Aus unserer Sicht verblieb uns nur die Wahl zwischen zwei Übeln: auf Mmirg zu landen, trotz ausdrücklichem Hinweis im Routenhandbuch, daß von Mmirg noch niemand zurückgekehrt sei; oder darauf zu hoffen, daß rechtzeitig Hilfe kam, wofür laut Aussage des Kapitäns nur eine Wahrscheinlichkeit von 0,1 Prozent bestand. Als sich drei Besatzungsmitglieder bereit erklärten mit der Landekapsel abzusteigen, war die Entscheidung gefallen. Kurze Zeit später verließen wir das Mutterschiff.

Wir, das waren Leila, die Mathematikerin und zweiter Navigator, Pit, der zweite Ingenieur, Henrik, ein Chemotechniker und ich, ein Archäologe, der zwar nicht gebraucht wurde (aber unbedingt mitwollte).

Was die Landung betrifft, hätten wir getrost auf Leila verzichten können. Die Mmirganer führten uns an einer langen Leine, wohl um uns zu begutachten, und weniger, um uns die Gelegenheit zu bieten den farbenprächtigen Planeten aus allernächster Nähe zu betrachten. Unter uns wechselten Land- und Wasserflächen, wechselten offensichtlich bewohnte und unbewohnte Gebiete. Ansammlungen von kugelartigen Gebilden verschiedenster Größe waren zu erkennen, durchsetzt von Pflanzenflächen, in denen rotbraune und hellblaue Schattierungen vorherrschten.

Meine Begleiter waren heilfroh, als die Landung eingeleitet wurde; ich hätte nichts dagegen gehabt, wenn die Umrundungen noch ein wenig angedauert hätten.

Wie die Mmirganer aussehen, kann ich eigentlich nicht sagen; denn sie traten uns nur verhüllt, oder besser gesagt, verschleiert gegenüber. Ihre Körpergestalt scheint kugelförmig zu sein, soviel konnte ich erkennen, aber ob sie sich auf Extremitäten fortbewegen oder schweben kann ich nicht sagen. Ihre prachtvollen, meist vielfarbenen Schleier reichen bis auf den Boden, und es scheint von der Position oder Autorität ihres Gegenübers abzuhängen, wie hoch sie sich aufrichten. »Aufrichten« ist vielleicht nicht das rechte Wort. Einen Mmirganer als Schleiersäule zu bezeichnen, ist zweifellos unpassend, aber es veranschaulicht, was ich meine. Unterschiede hinsichtlich der Dicke, beziehungsweise des Umfangs der Mmirganer konnte ich nicht feststellen. Die Höhenunterschiede sind meist nur sehr gering, aber scheinen eine entscheidende Rolle zu spielen, ebenso die Farben der Schleier und ihre Anordnung. Meine Zeit auf Mmirg war jedoch viel zu kurz, als daß ich die Subtilitäten dieses Kommunikationssystems hätte durchschauen können. Der kleinste Mmirganer, der uns begegnete, maß an die sechzig Zentimeter; der größte an die drei Meter. Und der größte war ihr König, den wir jedoch erst später zu Gesicht bekommen sollten.

Das vorerst stumme Empfangskomitee aus drei Mmirganern geleitete uns in einen Komplex aus mehreren Kugelräumen, der hermetisch abgeschlossen war. Im Zentrum der Räume befand sich ein großer Garten, überdacht von einer weitgespannten durchsichtigen Kuppel. Für die nächsten Stunden waren wir uns selbst überlassen, das heißt, man ließ uns ungehindert die bereit gestellten Früchte, die verschlossene Außentür und alles übrige untersuchen. Lästig war nur, daß die drei ständig um uns herum waren. Unsere wiederholten Versuche, mit ihnen ins Gespräch zu kommen, wurden jedoch mit beharrlichem Schweigen beantwortet. Erst nach einigen Stunden änderte sich das Bild.

Der kleinste Mmirganer trat vor und begann plötzlich mit einer wohllautenden Stimme, halb Frauen- halb Männerstimme, zu sprechen. Er hieß uns auf Mmirg willkommen und fragte nach unserem Begehr. Wir waren so verblüfft, daß selbst Leila, die das Kommando über unser Häuflein hatte, eine Weile brauchte, um zu reagieren. Sie bedankte sich für den Willkommensgruß, überreichte geistesgegenwärtig ihren Zeitmesser als Gastgeschenk und sagte, woher wir kamen und was wir benötigten. Die Mmirganer schienen alles zu verstehen, bis auf die Bitte nach Kadmium oder Bor. Sie hatten offenbar die anfänglichen Stunden genutzt, um unsere Sprache zu entschlüsseln, und da Leila verhältnismäßig großen Anteil an unserer Diskussion gehabt hatte, scheint dies der Grund dafür gewesen zu sein, daß der Mmirganer in einer Frauen-Männer-Stimme zu uns sprach.

Einer der Mmirganer zog sich zurück und kehrte bald darauf

mit einer Art Mineraliensammlung wieder, Fläschchen waren allerdings auch dabei. Die Absicht war klar, und so trat Henrik vor und konnte sehr schnell verständlich machen, welche Elemente wir als Kadmium und Bor bezeichnen. Daraufhin wandte sich wiederum der kleinste Mmirganer an uns mit der Bitte um Geduld und der Ankündigung, uns in kurzer Zeit dem König vorzustellen.

Wir aßen von den wohlschmeckenden Früchten und waren noch dabei zu diskutieren, was wir von allem halten sollten, als wir zur Audienz abgeholt wurden.

Erst auf dem Weg zum Königspalast fiel mir auf, wie laut wir waren; unser Reden und selbst unser Gehen. Auf Mmirg war es still, genauer gesagt, auf Mmirg gibt es keinen Lärm, alle Geräusche sind weich, klingen wie Flüstern, obwohl die Mmirganer nicht miteinander reden. Überall gab es Blumen, auch in den Gebäuden, sowie Wasserspiele mit verschiedenfarbenem Wasser, und alles war in wohltuendes, langsam wechselndes Licht getaucht. Die Farbenpracht wirkte weder unruhig noch irritierend, da alle Farben aufeinander abgestimmt waren, abgestimmt auf eine Hauptfarbe. Selbst die Hauptfarben der einzelnen Hallen, die wir durchquerten, waren Teil eines subtilen Zusammenspiels und schienen immer noch leuchtender zu werden.

Erst im Thronsaal erging es mir wie meinen Gefährten, ich war zu gespannt, als daß ich noch Augen für seine unbeschreibliche Schönheit haben konnte.

Nicht nur die Anordnung der Mmirganer machte deutlich, wer der König war, er war auch der größte, und die Pracht seiner Schleier übertraf die der übrigen.

Wir wußten nicht, was wir tun sollten, also hielten wir uns an Leila. Langsam, aber mit erhobenem Kopf, näherte sie sich dem König bis auf einige Meter, verbeugte sich – wir taten desgleichen – und sagte in ihrer melodiösen Stimme, aber leiser als sonst: »Seid gegrüßt großer Herrscher und bedankt für Eure Gastfreundschaft.«

Mehr sagte sie nicht und verbeugte sich ein zweitesmal. Wir taten wiederum desgleichen, und obwohl ihre Worte antiquiert, sogar ein wenig komisch klangen, schienen sie der Situation dennoch angemessen.

Erst jetzt bemerkte ich, wie schön sie war; die dunklen, schulterlangen Haare, grünlichbraune Augen, große Augen. Ich kann gar nicht mehr genau sagen, was mir an ihr mit einemmal so gefiel, ich weiß nur, daß ich mich in diesem Augenblick in sie verliebt habe. Erst als der kleine, der kleinste Mmirganer, den wir bereits kannten, zu sprechen begann, fand ich in die Wirklichkeit zurück, die unwirklicher hätte nicht sein können.

»Unser König heißt euch willkommen. Zum Zeichen seiner Gastfreundschaft wird er im Neuen Licht die Königsfrage stellen.« Fast beschwörend klangen seine Worte. Ein Gefühl von drohendem Unheil stieg in mir auf.

»Die Zukunft liegt in eurer Hand, darum bedenkt die Antwort wohl. Bedenkt sie ganz und rundherum. Der König fragt, ›Was ist dein Wunsch?‹.

Die Zukunft liegt in eurer Hand, darum bedenkt die Antwort wohl. Bedenkt sie ganz und rundherum! Die Gunst ist groß und kehrt nie wieder. Der König fragt, ›Was ist dein Wunsch?‹.

Die Zukunft liegt in eurer Hand, darum bedenkt die Antwort wohl! Bedenkt sie ganz und rundherum! Die Gunst ist groß und kehrt nie wieder! ...«

Zunehmend schneller und lauter wiederholte der Mmirganer seine Worte, immer schneller und lauter, als wollte er uns mehr sagen, mehr, als er sagen durfte. Zwei etwas größere Mmirganer nahmen ihn in die Mitte, rückten immer näher, bis seine Worte leiser wurden und schließlich erstarben.

Leila wandte den Kopf und sah mich an, mich, hilfesuchend; zum erstenmal schien sie unsicher, was sie tun sollte. Noch während ich ihr zunickte wurde mir klar, wie wenig ich ihr damit helfen würde. Ich mußte etwas tun, aber was? Und dann wußte ich es. Mit zwei Schritten war ich neben ihr und, ohne daß ich es wollte, oder doch wollte, ergriff ich ihre Hand und verbeugte mich in Richtung des wartenden Königs.

»Habt Dank für Eure große Gunst und gewährt uns die Bitte, unsere Freunde auf dem Raumtransporter zu benachrichtigen.«

Der kleine Mmirganer schwebte vor den König, wurde noch kleiner, verharrte einige Sekunden bewegungslos, dann wandte er sich wieder an uns.

»Unser König bittet um Verständnis, auch er muß dem Gesetz gehorchen zur Sicherung der großen Gunst.«

»Wann können wir euch wieder verlassen, und wird euer König unsere Bitte um Kadmium und Bor erfüllen?« Ohne es selbst zu bemerken, waren meine Worte immer lauter und drängender geworden.

Der kleine Mmirganer kam noch etwas näher.

»Der König ist euch wohlgesonnen. Zum Zeichen seiner Gastfreundschaft wird er im Neuen Licht die Königsfrage stellen. Die Gunst ist groß und kehrt nie wieder. Der König fragt, ›Was ist dein Wunsch?‹. Die Zukunft liegt in eurer Hand, darum bedenkt die Antwort wohl! Bedenkt sie ganz und rundherum! Bedenkt sie ganz und schaut euch um! ...«

Wieder näherten sich ihm die zwei größeren Mmirganer. Alle drei machten eine Kehrtwendung, erniedrigten sich vor ihrem König und bewegten sich in jene Richtung, aus der wir gekommen waren. Leila schien noch etwas sagen zu wollen. Ich schüttelte den Kopf, verbeugte mich ein letztesmal und bedeutete ihr und den anderen, den drei Mmirganern zu folgen.

Endlich waren wir allein, aber auch allein mit unserem Problem.

»Ich kenne mich überhaupt nicht mehr aus«, sagte Pit und eröffnete damit unsere schwierige Diskussion. »Der König fragt also jeden von uns nach seinem Wunsch, und von der richtigen Antwort scheint unsere Zukunft abzuhängen. Klar, wenn er unseren Wunsch nach Kadmium und Bor nicht erfüllt, sieht unsere Zukunft nicht gerade rosig aus. Oder wie soll ich das Ganze verstehen?«

»Vielleicht ganz anders.« Unsere Augen richteten sich auf Leila; ich brauchte den Kopf nicht zu bewegen. »Hätte uns sonst der kleine Mmirganer so eindringlich darauf hingewiesen, daß wir die Antwort wohl bedenken sollten?!« Unsere Augen trafen sich. »Und was meint unser Archäologe?!«

Ohne es zu wollen brachte sie mich in Schwierigkeiten. Sie hatte kurz gezögert, wollte mich nicht mehr mit ›Sie‹ ansprechen, wagte aber auch nicht das ›Du‹, fand einen Ausweg und ließ alles in der Schwebe. »Und was meint unser Archäologe?« Den Ernst unserer Situation, oder besser gesagt die eigentliche

Chance, die große Gunst, wie der Mmirganer gesagt hatte, habe ich damals nicht erkannt, und wie ich glaube, keiner von uns. Also spielte ich, nahm den Ball auf und warf ihn zurück. »Warum versteckst du deine Meinung hinter einer Frage?«

Sie lächelte, es war jedoch ein enttäuschtes Lächeln. »Du hast recht, ich sollte erst meine eigene Vermutung äußern, bevor ich frage.« Es war ein versöhnliches Du. »Mich erinnert die ganze Situation an ein Märchen, an jene Märchen, in denen jemand drei Wünsche frei hat – meist sind es doch drei? Zwei der Wünsche werden in der Regel für Belanglosigkeiten vertan ...«

Pit fiel ihr ins Wort: »Und der Knirps wollte uns davor warnen, unsere Wünsche zu verschleudern, das ist mir schon klar.«

Anstatt überheblich zu lächeln, nickte Leila und vermied ihn zu verletzen. »Den Eindruck habe ich auch, aber vielleicht wollte er noch mehr sagen? Was meint ihr?«

»Noch mehr?« fragte Pit.

Leila hatte zwar alle angesprochen, aber nur mich dabei angesehen.

Ich nickte. »Ich fürchte, Leila hat recht. Man treibt ein Spielchen mit uns, eine Art Test, von dessen Bestehen unsere Zukunft abhängt.« Ich sah Henrik an, den ältesten von uns, der bislang noch nichts gesagt hatte.

»Ich bin der gleichen Ansicht«, sagte er, »ich frage mich nur, was geschieht, wenn wir die Königsfrage richtig beantworten, und was ...«

»Was soll schon geschehen, wenn wir sie richtig beantworten, wird unser Wunsch erfüllt, und wenn nicht, dann wird er eben nicht erfüllt.«

»Welcher Wunsch?« fragte Henrik, dem die Dinge ebenfalls komplizierter schienen als Pit.

»Na der Wunsch, den jeder von uns äußerst.«

Henrik schüttelte den Kopf. »Das kann ich mir nicht vorstellen; dazu müßten die Mmirganer allmächtig sein.« Alle schwiegen, und das war gut so; denn Henrik war noch nicht fertig. »Ich glaube eher, daß es nur darum geht, die Königsfrage richtig zu beantworten, die richtige Antwort aus der Sicht der Mmirganer, meine ich ...«

»Hab' ich doch gesagt.«

Henrik ließ sich durch Pits erneute Unterbrechung nicht stören.

»Nicht, um den geäußerten Wunsch erfüllt zu bekommen, sondern, um wieder frei zu sein.«

»Und wenn wir nicht die richtige Antwort finden?« Diesmal hatte Pit den Kern getroffen, das Problem, das uns alle beschäftigte.

»Ich weiß nicht«, sagte Leila, »im besten Fall passiert uns gar nichts, und man läßt uns gehen, womöglich sogar mit den Elementen, die wir benötigen.«

»Und im schlimmsten Fall?« Pit mußte natürlich die Frage aussprechen, die wir bewußt vermieden hatten.

»Dreimal dürfen Sie raten«, war meine, nicht gerade freundliche Antwort.

»Vielleicht wird man uns töten.« Obwohl es Leila ausgesprochen hatte, wirkten ihre Worte eher beruhigend als irritierend auf uns. »Aber es ist müßig, sich jetzt darüber Gedanken zu machen, wir sollten unsere Zeit besser nützen und eine Antwort auf die Königsfrage suchen.«

»Der Wunsch, reich zu sein, ist sicherlich nicht gut«, meinte Pit.

»Sicherlich nicht«, wiederholte Henrik, worauf Pit ihn nun seinerseits fragte, welchen Wunsch er dann besser fände.

»Vielleicht Gesundheit?«

»Auch schlecht«, freute sich Pit, die Gelegenheit zur Revanche nutzend. »Was hilft mir Gesundheit, wenn ich kein Geld habe, um das Leben zu genießen?!«

»Vielleicht erwarten sie, daß wir uns Klugheit, Weisheit, alles zu wissen, oder dergleichen wünschen?« versuchte Henrik einen zweiten Anlauf.

»Vielleicht«, wiederholte Leila, »in dieser Richtung habe ich auch gesucht, und mir waren noch Gerechtigkeit und Bescheidenheit eingefallen. Aber ich glaube nicht ...«

»Ich eigentlich auch nicht«, stimmte ihr Henrik zu, bekräftigte das Gesagte mit einem Nicken und schwieg.

Wir alle schwiegen; jeder mit seinen eigenen Gedanken beschäftigt, wohl jeder auf der Suche nach der richtigen Antwort. Nur ich war mit meinen Gedanken ganz woanders.

Leila schien es zu bemerken, aber erst nach geraumer Zeit sah sie mich herausfordernd an, vielleicht sogar ein wenig ärgerlich. »Du hast bisher überhaupt noch nichts gesagt.« Das stimmte zwar nicht, aber sie meinte ja auch etwas anderes.

Da mir auf Anhieb nichts Besseres einfiel, sagte ich: »Ewiges Leben.«

»Ewiges Leben?!« Leilas Ärger war nun offenkundig. »Abgesehen davon, daß sie kaum in der Lage sein dürften einen derartigen Wunsch zu erfüllen, scheint er mir alles andere als gut überlegt ...«

Ich hörte ihr nicht mehr zu, sah sie nur an, war unfähig einzuschätzen, was eigentlich vorging, und überspannte den Bogen. »Wie wäre es dann mit dem Wunsch, von jenem Menschen geliebt zu werden, den man selbst liebt?«

Da stand Leila unvermittelt auf. »Ich brauche frische Luft«, war alles, was sie sagte, doch am Türbogen besann sie sich eines Besseren. »Seid mir nicht böse, ich möchte ein wenig nachdenken.« Dann war sie gegangen.

»Leila hat recht«, meinte Henrik, der Situation die Peinlichkeit nehmend, »vielleicht sollten wir alle ein wenig nachdenken.« Er stand ebenfalls auf, und Pit, der überhaupt nichts mehr verstand, folgte ihm.

»Seine Idee vom ewigen Leben ist doch gar nicht so schlecht«, hörte ich ihn noch sagen, bevor auch sie den Raum verlassen hatten.

Das Licht wechselte unmerklich, als richtete sich der Raum nach seinen Gästen. Es schien, als zöge es sich zurück. Mein Innerstes gab seine Schlösser frei. Ich liebte Leila, doch ich hatte Angst vor allem, was da kommen würde. Die Sicherheit und gleichzeitige Unsicherheit meines Gefühls verwirrte mich. Liebte ich sie, weil ich Angst hatte, oder hatte ich Angst, weil ich sie liebte? Mein Gefühl war sicher, die Unsicherheit lag in der Situation. Ausgeliefertsein macht Angst. Ich mußte mit ihr sprechen.

Leila war im Garten. Sie stand inmitten gleichgroßer Lilien, als hätten sie diese umringt. Ich habe noch nie so schöne Lilien gesehen, noch nie schönere Blumen, und doch schienen sie ihre makellosen Kelche vor dem Wesen in ihrer Mitte zu neigen. Die Zeit kam zum Stillstand, und mit ihr die Angst. Ich weiß nicht, wie lange wir so gestanden haben. Schließlich hob sie ihre Hände, legte sie sanft um einen der weißen Blütenkelche und küßte ihn. Dann begann sie zu sprechen, und langsam näherkommend verstand ich ihre Worte. »Bedenkt sie ganz und rundherum, bedenkt sie ganz und schaut euch um.« Langsam, begleitet von dem Lied der immer gleichen Sätze, wandte sie ihren Kopf, wandte ihn, bis sich unsere Augen trafen. »Bedenkt sie ganz und rundherum, bedenkt sie ganz und schaut euch um.« Erst als ich vor ihr stand, verstummte sie.

»Komm«, sagte sie, »ich zeig' dir den Garten.«

Ich kann nicht beschreiben, wie mir geschah, hierzu müßte ich den unvergleichlichen Zauber dieses Gartens in Worte fassen können. Er nahm uns gefangen, einen jeden von uns, wie sich später herausstellen sollte. Mehr noch, sein Zauber vertrieb all unsere Ängste und gab uns das Gefühl, endlich gefunden zu haben, wonach wir uns schon immer gesehnt hatten. Es war wie im Paradies.

Wie vom Blitz getroffen blieb ich stehen.

»Was ist?« fragte Leila.

»Siehst du denn nicht?«

Leila sah mich fragend an.

»Ich glaube wir sind tot.«

»Tot?«

»Wenn es einen Garten Eden gibt, dann ist es dieser!«

Leila schien der Gedanke in keiner Weise zu beunruhigen. »Morgen werden wir es wissen. Komm«, sagte sie, »die anderen warten sicherlich schon auf uns.«

Pit und Henrik schienen im Gespräch vertieft, besser gesagt, Pit sprach auf den zuhörenden Henrik ein: »Ich weiß nicht was Sie haben, die Idee ist doch wirklich gut.«

»Welche Idee?« fragte ich.

»Anstatt sich ewiges Leben zu wünschen, schlägt Henrik vor, selbst über den Zeitpunkt seines Todes entscheiden zu können.«

»Ich weiß nicht«, schüttelte Henrik den Kopf und zögerte sichtlich, bevor er sein Unbehagen in ein drastisches Beispiel kleidete. »Ich komme mir vor wie jemand, der sich zu seiner Henkersmahlzeit Wiener Würstchen bestellt.«

»Wiener Würstchen?« Pit schien den Vergleich äußerst unpassend zu finden.

»Ich meine«, versuchte Henrik zu erklären, »könnten wir unseren Wunsch nicht viel besser nützen, als wir es bislang getan haben?«

Pits Gesicht begann zu strahlen. »Ich hab's«, rief er, »ich habe die Lösung gefunden!« Triumphierend blickte er uns der Reihe nach an. »Die Lösung ist ganz einfach. Wir wünschen uns drei oder meinetwegen auch zehn weitere Wünsche?!«

Obwohl sein Vorschlag völlig ernst gemeint war, brachen wir in schallendes Gelächter aus. Als wir uns wieder beruhigt hatten, griff Leila nochmals den gesponnenen Faden auf.

»Und wenn wir uns einfach Glück wünschten, so würde das doch auch bedeuten, daß uns jeder Wunsch erfüllt wird.«

»Oder genau dies«, meinte Henrik, »daß uns, wann immer wir einen Wunsch haben, dieser erfüllt wird.«

»Das ist nun aber bestimmt kein Wiener Würstchen ...«, und bevor Pit seinen Satz zu Ende sprechen konnte brachen wir zum zweitenmal in lautes Gelächter aus.

Wie wir die Dinge in den nächsten Stunden auch drehten und wendeten, es blieben bloße Variationen der bereits angesprochenen Vorschläge. Da wir uns auch nicht darüber einigen konnten, welcher der beste sei, entschlossen wir uns, in den verbleibenden Stunden noch etwas zu schlafen.

Als ich erwachte, zeigte mein Zeitmesser auf 5 Uhr. Vor drei Stunden hatten wir unsere Diskussion beendet. Die anderen waren zur gleichen Zeit erwacht. Es war das Licht, ein anderes Licht als gestern, es war deutlich heller, und so seltsam es auch klingen mag, es wirkte irgendwie feierlich auf mich. Vielleicht hatte der kleine Mmirganer deshalb vom Neuen Licht gesprochen. Wie aus dem Boden gewachsen stand er plötzlich vor uns.

»Die Zeit ist gekommen, der König erwartet euch.«

Diesmal war es nur das Geräusch unserer Schritte, das uns auf dem Weg zum Thronsaal begleitete. Ich weiß nicht, woran die anderen dachten. Ich dachte eigenartigerweise an gar nichts, hörte nur das Geräusch unserer Schritte und hatte das Gefühl, einen mir fremden Körper zu bewohnen.

Plötzlich kam mir eine Geschichte in den Sinn, die Geschichte eines alten Mannes, der dem Tod begegnete. Er dachte, daß er nun sterben müsse, aber der Tod war gar nicht in der Stadt, um ihn zu holen. Sie kamen ins Gespräch, und der Tod erzählte, daß er am nächsten Tag einen jungen Mann mitnehmen müsse. Der Alte konnte nur mit Mühe seinen Schreck verbergen, als er herausfand, daß es sich bei dem jungen Mann um seinen Sohn handelte. Er eilte nach Hause und befahl seinem Sohn noch in der gleichen Nacht in eine andere Stadt zu reiten.

Der Eingang zum Thronsaal stand weit geöffnet. Durch ein enges Spalier dicht gedrängter Mmirganer, die noch dichter standen als bei unserem ersten Besuch, näherten wir uns dem König. Als wir stehen blieben, umfing uns völlige Lautlosigkeit. Ich nahm alles nur halb wahr; meine Gedanken kreisten noch immer um die Geschichte, deren Ende mir nicht einfallen wollte.

Wir standen in einer Linie, links Pit, dann Henrik, daneben Leila und schließlich ich. Der kleine Mmirganer bewegte sich vor Pit und forderte ihn auf vorzutreten. Pit tat, wie ihm geheißen, und verneigte sich.

Da sprach der König zum erstenmal. »Sage mir, was ist dein Wunsch!«

Ohne auch nur eine Sekunde zu zögern erwiderte Pit: »Ich möchte immer glücklich sein, und dazu gehört auch, daß Ihr meine Freunde und mich mit Kadmium und Bor auf unser Raumschiff zurückkehren laßt.«

Ein einziger, tausendfach verstärkter Freudenschrei erfüllte den Saal, und unter unseren erschreckten Blicken verwandelte sich Pit in einen Mmirganer. Ehe wir zur Besinnung kommen konnten, war die Reihe bereits an Henrik.

»Sage mir, was ist dein Wunsch!«

»Ich wünsche mir«, Henrik stockte, als träfe er erst in diesem Augenblick seine Entscheidung, und so war es dann auch. »Ich wünsche mir, daß mit mir nicht das gleiche geschieht wie mit Pit.«

Wieder dieser fürchterliche Schrei, und bevor sich Henrik umdrehen konnte war auch er zu einem Mmirganer geworden.

Leila ergriff meine Hand, und ihre Augen sagten alles, was sie mir noch sagen wollte. Dann trat sie unaufgefordert vor den König.

»Sage mir, was ist dein Wunsch!«

»Ich habe keinen Wunsch.«

Mit beiden Händen verschloß ich meine Ohren, kniff die Augen zusammen und dann schrie ich, schrie, so laut ich konnte. Als alles vorbei war, richtete ich mich wieder auf und öffnete die Augen.

Leila stand noch immer vor dem König. »Ich habe keinen Wunsch«, wiederholte sie, bevor sie sich umdrehte. »Ich bin glücklich«, sagte sie in meine hilflosen Augen.

Die Mmirganer verharrten in bewegungsloser Stille.

»Sage mir, was ist dein Wunsch?«

»Ich bin glücklich«, wiederholte sie ein zweites Mal, »und alles, was ich mir wünschen könnte ist, daß es so bliebe, wenigstens ...«

Ihre letzten Worte erstickte der grauenvolle Schrei, und bevor ich auch nur die Hand ausstrecken konnte, war es geschehen. Gleich drei Mmirganer schoben sich zwischen mich und den König, dabei stand ich wie gelähmt. Leila, oder wie soll ich sie nennen, glitt zu Pit und Henrik, die an der rechten Seite des Königs verharrten. Alle drei, kleine, unscheinbare Mmirganer, noch kleiner als der kleinste, der uns bislang begegnet war. Ich hatte nur mehr einen Wunsch, das Unvermeidliche so schnell wie möglich hinter mich zu bringen.

»Ich will keinen Wunsch haben«, schrie ich und versuchte mit steifem Rücken den Schrei zu ertragen. Aber der Schrei kam nicht.

»Sage mir, was ist dein Wunsch!«

Fast lautlos wiederholten meine Lippen: »Ich will keinen Wunsch haben.« In diesem Moment fiel mir das Ende jener Geschichte ein. Noch in der gleichen Nacht machte sich der Sohn auf den Weg in die andere Stadt, ich glaube es war Salamanka. Die ganze Nacht war er geritten und erst am Morgen erreichte er sie. Erschöpft glitt er aus dem Sattel, als ein Fremder auf ihn zukam. »Gut, daß du gekommen bist«, sagte der Tod, »ich mußte gestern deine Stadt verlassen und dachte schon, ich könnte dich erst beim nächstenmal mitnehmen.«

Noch immer kein Schrei, nur die Stimme des Königs: »Sage mir, was ist dein Wunsch!«

Ich wollte ihm zuschreien, endlich Schluß zu machen, ihn bitten, dieses grausame Spiel zu beenden, aber ich tat nichts dergleichen, wiederholte statt dessen ein drittesmal: »Ich will keinen Wunsch haben.«

Dann kam der Schrei, aber ganz anders, als die Male zuvor. Es war eigentlich kein Schrei, es war viel leiser, klang wie ein Wimmern, das unmerklich in Gesang überging, in ein langsames, klagendes Lied. Ich habe nie einen traurigeren Gesang gehört und nie einen schöneren. Als er verebbte, sprach der König ein letztesmal.

»So geh denn, Glücklicher unter den Unglücklichen, Sehender unter den Blinden, der unseres Hauses nicht bedarf. Unsere Trauer ist groß, doch unsere Freude wird größer sein.«

Während er dies sagte wurde er kleiner und kleiner, und seine Schleier breiteten sich über den Boden. Alle Anwesenden wurden kleiner, kleiner noch als der König, den ich um Haupteslänge überragte.

Leila und meine beiden übrigen Gefährten waren im Meer der Schleier verschwunden. Ich versuchte sie zu entdecken, rief ihre Namen. Vergeblich. Langsam, geradezu ehrfürchtig rückten die Mmirganer näher, kamen immer näher, bis ich unwillkürlich zurückwich. Ein Spalier öffnete sich. Benommen folgte ich dem König, der mir den Weg zu weisen schien. Die anderen verblieben im Thronsaal. Ich erinnere mich nur mehr, daß ich dem kleinen König folgte, sorgsam darauf bedacht, nicht auf seine prachtvollen Schleier zu treten. Vor der Landekapsel erniedrigte sich der König noch einmal, bevor er langsam wachsend entschwebte.

Wie in Trance bestieg ich die Kapsel, verriegelte die Einstiegsluke und sank erschöpft in den ersten der vier Sessel. Das Kontrollpult wurde lebendig, das Triebwerk zündete, und ohne mein Zutun machte sich die Kapsel, beladen mit Kadmium und Bor, wie sich später herausstellte, auf den Weg zum Raumtransporter.

Die Kugelbauten verkleinerten sich, wurden zu Bällen, schrumpften zu Stecknadelköpfen. Obwohl meine Augen weiterhin auf den Bildschirm gerichtet waren, nahm ich nichts mehr wahr. Die Erkenntnis hatte mich wie ein Schlag getroffen, das Erkennen des Mißverständnisses, dem ich meine Rettung zu verdanken hatte. Ich wollte auf den Versuch verzichten, eine unlösbare Aufgabe zu lösen, wollte alles nur so schnell wie möglich hinter mich bringen, wollte mich verweigern. ›Ich will keinen Wunsch haben‹, hatte ich gesagt, und sie haben es mißverstanden.

Mmirgs Horizontlinie krümmte sich mehr und mehr, schloß sich zu einem Kreis.

Leilas Bild stieg in mir auf. Das Eigenartige war nur, ich vermißte sie nicht. Zuerst war es mir unverständlich, ich liebte sie, aber ich vermißte sie nicht.

Mmirg füllte nur mehr die Hälfte des Bildschirms. Wasser- und Landflächen wären noch immer deutlich zu unterscheiden gewesen; und sie waren es noch immer, als sich mein Augenmerk erneut auf den Schirm richtete. Es war eine Art Aufleuchten gewesen, eine unerwartete Veränderung jedenfalls, welche die Schwelle zur bewußten Wahrnehmung durchbrochen hatte. Ich glaubte bereits an eine Täuschung, als Mmirg erneut aufleuchtete. Es dauerte nicht lange, und das Schauspiel wiederholte sich, nur intensiver und in immer kürzeren Zeitabständen. Die Helligkeit nahm weiter zu, und schließlich ging das Flackern in ein kontinuierliches Leuchten über. Es war kein gleißendes, alles überstrahlendes Licht; es war mehr wie ein inneres Aufleuchten, das durch die transparent erscheinenden Farben der Planetenoberfläche nach außen zu dringen schien.

Schneller, als der Spuk gekommen war, verging er wieder, aber nur, um einem zweiten Platz zu machen, der den ersten um ein Vielfaches übertreffen sollte.

Zuerst veränderten sich die Farben, sie erschienen zunehmend matter und verwaschener und vermengten sich schließlich zu einem einheitlichen, langsam heller werdenden Grau. Dann glaubte ich einzelne Lichtpunkte in dem Grau zu erkennen, bis ich begriff.

Der Planet löste sich nicht auf, er wurde nur durchsichtig, und die Lichtpunkte waren Sterne. Mmirgs Kugelgestalt blieb bis zum Schluß erkennbar, bis zum Moment ihrer völligen Transparenz.

Ich sage euch, Mmirg existiert, es hat sich nur unseren Blicken entzogen. Fragt mich nicht nach dem Warum. Ich weiß es nicht und habe kein Verlangen nach einer Antwort. Mmirg hat meinen Wunsch erfüllt und all meine Wünsche gestillt, sogar jenen, Leila wiederzufinden, um bei ihr zu bleiben.

Da ich ein begeisterter, wenn auch nur mittelmäßiger Schachspieler bin, mußte dieses Spiel irgendwann zum Thema einer meiner Geschichten werden. Einmal, als ich mit einem Freund Schach spielte, unterlief uns jener kleine, für das Spiel jedoch höchst folgenreiche Fehler, der zum Ausgangs- und Kernpunkt der folgenden Kurzgeschichte wurde. Ich denke jedoch, daß der Clou der Story auch für Schachlaien verständlich ist.

Das Schachspiel

Mitternacht war längst vorüber. Da er noch immer keinen Schlaf finden konnte, entschloß er sich, die dramatischen Ereignisse der letzten Tage, so wie er sie aus allernächster Nähe miterleben konnte, in seinem Tagebuch festzuhalten. Er stand auf, nahm das Buch aus der Reisetasche und setzte sich an den Tisch.

Die Nacht hinter dem Fenster war dunkel und sternenlos.

Er schlug eine neue Seite auf und begann zu schreiben.

Über Pfingsten wollten wir (Mama war mit von der Partie) endlich wieder einmal unsere Verwandten in Hochheim besuchen. Marianne holte uns vom Zug ab – wer fährt denn heute noch mit dem Wagen –, Mitja hatte zu tun und erwartete uns zu Hause. Durch diesen Besuch sollte ich unmittelbarer Zeuge jener weltbewegenden Ereignisse werden, die vor genau drei Wochen ihren Anfang nahmen.

Mitja mixte uns gerade einen Willkommenstrunk, als jemand Sturm läutete. Es war Viviane; ohne uns zu begrüßen sprudelte das elfjährige Mädchen los, »Kommt schnell, ganz schnell, auf dem Spielplatz ist ein riesiges Flugzeug gelandet!« Sie stürzte zur Tür und deutete mit ausgestrecktem Arm über die Sicht verstellende Häuser in Richtung Spielplatz. Von der Wohnung aus konnte man nur wenig sehen, aber es reichte, um uns neugierig zu machen. Der große Kinderspielplatz war nur ein paar hundert

Meter entfernt. Wir trauten unseren Augen nicht, als wir das Raumschiff zum ersten Mal zu Gesicht bekamen. Nachdem wir inmitten einer ständig wachsenden Menschenmenge das eigenartige Gebilde längere Zeit beobachtet hatten, aus gebührendem Abstand versteht sich, schlug ich vor, wieder nach Hause zu gehen und die Polizei zu benachrichtigen. Auf diese Idee waren aber schon andere vor mir gekommen.

Die Polizei errichtete Sperren und forderte die Neugierigen auf, wieder nach Hause zu gehen. Viele blieben; mir tat der Rücken weh, und da nichts besonderes geschah, gingen wir schließlich.

Bereits in den Abendnachrichten wurde bekanntgegeben, daß ein UFO in Hochheim bei Frankfurt gelandet sei und daß man mit der Besatzung bereits Kontakt aufgenommen habe. Auf Grund der Verständigungsschwierigkeiten wisse man zwar noch nichts Genaueres, aber man sei sicher, daß die Landung in friedlicher Absicht erfolgt sei.

Am nächsten Tag sah die Geschichte schon ganz anders aus. In den stündlichen Nachrichtensendungen sickerte durch, daß die Absichten der Außerirdischen alles andere als friedlich waren. Sie betrachteten es nämlich als legitim, sich all jene Welten untertan zu machen, die ihrem wissenschaftlichen und vor allem geistigen Entwicklungsstand unterlegen waren. Soweit ich es verstanden habe, wollten sie uns zwar nicht ausrotten, aber zu Arbeitssklaven machen. Näheres wußten vielleicht jene Stellen, die in direktem Funkkontakt mit den Eindringlingen standen; die Öffentlichkeit erfuhr nur, daß uns die Außerirdischen jede erdenkliche Chance bieten wollten, die Gleichwertigkeit oder gar Überlegenheit unseres Entwicklungsstandes zu beweisen. Daß der internationale Krisenstab, der zur Bewältigung dieser weltbedrohenden Situation gebildet worden war, sich überraschend schnell darüber einig wurde, das Risiko eines bewaffneten Widerstandes einzugehen, zeigte sich daran, daß bereits am dritten Tag nach Landung des Raumschiffes Militärverbände in und um Hochheim zusammengezogen wurden. Überdies schien mir ein wachsender Fahrzeugpark auf geplante Evakuierungsmaßnahmen hinzudeuten. In den Nachrichten wurde allerdings nur erwähnt, daß man die Umgebung des Raumschiffes abgesichert habe und daß Komissionen gebildet worden seien, um Wege zu finden, den Extraterrestriern unseren hohen wissenschaftlichen und sozialen Entwicklungsstand zu beweisen.

Den Fremden gelang es jedoch sehr schnell, uns von der Zwecklosigkeit derartiger Drohgebärden zu überzeugen. Am vierten Tag nach der Landung erkrankten Tausende von Menschen an einer eigenartigen Krankheit. Auch ich war unter den Betroffenen. Innerhalb weniger Stunden wurde unser rechter Arm völlig gelähmt. Diese seltsame Krankheit trat gleichzeitig an fünf Orten – über die ganze Erde verstreut – auf, beschränkte sich aber jeweils auf kreisförmige Areale von 20 bis 50 Kilometern Durchmesser. In Deutschland waren vor allem die Einwohner von Mainz und Wiesbaden betroffen, aber natürlich auch all jene, die sich am vierten Tag nach der Landung in einem Umkreis von 30 Kilometer um das Raumschiff befanden. In den Nachrichten versuchte man uns mit dem Hinweis zu beruhigen, daß die Außerirdischen diese Maßnahmen nur zur Demonstration ihrer Möglichkeiten ergriffen hätten und, daß die Symptome bald wieder verschwinden würden. Überdies, wer das betroffene Areal in der Hoffnung verließ, die Krankheit wieder loszuwerden, wurde getäuscht. Unsere Beunruhigung wurde noch erheblich gesteigert, als am fünften Tag auch das linke Bein der Erkrankten gelähmt wurde. Erst als am sechsten Tag die Militärverbände wieder abgezogen wurden, verschwanden die schmerzlosen, aber sehr unangenehmen Lähmungen im Bein; unser rechter Arm blieb jedoch gelähmt. In den Nachrichten versuchte man weiterhin, uns zu beruhigen. Über die Vorgänge hinter den Kulissen erfuhren wir jedoch herzlich wenig. Gerüchten und Spekulationen waren Tür und Tor geöffnet. Offensichtlich versuchten die Außerirdischen, sich gegen Maßnahmen einer gewaltsamen Vertreibung oder gar Vernichtung abzusichern – mit durchschlagendem Erfolg, wie ich meine. Unser internationaler Krisenstab schien jedenfalls am siebten Tag nach der Stunde X – diese Bezeichnung für die Landung der Außerirdischen hatte sich mittlerweile allgemein durchgesetzt – eingesehen zu haben, daß es wohl das Beste sei, den Wünschen der Eindringlinge nachzukommen. Auch über die Versuche, sie von unserem ›hohen Wissensstand‹ zu überzeugen, erhielten wir so gut wie keine Informationen –

aus verständlichen Gründen; wer proklamiert schon gerne seine Mißerfolge.

Am 14. Tag nach der Stunde X schien sich eine Wende anzubahnen. In einer überraschend angesetzten Sondersitzung wandten sich die Regierungschefs - nur in wenigen Fällen ihre Bevollmächtigten - an die Weltöffentlichkeit und teilten mit, daß es zwar bislang noch nicht gelungen sei, die Außerirdischen von dem hohen Standard unserer Wissenschaften zu überzeugen, daß sich die Extraterrestrier jedoch bereit erklärt hätten, auch andere als wissenschaftliche Demonstrationen unserer geistigen beziehungsweise intellektuellen Fähigkeiten anzuerkennen. Nach reiflicher Überlegung habe man sich entschlossen, den Außerirdischen einen Schachwettkampf anzubieten, den sie schließlich akzeptiert hätten. Auf einmal schien es keine Informationssperren mehr zu geben. Wir erfuhren, daß ›die ANDEREN‹ maximal zehn Gegner akzeptiert hätten, daß jeder Spieler aber nur ein Spiel machen dürfe, jedoch die Farbe wählen könne, daß er gegen den Bordcomputer antreten müsse, daß als Spieler auch irdische Computer akzeptiert würden und - dies war der entscheidende Punkt - daß die Extraterrestrier bedingungslos abziehen und niemals wiederkehren würden, falls es einem irdischen Spieler oder Computer gelänge, auch nur eines der Spiele zu gewinnen. Die Spiele sollten im Raumschiff stattfinden. Der irdische Spieler und ein Extraterrestrier sollten sich wie bei einem normalen Wettkampf an einem Schachtisch gegenübersitzen, allerdings mit dem Unterschied, daß der Vertreter der Außerirdischen nicht selbst spielte, sondern die Züge seines Gegners dem Bordcomputer einfütterte und dessen Entscheidungen auf dem Schachbrett ausführte. Die einzelnen Züge sollten unmittelbar dem Krisenstab mitgeteilt werden, der sie dann den Massenmedien zugänglich machen wollte.

Ich habe keine Ahnung, warum man sich auf diese ziemlich umständlich anmutende Austragung des Wettkampfes geeinigt hatte, aber es wird schon seine Gründe gehabt haben. Hiermit steht vielleicht in Zusammenhang, daß die Außerirdischen peinlich darauf bedacht waren, daß wir so wenig wie möglich über sie erfuhren. Wie die interviewten Spieler später mitteilten, wußten sie zwar, daß sie mit einem fremden Wesen an einem Schachtisch gesessen hatten, sie konnten sich auch an alle Einzelheiten des Spiels erinnern, aber nicht mehr daran, wie ihr Gegenüber oder das Innere des Raumschiffs ausgesehen hatte. Überflüssig zu schreiben, daß außer dem jeweiligen Spieler niemand das Raumschiff betreten durfte. Nach langem Hin und Her im Weltschachbund entschied der Krisenstab, keine Computer einzusetzen und nominierte zehn Spieler aus fünf Nationen, darunter auch Bobby Fisher, der sich schließlich doch noch bereit erklärte, als letzter anzutreten, nachdem keiner der übrigen Spieler einen Sieg hatte erzielen können und nur zwei ein Remis erreicht hatten.

Unsere Hoffnungen waren zunehmend gesunken, und die Lage vor der letzten Partie schien hoffnungslos. Selbst in dieser Situation bestand Fisher auf seinen Eigenwilligkeiten - zum Glück, wie wir heute wissen. Er setzte nicht nur durch, daß er den Zeitpunkt des Spielbeginns wählen konnte und daß sein Spezialstuhl an Bord gebracht werden durfte, sondern auch, daß die Spielregeln erheblich - und wie uns schien in überflüssiger Weise - präzisiert wurden.

Ich erinnere mich noch genau an diese Präzisierungen - wie Fisher sie nannte -, nicht weil sie überall abgedruckt waren (und unverhohlen als typische Eigenwilligkeiten oder gar Schikane des Herrn Fisher bezeichnet wurden), sondern weil Vivi, der ich das Schachspiel als Neunjährige beigebracht hatte, keine Ruhe gab, bis ich ihr auch all diese Forderungen erklärte, soweit sie nicht völlig trivial waren. Ich erklärte ihr zum Beispiel, daß Fishers Forderung, ein Spieler, ob Mensch oder Computer habe das Spiel verloren, sobald er einen unerlaubten Zug mache, völlig überflüssig sei und wenn überhaupt nur nachteilig für einen menschlichen Spieler sein könnte, da Computer keine Fehlzüge machen, bzw. daß die Chance für einen Fehlzug zwar auch für einen guten Schachspieler äußerst gering sei, daß sie jedoch für einen Computer, insbesondere dem der Außerirdischen, unendlich klein sein dürfte.

Bobby Fisher hielt sich bereits seit einigen Tagen in Mainz auf, keiner wußte genau, seit wann. Gestern abend entschloß er sich plötzlich, doch noch zu spielen, obwohl er kurz zuvor hatte mitteilen lassen, daß er frühestens heute antreten würde. Ich hätte zu gerne gesehen, wie Fisher und sein Stuhl an Bord genommen wurden, aber es waren so viele Schaulustige gekommen, daß wir es vorzogen, zu Hause zu bleiben.

Ich bin nur ein mittelmäßiger Schachspieler und hatte daher die größte Mühe, Vivianes Neugierde zu befriedigen, die – im Gegensatz zu den vorangegangenen Spielen – auf einmal genau wissen wollte, warum Fisher (bzw. sein Gegner) so und nicht anders gezogen haben. In den nächsten Tagen und Wochen werden Experten noch viel über die stattgefundenen Spiele zu sagen und zu schreiben haben, und es würde mich nicht wundern, wenn man feststellte, daß Fishers Kampf der beste gewesen war. Aber wie gesagt, ich bin kein Experte und das schien auch schließlich Viviane einzusehen.

Unsere letzten Hoffnungen schwanden, als auch Bobby Fisher nur ein Remis erzielen konnte. Nicht so bei Viviane. Nach dem Spiel sagte sie zu uns, ich habe ihre Worte noch im Ohr: ›ihr Erwachsenen seid vielleicht komisch; wenn die Dinge schwierig werden, gebt ihr einfach auf‹. Bevor wir ihr jedoch klar machen konnten, daß es wirklich keinen Ausweg mehr gab, verließ sie den Raum und schloß sich in ihrem Zimmer ein. Ungefähr vier Stunden später, nachdem sie unser mehrmaliges Klopfen stets mit der Bitte, unbedingt in Ruhe gelassen zu werden, beantwortet hatte, kam sie ganz aufgeregt herunter, ihr Schachbrett unter dem Arm und verkündete, daß sie nun selbst ›diese komischen Leute‹ herausfordern werde. Wir waren so verblüfft, daß wir erst reagierten, als Viviane das Haus bereits verlassen hate. Sie wußte, daß wir versuchen würden, sie zurückzuhalten und hatte sich daher schnell unter die verbliebenen Zuschauer, vor allem Reporter und Fotografen, gemischt. Mir ist noch immer schleierhaft, wie sie es fertig gebracht hat, durch die Absperrung zu gelangen. Wir entdeckten sie erst, wie sie langsam, aber ohne zu zögern auf das Raumschiff zuging. Einige Polizisten versuchten ihr zu folgen, aber bereits nach wenigen Metern schienen sie gegen eine unsichtbare Wand zu prallen. Niemand weiß bisher, warum Viviane nicht ebenfalls von dieser Abschirmung aufgehalten wurde. Vielleicht weil sie ein Schachbrett unter dem Arm trug? Wie dem auch sei; Vivi erreichte ungehindert das Raumschiff. Eine Luke öffnete sich, eine Treppe wurde ausgefahren. Viviane stieg, ohne auch nur einen Moment zu zögern, die vielen Stufen hinauf und verschwand unbehelligt im Raumschiff. Nachdem die Treppe wieder eingezogen war und die Luke sich geschlossen hatte, schlug Mitja vor, daß nur er und Marianne beim Raumschiff warten, meine Mutter und ich jedoch wieder nach Hause gehen sollten, um die Nachrichten zu verfolgen.

Bereits eine halbe Stunde später wurde bekannt gegeben, daß die Außerirdischen die Absicht eines Mädchens, sie zu einem Schachspiel herauszufordern, tief beeindruckt habe – wahrscheinlich waren sie aber eher amüsiert als beeindruckt –, und daß sie sich bereit erklärt hätten, dieses Mädchen als elften und definitiv letzten Gegner zu akzeptieren.

Ich bin davon überzeugt, daß jeden Vivianes Versuch, die Freiheit der Menschen zu verteidigen, sehr berührte, obwohl – oder gerade weil – niemand (mich eingeschlossen) einen Erfolg für möglich hielt. Dennoch verfolgte die ganze Welt, ich glaube ebenso gebannt, wie bei dem Spiel Bobby Fishers, das vielleicht seltsamste, aber vor allem entscheidendste Schachspiel der Weltgeschichte.

Viviane wählte die weißen Figuren. Ihr erster Zug:

D2 – D4

Die Antwort des Bordcomputers ließ nicht lange auf sich warten: *Springer G8 nach F6*

Er hatte sich für eine indische Verteidigung entschieden, aber für welche?

Viviane überlegte ziemlich lange, fast zehn Minuten, bevor sie sich zu folgendem Zug entschloß:

Läufer C1 nach F4

Der Bordcomputer wählte die königsindische Verteidigung: *G7 – G6*

Diesmal zog Viviane sofort:

Dame nach D2

Ein unerwarteter, vielleicht sogar falscher Zug (wie es wohl nicht nur mir erschien).

Der Computer dagegen reagierte wie erwartet: *Läufer F8 nach G7*

Nun geschah die erste Überraschung. Viviane schlug mit dem Läufer einen Bauern:

Läufer F4 schlägt C7

Dieses unverständliche, ja geradezu sinnlose Läuferopfer, schien die Partie bereits zu diesem Zeitpunkt für Schwarz zu entscheiden: *D8 schlägt C7*

Viviane war sicherlich keine hervorragende Schachspielerin (denn es ist keine große Kunst, mich zu schlagen), doch ihr nächster Zug erweckte den Eindruck, als spielte sie zum ersten Mal, mehr noch, als sei sie von allen guten Geistern verlassen:

Dame D2 nach F4

Selbst der blutigste Anfänger hätte Vivianes Fehler erkannt und die ungeschützte Dame geschlagen; und genau dies tat der Computer: *C7 schlägt F4*

Damit schien unser Schicksal endgültig besiegelt – dem war auch so, aber ganz anders, als wir alle dachten.

Die Fernsehkamera schwenkte von den konsternierten Schachexperten auf den Moderator. Wir erwarteten Vivianes nächsten Zug, aber statt dessen wurde uns mitgeteilt, daß das Spiel allem Anschein nach bereits zu Ende sei. Sicher, das Spiel war nicht mehr zu gewinnen und dennoch war wohl nicht nur ich enttäuscht, daß Viviane aufgegeben hatte – so sah es zumindest aus.

Unsere Überraschung entzieht sich jeder Beschreibung, als sich innerhalb der nächsten Minuten ein ganz anderes Bild der Lage abzuzeichnen begann. Ohne vorherige Ankündigung erschien plötzlich ein Mann auf dem Bildschirm, der sich als Mitglied des Krisenstabes vorstellte. Er kämpfte sichtlich darum, seine Fassung zu bewahren, während er jene mir unvergeßlich bleibenden Worte sprach: ›Liebe Zuschauer, meine lieben Mitmenschen, ich darf Ihnen eine wundervolle Mitteilung machen. Soeben haben wir folgenden Funkspruch vom Raumschiff erhalten: GEMÄSS DER GETROFFENEN VEREINBARUNGEN HABEN WIR DAS LETZTE SPIEL VERLOREN. WIR WISSEN ZWAR NOCH NICHT, WIE ES DAZU KOMMEN KONNTE, ABER WIR STEHEN ZU UNSEREM WORT UND WERDEN DIE ERDE IN WENIGEN MINUTEN VERLASSEN.‹ Das Bild wechselte wiederum abrupt und zeigte das Raumschiff. Die Treppe war wieder ausgefahren und in der geöffneten Luke erschien Viviane. Ohne sich noch einmal umzudrehen, sprang sie die Stufen hinunter und eilte auf ihre Eltern zu. Die Kameraleute konzentrierten sich so darauf, Viviane im Bild zu behalten, daß wir beinahe den Start verpaßt hätten. Als das Raumschiff wieder ins Bild kam, hatte es bereits von der Erde abgehoben. Fast lautlos stieg es langsam, dann immer schneller, bis es in der dichten Wolkendecke verschwunden war. Der Moderator kam wieder ins Bild, aber das Mikrofon schien nicht zu funktionieren. Dann waren kurz Viviane und Marianne zu sehen, bevor sich eine undurchdringliche Mauer begeisterter Menschen vor die Kamera schob. Wir waren noch unschlüssig, ob wir die weiteren Ereignisse zu Hause abwarten sollten, als es klingelte.

Es war Mitja. Er wollte uns zu einer Pressekonferenz abholen, in der Viviane von den mysteriösen Ereignissen im Raumschiff berichten sollte. Beinahe hätte ich es vergessen; nach dem Abflug des Raumschiffs waren die Lähmungen in unseren Armen wie weggeblasen.

Wir erreichten den sich rasch füllenden Konferenzraum noch vor dem Eintreffen von Viviane und Marianne.

Alle redeten aufgeregt durcheinander; man konnte kaum sein eigenes Wort verstehen, aber als die Türe aufging, wurde es schlagartig still, so still, daß man die sprichwörtliche Nadel hätte fallen hören können. Marianne nahm bei uns Platz, und Vivi, o nein, Viviane ging langsam, um ihre Aufregung zu verbergen, zu dem erhöhten Tisch. Als sie sich setzen wollte, überkam sie ein spontaner Impuls – sie nahm das mitgebrachte Schachbrett in beide Hände und hielt es hoch über ihren Kopf. Der Jubel war unbeschreiblich. Das Klatschen und Bravorufen wollte gar kein Ende nehmen; erst als einer der Reporter rief: ›Vivi, wie hast du das bloß gemacht‹, und andere wiederholt ›Ruhe‹ brüllten, verebbte das Klatschen.

Viviane öffnete den Mund, schloß ihn wieder, senkte den Kopf ein wenig und sagte dann leise: ›Da ist nicht viel zu erzählen.‹ ›Bitte etwas lauter‹, rief einer der entfernter Stehenden. ›Ich meine‹, wiederholte Viviane, ›da ist nicht viel zu erzählen – das war eigentlich ganz einfach.‹ Unsere Spannung erreichte ihren Höhepunkt, und es gab keinen, der jetzt nochmals gewagt hätte, das Mädchen zu unterbrechen.

Viviane holte noch einmal tief Luft, bevor sie erneut zu sprechen begann: ›Ich habe mir gedacht, wenn schon kein Mensch den Computer besiegen kann, dann muß man eben einen anderen Weg finden, um zu gewinnen.‹

Sie holte noch einmal tief Luft, ›und da dachte ich mir, daß der Computer einen Fehler machen muß, aber da das anscheinend nicht so leicht geht, mußte ich mir etwas einfallen lassen, damit es zumindest so aussieht und dann hätte ich das Spiel ja gewonnen.‹

Wir nickten, um Viviane zum Weiterreden zu ermuntern.

›Und deswegen‹, fuhr Viviane aufgeregt fort, ›habe ich mein Schachbrett mitgenommen. Und als dieser komische Mann einverstanden war, daß wir auf meinem Brett spielen, war alles nur noch ein Kinderspiel. Zu Hause habe ich mir genau überlegt, bei welcher Eröffnung ich am besten, ich meine, am sichersten den Computer zu einem Fehlzug zwingen könnte, und da war eben die Eröffnung mit dem D-Bauern, der eigentlich der Damenbauer ist, am besten. Als wir die Figuren aufstellten‹, fuhr Viviane fort, ›war es besonders kritisch. Aber er merkte nichts. Nun hätte er es nur noch merken können, wenn der Computer falsch zog. Der Computer zog natürlich gar nicht falsch, aber es sah eben so aus, weil auf meinem Schachbrett der schwarze König an der Stelle der Dame stand und ein König nicht von C7 nach F4 ziehen kann. Als der Computer diesen Zug anzeigte, hatte ich ziemlich Angst, daß der komische Mann doch noch rauskriegt, daß ich mein Schachbrett falsch hingelegt hatte. Aber er hat nichts gemerkt und immer wieder auf irgendwelche Knöpfe gedrückt.‹

Als Viviane an dieser Stelle eine kleine Pause machte, stellte einer der Anwesenden die Frage, die wohl den meisten auf der Zunge lag: ›Was meinst du damit, daß du das Schachbrett falsch hingelegt hast?‹

Viviane antwortete mit sichtlichem Erstaunen: ›Ganz einfach, ich habe es so hingelegt, daß links unten ein weißes Feld war.‹

Als sie die meisten noch immer verständnislos ansahen, fuhr sie fort: ›Wenn man das Schachbrett nämlich so verdreht, dann steht eben der König da, wo normalerweise die Dame steht.‹

Sie suchte kurz nach Worten und ihre Stimme klang bereits ein wenig ungeduldig: ›Durch das Verdrehen des Schachbretts werden die Aufstellungs- und damit Ausgangspositionen von

Dame und König vertauscht!‹ Während sie dies sagte, griff sie nach ihrem Schachbrett, um ihre einfache aber geniale Idee augenfällig zu demonstrieren. Sie kam jedoch nicht mehr dazu. Viele begannen zu klatschen; Ruhe- und Bravorufe übertönten sich gegenseitig und immer lautstärker erklärte und befragte man sich, wie es denn nun Viviane gelungen sei, das Spiel zu gewinnen. Kurz, es war das herrlichste Durcheinander das ich je erlebt habe ...

Er hielt inne; ein Lichtschein hatte seine Aufmerksamkeit erregt. Lichtblitze wie von den Positionslampen eines Flugzeuges wanderten langsam über die Scheibe.

Es begann bereits zu dämmern. Er gähnte und bemerkte erst jetzt, wie müde er geworden war.

Ich sollte mich endlich hinlegen, dachte er und schlug das Buch zu.

Er schlief bereits, als ein leises Summen das Zimmer erfüllte. Auf dem nahen Kinderspielplatz landete das Raumschiff.

Mich hatte schon immer die Entdeckungsgeschichte der (bislang) äußersten drei Planeten unseres Sonnensystems fasziniert. Eines Tages fiel mir ein diesbezüglicher Artikel in die Hände, und ich bekam Lust, die Umstände der einzelnen Entdeckungen genauer zu recherchieren, um eventuell einmal selbst eine detaillierte Darstellung dieser Umstände zu verfassen. Gleich zu Beginn meiner Recherchen entstand die Absicht, hierüber auch eine Geschichte zu schreiben.*

Im Gegensatz zu einigen anderen meiner Stories, war sie meine erste Geschichte, deren Handlungsablauf ich vorab nur sehr vage festgelegt hatte. So kam es, daß ich einerseits wachsende Mühe hatte, die Spannung aufrechtzuerhalten, was mir andererseits aber auch Vergnügen bereitete, wenn es mir gelang, eine weitere, unerwartete Wendung zu finden. Das Spiel ging gut, bis auf den Schluß, für den mir partout keine geeignete Lösung einfallen wollte. Mir blieb nichts anderes übrig, als die Erzählung beiseite zu legen, in der Hoffnung, irgendwann den rettenden Einfall zu haben. Schließlich tat ich noch ein übriges, indem ich mir vor dem Einschlafen die Aufgabe stellte, ein geeignetes Ende im Traum zu finden. Eine Methode, auf die ich seither immer wieder zurückgegriffen habe, wenn ich mit einer Geschichte nicht mehr weiterkam.

Die geeignete Lösung ließ daraufhin nicht lange auf sich warten, und ich hoffe, man sieht es dem Ende nicht an, wie sehr es mir zu schaffen machte.

---

* Die Entdeckungsgeschichte von Nr. 7, Nr. 8 und Nr. 9 (in: HEYNE SCIENCE FICTION MAGAZIN 7 und 8, München, 1983)

Das Interview

MONTAG

Die Vorstellung, den Nobelpreisträger zu interviewen, behagte Holger ganz und gar nicht.

»Ich finde das einfach paradox ...«

»Ich weiß«, unterbrach ihn Hiller, Chefredakteur bei der MORNING POST, »aber was soll ich machen; Charles treibt sich in Europa rum. Edward liegt im Krankenhaus, Susan bekommt ein Kind, und ich muß ausgerechnet morgen früh nach Miami.«

Dirk Holger hatte in Frankreich und den Vereinigten Staaten Wirtschaftswissenschaften studiert, besaß das Abschlußdiplom der E.S.S.E.C. sowie den M.B.A.; aber er liebte nun einmal die Musik, hatte eine lukrative Stellung bei einer namhaften New Yorker Firma für Wirtschaftsprüfung aufgegeben, machte seinen M.A. in Musik, baute ein Orchester auf, gab Konzerte, war mittlerweile 37 Jahre alt und mußte sich überdies auch noch etwas einfallen lassen, um seinen Lebensunterhalt zu verdienen, wie zum Beispiel durch das Schreiben von Konzertkritiken.

»Weißt du, in welchem Fach ich der Schlechteste gewesen bin?«

»Doch nicht etwa in Musik?«

»Da war ich der Zweitschlechteste.«

»Vielleicht in Astronomie?«

»Seit wann ist das ein Schulfach.«

»Eben!«

»Mir scheint, du willst mich nicht verstehen, ich ...«

»Dirk«, diesmal ohne jegliche Ironie, »reicht es, wenn ich dir sage, ich brauche dieses verdammte Interview für die Samstagsausgabe und sehe keine andere Möglichkeit, als dich zu bitten.«

Dirk Holger verspürte einen unangenehmen Druck in der Magengegend. »Ich habe von Astronomie wirklich keine Ahnung. Ich wußte vor unserem Gespräch nicht einmal, wie viele Planeten es überhaupt gibt, geschweige denn ...«

»Aber du bist ein hervorragender Interviewer, und ich hätte

dich bestimmt nicht angerufen, wenn ich nicht davon überzeugt wäre, daß du ...«

»Aber ich ...«

»Hör zu, ich denke, es könnten zwei, vielleicht auch drei Seiten werden. Pro Seite diesmal das Doppelte?«

Dirk Holger wußte, woher der Druck in der Magengegend kam, er wollte das Interview nicht machen, aber er brauchte Geld. »Sagen wir das Dreifache?«

»Das Dreifache!?« Hillers Überraschung wirkte mehr gespielt als echt.

»Das Dreifache!«

»Das ist glatte Erpressung.«

»Sag mir lieber die Adresse.«

»Bei dir um die Ecke, 370 Riverside Drive.«

»Termin?«

»Heute nachmittag, 15 Uhr 30.«

»Wie bitte!?«

»Ich bin froh, überhaupt einen Termin bekommen zu haben.«

»Ich hätte das Vierfache verlangen sollen.«

»Alles klar?«

»Hast du klar gesagt?«

»Bevor ich es vergesse, weißt du, was *ich* paradox finde? – Wenn einer Mahler heißt und Musiker ist.«

Holger unterdrückte die Bemerkung über die vielen Leute, für die ›Bach‹ nur eine Bezeichnung aus der Geländekunde sei, und lachte statt dessen, zumindest hörte es sich so an.

Robert Lukeys Nobelpreis war eigentlich ein Kuriosum, soviel hatte Holger noch in der kurzen Zeit herausfinden können. Lukey war Astronomieprofessor an der Columbia-Universität, hatte verhältnismäßig wenig veröffentlicht und schien auch in Fachkreisen nicht sonderlich bekannt gewesen zu sein, bis er vor fünf Jahren VULKAN entdeckte. Eine wirkliche Berühmtheit war er aber auch dadurch nicht geworden. Erst dieses Jahr ging sein Name wieder durch die Presse, als er zusammen mit Wangho, Gregoriev und Yamagami für den Nobelpreis vorgeschlagen wurde. Da bereits in den letzten Jahren kein amerikanischer beziehungsweise Nichtasiate unter den Physikpreisträgern zu verzeichnen war und sich auch dieses Jahr keiner anbot, war man nolens volens auf Lukey gekommen und hatte seine Entdeckung kurzerhand der Astrophysik zugeordnet, um eine – wenn auch fadenscheinige – Berechtigung für die Nominierung zu finden. Das Komitee entschied politisch und vergab den Physikpreis zum erstenmal in seiner Geschichte an vier Wissenschaftler.

Um die Ecke war gut gesagt, dachte Holger; dennoch entschloß er sich, von der 91. bis zur 109. zu laufen, aber nicht auf dem Broadway, sondern unten, am Riverside Park.

»Ich möchte zu Professor Lukey.«

»Apartment 11 E«, nuschelte der Portier und deutete zum Fahrstuhl. Als Holger vor 11 E stand, verspürte er wieder dieses unangenehme Gefühl in der Magengegend.

Wie konnte ich mich bloß breitschlagen lassen? Er drückte auf die Klingel. Ich habe nur eine Chance: offen sein und ihn kommen lassen.

Robert Lukey öffnete selbst.

Er sieht jünger aus als auf dem Foto und jünger als 59, dachte Holger. »Guten Tag, mein Name ist Dirk Holger, ich komme von der MORNING POST.«

Lukey nickte nur und sah seinem Besucher mehrere Sekunden lang in die Augen. »Sie arbeiten also bei der MORNING POST.«

Keine konventionelle Begrüßung, registrierte Holger. »Genau genommen arbeite ich nur für die MORNING POST.«

Lukey schien an etwas ganz anderes zu denken. »Für die MORNING POST?«

»Ja, ich schreibe hin und wieder Konzertkritiken; eigentlich bin ich Dirigent«, rutschte es Holger heraus; denn so früh hatte er seine Karten nicht aufdecken wollen.

»Das freut mich«, war die überraschende Reaktion, und dann wieder dieses sekundenlange Fixieren. »Sagen Sie, kennen wir uns nicht?«

»Nicht, daß ich wüßte.«

»Eigenartig, ich hätte schwören können, daß wir uns schon begegnet sind.«

»Ich habe leider nie etwas mit Astronomie zu tun gehabt.«

Lukey mußte schmunzeln. »Sie gefallen mir, junger Mann; und

entschuldigen Sie, daß ich Sie noch nicht hereingebeten habe.« Er drehte sich um. »Ich war nämlich fest entschlossen, meine Zusage zurückzunehmen.« Erst jetzt bemerkte er, daß sein Gast noch immer vor der Tür stand. »Kommen Sie, junger Mann! Was halten Sie von einer schönen Tasse Tee?«

»Gerne«, nickte Holger und stellte überrascht fest, daß der Druck in der Magengegend verschwunden war.

Lukey servierte den Tee in vorgewärmten Schalen. Darjeeling First Flush.

»Darf ich das Band mitlaufen lassen?«

»Muß das sein?«

Holger versuchte auszuweichen. »Ich verwerte nur, was auf dem Band ist, wenn Sie etwas off record sagen wollen, schalte ich es ab.«

»Ich möchte zuvor gerne wissen, was Sie alles fragen wollen.«

»Das weiß ich leider selbst noch nicht, weil ich keine Zeit hatte, mich vorzubereiten.«

»Wenn das ein Trick sein sollte, halte ich ihn für einen sehr schlechten.«

»Es ist kein Trick.«

»Ich hätte es dennoch lieber, wenn das Band nicht mitliefe.«

Holger hatte plötzlich den vagen Eindruck, daß Lukeys Einwand nicht durch die üblichen Ängste verursacht war. Er hatte ein Problem; einerseits wollte er das Band unbedingt mitlaufen lassen, da zu viel verlorengehen konnte und der Rest anfechtbar blieb; andererseits war da vielleicht etwas, das Lukey nicht ansprechen wollte, schon gar nicht, wenn das Band mitlief. Vielleicht mache ich einen großen Fehler, dachte er. »Was halten Sie von folgendem Vorschlag. Falls Sie mit dem Verlauf des Interviews nicht einverstanden sind, gebe ich Ihnen das Band, und ich darf Sie morgen noch einmal besuchen?«

Lukeys Augenbrauen verrieten Erstaunen, kurzes Zögern. »Einverstanden.« Während er das Mikrofon anschloß und das Gerät anstellte, versuchte Holger eine geeignete Frage zu finden, blieb jedoch in Selbstvorwürfen stecken, darüber nicht schon früher nachgedacht zu haben. »Sie gestatten.« Er goß sich Tee nach, obwohl die Tasse noch halb voll war.

»Was möchten Sie gerne wissen?«

»Ich möchte gerne wissen – ob *Sie* den Namen VULKAN vorgeschlagen haben?«

Erneutes Erstaunen bei Lukey. »Diese Frage habe ich eigentlich nicht erwartet. Sie sagten, Sie hätten von Astronomie wenig Ahnung?«

»Ich habe mich, offen gestanden, nie dafür interessiert.«

»Wenn Sie es nicht besonders eilig haben, würde ich es gerne versuchen.«

»Was bitte?«

»Sie ein wenig für die Astronomie zu interessieren.«

Holger war über die Wendung des Gesprächs nicht sonderlich erfreut und sagte daher nur: »Ich habe Zeit.«

»Sie dürfen mich auch gerne unterbrechen, falls ich mich unverständlich ausdrücken sollte. – Bereits im dritten Jahrtausend vor Christus beschrieben die Sumerer sieben Wandelsterne: die Sonne, den Mond, Merkur, Venus, Mars, Jupiter und Saturn ...«

O Gott, dachte Holger.

»Aber es sollten über 4000 Jahre vergehen, bis anstelle der Erde die Sonne als Zentrum der Planetenbahnen akzeptiert wurde. Dann allerdings ging es Schlag auf Schlag. 1610 entdeckte Galilei vier Trabanten des Jupiter, und bis zum Ende des 17. Jahrhunderts waren bereits zehn Satelliten bekannt: der Mond, vier Satelliten des Jupiter und fünf des Saturn. Auf den ersten Blick mag es überraschen, daß mit Hilfe des Fernrohrs nur diese neun Satelliten gefunden wurden, jedoch ein weiterer Wandelstern, den man – wenn auch nur schwach – mit bloßem Auge sehen kann, all die Jahrtausende unentdeckt geblieben ist.«

»Interessant«, stellte Holger nicht sonderlich interessiert fest.

»Die Erklärung hierfür ist allerdings denkbar einfach. Sie wissen sicherlich, daß die Venus der hellste Planet ist. Mit ihr verglichen besitzt Saturn nur eine 28fach geringere Leuchtkraft, die aber immerhin noch 270mal so stark ist, wie die des bis dahin noch unerkannten Planeten.«

»Aber Planeten wandern doch?«

»Gewiß, aber während die Venus nur gut sieben Monate für ihren Weg um die Sonne benötigt, dauert ein Umlauf bei den entfernteren Planeten viele Jahre. Mars benötigt knapp zwei Jahre, Jupiter fast 12 und Saturn sogar über 29.«

»Und der damals noch unentdeckte Planet?« Holger versuchte zumindest ein gewisses Interesse zu zeigen.

»Etwas über 84 Jahre.«

»Und wann wurde er entdeckt?«

»Entdeckt wurde er mehrfach, aber nicht als Planet. 1690 zum Beispiel bemerkte ihn der Engländer Flamsteed im Sternbild des Stiers und nannte ihn daher ›34 Tauri‹. Der Franzose Lemonnier registrierte den Planeten sogar an sechs verschiedenen Stellen und dachte, es wären sechs verschiedene Sterne; das war um die Mitte des 17. Jahrhunderts. 1764 entdeckte man ihn in der Nähe des Venus und glaubte einen Satelliten von ihr gefunden zu haben.«

Während Holger sich fragte, was er bloß tun könne, um den Gesprächsverlauf in den Griff zu bekommen, bot ihm Lukey eine unerwartete Möglichkeit.

»Und dann erschien William Herschel auf der Bildfläche ...«

»Wer, sagten Sie?«

»William Herschel, so nannte er sich jedenfalls, nachdem er Deutschland verlassen hatte, eigentlich hieß er ...«

»Friedrich Wilhelm.«

»Ich denke, Sie haben von Astronomie keine Ahnung?«

»Hab' ich auch nicht, aber Herschel war auch Musiker.«

»Musiker?«

»Ja, er wurde in England ein berühmter Organist, wenn auch nicht ganz so berühmt wie sein Zeitgenosse Johann Christian Bach.«

»Natürlich!«

Holger dachte, diese Bemerkung beziehe sich auf seinen Hinweis.

»Natürlich«, wiederholte Lukey, »jetzt weiß ich, woher ich Sie kenne. St. Stephen's Church, stimmt's?« Und bevor sich Holger von seiner Überraschung erholen konnte. »Eine Nachbarin hatte uns zu dem Konzert eingeladen. Ich ging mit, obwohl meine Frau ...«

Warum stockt er? fragte sich Holger, aber da sprach Lukey auch schon weiter. »Mir hat das Konzert sehr gut gefallen; insbesondere die 4. Symphonie von Beethoven.«

»Das freut mich.«

»Ich habe zwar wenig Ahnung von Musik, aber ich glaube, Sie sind ein begabter Dirigent, wenn ich mir diese Bemerkung erlauben darf.«

Holger freute sich über das ehrlich gemeinte Kompliment und hätte am liebsten weiter über Johann Christian als über Friedrich Wilhelm gesprochen. Sein Wunsch schien sich sogar zu erfüllen.

»Wann war denn dieser Bach in London?«

»1762 bis 1782. Am 1. Januar ist er in London gestorben. Ich weiß es zufällig so genau, weil wir demnächst seine letzte Symphonie einstudieren ...«

»Dann hat er sie noch miterlebt.«

»Die Uraufführung?«

»Ich meine Herschels Entdeckung.«

Holger erinnerte sich nur ungern an das eigentliche Ziel des Interviews; überdies blieb ihm auch gar nichts anderes übrig, als sich mit Lukeys Rückkehr zur Astronomie abzufinden.

»Gute Fernrohre waren zu jener Zeit sehr teuer«, fuhr Lukey fort. »Herschel lieh sich eines, aber er fand es nicht gut genug und begann daher selbst Linsen und Spiegel zu schleifen. Bei seiner systematischen Untersuchung des Sternenhimmels richtete er im Jahre 1781 in der Nacht zum 14. März sein ausgezeichnetes Fernrohr zufällig auf den unbekannten Planeten. Hätte er ein schlechteres Teleskop besessen, wäre ihm wohl kaum etwas aufgefallen, so aber erschien der Planet nicht als ein Lichtpunkt, sondern als eine kleine Scheibe. Niemand glaubte zu jener Zeit an die Existenz eines weiteren Planeten, auch Herschel nicht, also dachte er, einen Kometen entdeckt zu haben. Innerhalb weniger Tage konnte Herschel jedoch feststellen, daß sich der angebliche Planet dreimal langsamer bewegt als Saturn, was darauf hindeutete, daß er von der Erde noch entfernter war als der Ringplanet. Kometen haben aber nur einen Durchmesser von mehreren Kilometern und konnten auf diese Entfernung unmöglich gesehen werden.«

»Aber Kometen haben doch einen langen Schweif?« Holger bemerkte zu spät, daß er durch seine Frage den unerwünschten Gesprächsverlauf erneut verstärkte.

»Der kann in der Tat mehrere Millionen Kilometer lang werden. Beim Halleyschen Kometen, der 1986 das letzte Mal erschienen ist, wurde er immerhin über 20 Millionen Kilometer lang. Selbst das Koma, das leuchtende Gas um den Kometenkern, kann Ausdehnungen bis zu 100 000 Kilometer erreichen. Nur – und das ist der springende Punkt – der Strahlenschweif und das Koma entwickeln sich zu ihrer vollen Größe erst in Sonnennähe, das heißt weit innerhalb der Bahn des Saturn.« Lukey goß sich Tee nach, während er weitererzählte. »Am 6. April 1781 konnte Herschel den Planeten – nennen wir ihn vorerst X – besonders klar sehen. Ein Komet hätte unscharfe Ränder gezeigt und zumindest die Andeutung eines Schweifs, aber X erschien deutlich als eine kleine Scheibe mit scharfen Rändern. Als sich auch noch seine Umlaufbahn als kreisförmig herausstellte, konnte Herschel nicht mehr daran zweifeln, daß etwas Unglaubliches geschehen war ...«

»Er hatte also einen Planeten entdeckt«, fiel ihm Holger ins Wort.

Lukey schien jedoch die wachsende Ungeduld seines Zuhörers nicht zu bemerken. »Damals war es tatsächlich etwas Ungeheuerliches, einen neuen Planeten zu entdecken. Nicht nur in der Astronomie glaubte man keine wesentlichen Entdeckungen mehr machen zu können. Die Aufklärung hatte ganze Arbeit geleistet; der Glaube an Gott war durch den Glauben an die Wissenschaft ersetzt worden. Die Entdeckung eines weiteren Planeten war der erste große Schock für das neue Glaubensbekenntnis. Sie machte offenkundig, daß wir noch längst nicht alles wußten. Seither ist Wissenschaft wieder vom Zweifel begleitet, ist Wissen wieder ungewiß geworden; sind Erkenntnisse wieder zu dem geworden, was sie schon immer waren und immer sein werden: bloße Fingerzeige für das Unerkannte oder gar Unerkennbare.«

Holger befremdete Lukeys Pathos und ließ aus Versehen seine Gedanken in den Mund geraten. »Warum erzählen Sie mir das alles?«

»Um Ihnen verständlich zu machen, wie wichtig ...« – während Lukey seine Antwort formulierte, kam Holger der Verdacht, daß sie nur einen Teil der Wahrheit enthielt – »wie wichtig Herschels Entdeckung für das damalige wissenschaftliche Weltbild war. Und wissen Sie, was bei alldem paradox ist?«

Holger mußte an Mahler denken.

»Daß Herschel bis zu seinem Lebensende ein Phantast gewesen ist. Er glaubte nämlich, daß der Mond und die Planeten bewohnt wären. Er schloß dies nicht einmal für die Sonne aus ...«

Holger hörte kaum mehr zu, er wollte das Interview endlich in die von ihm gewünschte Bahn lenken, aber er wußte nicht, wie er es anstellen sollte.

»Sie fragen sich, was hat all das mit dem Namen VULKAN zu tun. Dazu muß ich Ihnen noch erzählen, welche Bezeichnung Herschel für den neuen Planeten vorgeschlagen hat.«

Holgers Hoffnung verflüchtigte sich ebenso schnell, wie sie aufgekeimt war. »Georgium Sidus, Georgs Stern. Ein Vorschlag, der ihm immerhin den Posten eines Privatastronomen von König Georg III. einbrachte. Einige englische Astronomen schlugen jedoch vor, den Planeten nach seinem Entdecker zu benennen. Da keiner dieser Vorschläge unter den europäischen Astronomen eine ausreichende Mehrheit fand, setzte sich schließlich ein dritter Vorschlag durch. In der griechischen Mythologie, so argumentierte der deutsche Astronom Bode, ist Ares der Sohn von Zeus, Zeus der Sohn von Kronos und dieser der Sohn von Ouranos. Die römischen Namen für diese Götter waren Mars, Jupiter, Saturn und eben Uranus.«

»Ah ja«, war Holgers nicht gerade aufmunternde Reaktion.

»1787 entdeckte Herschel übrigens auch noch zwei Satelliten des Uranus und 1789 zwei weitere des Saturn. Daß Jupiter und Uranus ebenfalls einen Ring besitzen, wurde allerdings erst 1979 entdeckt – oder war es 1980 gewesen?« Es schien, als habe Lukey seinen Zuhörer völlig vergessen.

»Sind das nun alle Entdeckungen, die Herschel gemacht hat?« Holgers Ungeduld war eigentlich unüberhörbar.

»Bei weitem nicht. Aber wichtiger als seine Entdeckungen waren deren Auswirkungen. Er reduzierte den Menschen und dessen Wissen wieder auf jenes Maß, das ihnen zustand. Kopernikus entthronte die Erde als Mittelpunkt des Weltalls, aber Herschel ging noch viel weiter, er machte unser Sonnensystem zu einem unter Millionen oder gar Milliarden.«

»Und deswegen haben Sie den Namen VULKAN vorgeschlagen?«

Holgers zunehmende Abwehr hatte Lukey bislang völlig übersehen; erst dieser Angriff erreichte sein Ziel, und die Wirkung war daher um so stärker.

Lukey schluckte mehrmals und antwortete mit völlig veränderter Stimme. »Bitte entschuldigen Sie. Ich – wie soll ich es Ihnen erklären – mich nehmen diese alten Geschichten immer wieder gefangen, obwohl ich sie meinen Studenten schon so oft erzählt habe. Ich ...«

»Es tut mir leid ...«

»Ihnen braucht nichts leid zu tun. Sie haben vollkommen recht, ich sollte mich wirklich kürzer fassen.«

Der Satz war ohne Vorwurf gesagt, und dennoch wußte Holger überhaupt nicht mehr, woran er war; er überlegte, ob er sich nochmals entschuldigen sollte, da klingelte das Telefon. Lukey schien es nicht zu hören; erst beim zweiten Läuten reagierte er. Obwohl das Telefon im Nebenraum stand, konnte Holger jedes Wort verstehen.

»Hallo?«

– – –

»Bist du ganz sicher?«

– – –

»Gut, Mike, ich werde in 10 Minuten da sein.«

Der Hörer wurde aufgelegt.

»Wir müssen unser Interview leider beenden.«

»Wann soll ich wiederkommen?«

»Sie brauchen nicht mehr wiederzukommen.«

Holger war wie vor den Kopf geschlagen, er wollte widersprechen, doch im letzten Moment entschied er sich anders. »Ich möchte Ihnen danken.«

Nun war es an Lukey, überrascht zu sein. »Wofür?«

»Für die Geschichte des Planeten Uranus und dafür, daß Sie versucht haben, mich für die Astronomie zu interessieren.«

»Ohne allzugroßen Erfolg, wie mir scheint.«

»Da wäre ich nicht so sicher.«

»Wie Sie meinen, ich muß nun aber dringend weg.«

Holger schaltete das Gerät aus und steckte es in den Aktenkoffer. Lukey zog sich den Mantel an; Holger war ohne gekommen.

»Darf ich Sie morgen anrufen?«

»Weshalb? Ich sagte Ihnen doch, wir müssen das Interview leider beenden.«

»Und warum wollen Sie unser Gespräch nicht fortsetzen?«

»Ich sagte Ihnen doch, daß es mir leid tut.«

Holger gab noch nicht auf. »Dürfte ich Sie dennoch anrufen?«

»Ich verstehe nicht, was Sie noch wollen?«

Ich verstehe es selbst nicht, dachte Holger. »Nur für den Fall, daß ich noch die eine oder andere kurze Angabe benötige.«

»Meinetwegen«, willigte Lukey ein, um endlich Ruhe zu haben.

Holger wählte erneut den Weg durch den Riverside Park. Er war unzufrieden, mit sich und dem ganzen Verlauf des Interviews. In Höhe der 90. Straße bog er nach rechts, er wollte hinunter zum Hudson, um nachzudenken. Er hatte sich mit dem Anruf eine Hintertüre offengehalten; aber wofür? Lukey war deutlich genug gewesen: für ihn war das Interview beendet, aber warum? Das war es, was Holger am meisten ärgerte, er wußte nicht, was schiefgelaufen war. Als er es nach einer Viertelstunde immer noch nicht wußte, entschloß er sich, nach Hause zu gehen und Hiller die unerfreuliche Nachricht mitzuteilen. Dirk Holger hatte sich entschieden: für ihn war das Interview ebenfalls gestorben. Und so wäre es vermutlich auch gekommen, hätte er nicht zufällig in jenes Schaufenster gesehen. Ohne lange zu überlegen, betrat er den Laden und kaufte das Buch mit dem Aufkleber ›modernes Antiquariat‹. Hiller ist bestimmt nicht mehr im Büro, versuchte er sich zu belügen. Er öffnete die Tür zu dem kleinen Innenhof, setzte Kaffeewasser auf und schaltete den Anrufbeantworter ein. Nach kurzem Zögern stellte er die Kaffeedose wieder zurück und goß sich Tee auf; Jasmintee. Er zog sich etwas Bequemeres an, stellte die Teekanne und was dazu gehörte auf ein Tablett, legte das Buch dazu und ging hinaus. Draußen war es nicht so schwül; die leichte Brise reichte aus, um die drückende Hitze erträglich zu machen. Er schlug das Buch auf: ›Unser Weltall – gestern, heute und morgen‹ von Robert Lukey. Er suchte das Kapitel über das Sonnensystem, überblätterte die Seiten bis zur Entdeckungsgeschichte des Uranus, überflog sie und begann dann aufmerksam zu lesen. Nach und nach nahm ihn die Schilderung der Entdeckung des Neptun mehr und mehr gefangen. Sein besonderes Interesse erregte jedoch der Hinweis, daß der französische Astronom Leverrier nicht nur richtigerweise die Existenz des Neptun vorhergesagt hatte, sondern auch fälschlicherweise einen weiteren Planeten zwischen Sonne und Merkur vermutete. Es war allerdings weniger Leverriers Vermutung, die Holger besonders interessierte, als vielmehr der Name des nicht existierenden Planeten: VULKAN. Das Kapitel über Neptuns Entdeckung endete mit folgenden Sätzen:

> *Die Franzosen schlugen vor, den neuen Planeten Leverrier zu nennen. Die Engländer dagegen plädierten für Herschel. Leverrier selbst machte den akzeptabelsten Vorschlag. Da es in der griechischen Mythologie keinen Vater des Uranus gibt, schlug er aufgrund der grünen Farbe des Planeten den Namen für den Meeresgott vor: Neptun. Als bereits einen Monat nach Neptuns Entdeckung einer der Satelliten gefunden wurde, lag es nahe, ihn nach Triton, dem Sohn des Meeresgottes, zu benennen.*

Das Telefon klingelte, aber nicht nur einmal, sondern mehrmals. Der Anrufbeantworter funktioniert schon wieder nicht, ärgerte sich Holger und nahm den Hörer ab.

»Hallo, Dirk, rate mal, wo ich bin.« Am Telefon war Antje, die Frau seines Bruders, die diesmal alleine in die USA geflogen war, um mit ihren amerikanischen Freunden die Arbeit an einem gemeinsamen Buch abzuschließen.

»Sag bloß, du bist in New York?«

»Bin ich. Alan hat mich gebeten, auf seinem Workshop mitzumachen.«

»Wie lange wirst du hier sein?«

»Leider nur bis morgen früh. Was hältst du davon, wenn wir uns heute abend treffen?«

»Was heißt hier treffen, du übernachtest doch bei mir?«

»Gerne, wenn es dir keine Umstände macht.«

»Überhaupt keine, ich bin ganz alleine in der Wohnung.«

»Jetzt ist es kurz vor sieben. Was meinst du, wenn ich so gegen halb neun bei dir bin. Oder hast du noch zu tun?«

»Ich muß nur noch ein paar Seiten lesen, meinetwegen kannst du auch schon früher kommen. Ich hab' nämlich eine Attacke auf dich vor.«

»Aha?«

»Es handelt sich um ein Interview, mit dem ich nicht zu Rande komme. Ich würde gerne mit dir darüber sprechen.«

»Dann werde ich so gegen acht bei dir sein.«

»Ich freu mich.«

»Ich auch. Bis nachher.«

Holger freute sich zum erstenmal darüber, daß der Anrufbeantworter nicht funktioniert hatte. Er war plötzlich guter Dinge und ging wieder nach draußen, um weiterzulesen.

Die jahrzehntelange erfolglose und schließlich doch noch erfolgreiche Suche nach dem neunten Planeten las sich ebenso spannend wie die vorhergehenden Entdeckungsgeschichten. Alles was Holger bislang von diesem Planeten gewußt hatte, war, daß er Pluto hieß. Nun erfuhr er unter anderem, daß er erst 1930 entdeckt worden war und daß sein Name nicht nur zufällig die Initialen seines unermüdlichsten Suchers enthielt: Percival Lowell.

Holger klappte das Buch zu, las den Aufkleber ›modernes Antiquariat‹ und schlug es erneut auf, um das Erscheinungsjahr nachzusehen: 1980. Er sah auf die Uhr. Es war erst Viertel nach sieben. Er stand auf, nahm das Tablett mit ins Haus und zog sich aus, um zu duschen. Nach der erfrischenden Abkühlung legte er Bruckners zweite Symphonie auf. Nachdem er sie angehört hatte, holte er sich die Partitur aus dem Regal, studierte die ersten Seiten und legte die Platte erneut auf. Er war so vertieft, daß er die Türglocke erst beim zweitenmal hörte. Es war Antje. Nach einer herzlichen Begrüßung und dem ersten Austausch von Neuigkeiten entschlossen sie sich, mexikanisch essen zu gehen, da Holger auf chinesisches Essen – was Antje gerne wollte – allergisch reagierte. Bis zum Nachtisch waren beide immer noch damit beschäftigt, sich über die jüngste Vergangenheit bis zur Gegenwart durchzuerzählen.

»Und worum ging es bei dem Workshop?«

»Um ethische Probleme in der Psychotherapie. Aber es war nicht sonderlich interessant, da wir alle mehr oder weniger der selben Meinung waren. Was hältst du davon, wenn wir uns noch einen Wein bestellen und du mir die Sache erzählst, die du am Telefon angedeutet hast?«

Holger stimmte zu, orderte die dritte Karaffe und beschrieb in groben Zügen den Verlauf des Interviews, ohne jedoch auf die Hervorhebung der ihm wichtig erscheinenden Details zu verzichten. Antje hörte ihm zu, ohne ihn auch nur ein einziges Mal zu unterbrechen. Holger beendete seine Erzählung mit einer Doppelfrage. »Warum, glaubst du, ist das Interview schiefgelaufen, und was könnte ich tun, um es vielleicht doch noch zu retten?«

Anstatt direkt zu antworten, stellte Antje ihrerseits noch einige Fragen und sagte schließlich: »Ich hab' nur einige sehr vage Vermutungen. Laß mich deshalb erst das Band abhören; vielleicht weiß ich danach etwas mehr.«

Holger ließ sich seine Enttäuschung nicht anmerken und winkte den Kellner herbei. Kurz vor zehn waren sie wieder zu Hause. Antje legte sich Schreibzeug zurecht, bat Dirk, das Band anzustellen und sie während des Abspielens nichts zu fragen. Sie hörte sich einige Passagen mehrmals an, manche sogar sechsmal, notierte sich dann etwas, schaltete das Band wieder ein und verfuhr in dieser Weise bis zum vorläufigen Ende des Interviews. Holger stellte erfreut fest, daß es sich genau um jene Stellen handelte, die ihn bereits während des Interviews irritiert hatten. Antje ließ das Band zurücklaufen, aber anstatt etwas von ihr zu erfahren, mußte Holger ein nochmaliges Abspielen des Bandes über sich ergehen lassen, diesmal allerdings ohne Unterbrechungen. Endlich lehnte sich Antje zurück und begann kopfschüttelnd zu sprechen.

»Ziemlich schwierig, aber auch sehr interessant. Bevor wir psychologisieren, laß mich rekapitulieren, was mir aufgefallen ist. Lukey scheint froh darüber zu sein, daß du von Astronomie wenig Ahnung hast, genauer gesagt, daß du dich für Musik interessierst oder daß du Dirigent bist. Er gibt vor, dich für Astronomie interessieren zu wollen, das heißt für Aspekte der Astronomie, die *ihm* interessant und wichtig erscheinen. Er überhört jedoch – und anscheinend übersieht er auch – deine zunehmenden Abwehrsignale, bis auf das letzte, und da reagiert er äußerst betroffen. Dann das mysteriöse Telefonat und der plötzliche Abbruch des Interviews. Eins hätte ich beinahe vergessen, er stockte einmal, als er seine Frau erwähnte. – Ist dir sonst noch was aufgefallen?«

»Daß er meine Frage nach VULKAN anscheinend nicht beantworten wollte.«

»Tatsache ist, daß er sie nicht beantwortet hat, was nicht heißen muß, daß er sie nicht beantworten wollte.«

»Willst du damit sagen, er wollte sie beantworten, obwohl er sich die ganze Zeit davor gedrückt hat?!«

»Nun müssen wir uns bereits auf den unsicheren Boden psychologischer Spekulation begeben. Ich habe ebenfalls den Eindruck, daß er versuchte, die Antwort hinauszuzögern, aber vielleicht nicht, um sich zu drücken, sondern um das Terrain zu sondieren ...«

»Das stimmt, irgendwie hatte ich das Gefühl, als ob ich getestet würde. Vielleicht wollte er mir etwas Schwerwiegendes sagen ...«

»Oder er wußte selbst nicht, ob er es wollte oder nicht.«

»Eigentlich kam mir dieser Verdacht bereits, als er sich nur zögernd damit einverstanden erklärte, daß ich das Tonband mitlaufen ließ.«

»Du hattest das Gefühl, getestet zu werden?«

»Ja. Er wollte sehen, ob er mich für die Astronomie begeistern kann. Aber warum sollte das für ihn so wichtig sein?«

»Wäre es nicht denkbar, daß er dich eigentlich für etwas anderes interessieren wollte?«

»Wofür?«

»Ich weiß es auch nicht, aber ich habe den Eindruck, ihm ging es letztlich nicht um die Astronomie, sondern um ein Problem, das ihn beschäftigt, das er zu verdrängen sucht und über das er gleichzeitig sprechen will. Womöglich hatte seine ausschweifende Erzählung diese Doppelfunktion.«

»Flucht aus der Gegenwart, vor irgendeinem Problem, wie du sagst, und gleichzeitig eine Art Test, ob er sich mir anvertrauen könnte.«

»So wirkt es jedenfalls auf mich.«

»Und weil ich den Test nicht bestanden habe, hat er das Interview beendet. – Aber das Telefongespräch?«

»Was meinst denn du?«

»Zuerst habe ich geglaubt, daß es mit dem Abbruch des Interviews in unmittelbarem Zusammenhang stand, aber vielleicht war es doch nur so etwas wie ein Auslöser, und der eigentliche Grund für den Abbruch ist in seiner Enttäuschung zu suchen, die eigentlich auch schon vor dem Telefonat hörbar ist.« Holger unterbrach seinen Gedankengang und suchte auf dem Band die bewußte Stelle. Nach mehrmaligem Abspielen war er sich ganz sicher. »Ich denke, jetzt weiß ich, warum das Interview schiefgelaufen ist. Dieser Mann suchte eigentlich das Gespräch mit mir, aber ich habe ihn enttäuscht, ich habe ihm nicht das Gefühl gegeben, ihn verstehen zu wollen, geschweige denn verstehen zu können.« Holger starrte eine Weile gedankenverloren in sein Glas, hob es dann aber unvermittelt und trank Antje zu. »Ohne dich wäre mir das nie klargeworden.«

Antje lächelte. »Ich glaube doch, spätestens wenn du das Band abgehört hättest. Zwei Dinge sind jedoch nach wie vor ungeklärt. Erstens, welches Problem könnte Lukey belasten, und zweitens, was könntest du tun, um die Fortführung des Interviews zu erreichen. Laß uns zuerst überlegen, wie du Lukey zu einem weiteren Gespräch bewegen könntest.«

»Ich hab' da so eine Idee.« Holger stand auf und holte Lukeys Buch. »Bevor du gekommen bist, habe ich in diesem Buch, dessen stolzer Besitzer ich erst seit wenigen Stunden bin, die Entdeckungsgeschichten der übrigen Planeten gelesen, die von VULKAN ist allerdings nicht enthalten, da es bereits 1980 erschienen ist.«

Antje überflog das Inhaltsverzeichnis. »Rede nur weiter, ich höre.«

»Ich denke, da einige Ansatzpunkte für meinen Anruf gefunden zu haben. Ich könnte ihm zum Beispiel einige Fragen zu dem Gelesenen stellen ...«

»Und ihm zeigen, daß sein Bemühen, dich für die Astronomie und damit eventuell auch für sein Problem zu interessieren, doch noch Früchte getragen hat.«

»Wenn es tatsächlich klappen sollte, wie verhalte ich mich dann am besten?«

»Am besten vertraust du deiner Intuition. Fixier dich nicht schon vor dem Gespräch auf eine bestimmte Taktik, sonst besteht die Gefahr, wichtige Hinweise zu übersehen. Lukey hat deine Abwehrsignale lange nicht bemerkt, das deutet darauf hin, daß er sie nicht bemerken wollte. Er will mit jemandem über etwas Bestimmtes sprechen, und du mußt ihn davon überzeugen, daß du der geeignete Gesprächspartner bist.«

»Das ist so einfach gesagt.«

»Du hast eine gute Nase, ich meine, du besitzt ein enormes Feeling für Kommunikationsprozesse.«

»Meinst du das wirklich?«

»Ich halte dich für einen ausgezeichneten Interviewer.«

»Das freut mich, aber hast du vielleicht doch noch einen Tip für mich?«

»Siehst du, wie gut du bist? Ich habe da tatsächlich noch eine Vermutung. Lukey stockte, als er seine Frau erwähnte, das muß zwar nichts besagen, aber vielleicht hat sie doch etwas mit seinem Problem zu tun. Hast du übrigens ein Buch über griechische Göttersagen?«

»Ich glaube schon, warum fragst du?«

»Ist VULKAN nicht das römische Pendant zum griechischen Hephaistos?«

»Keine Ahnung.«

»Vielleicht findest du dort einen Hinweis, warum Lukey den Namen ausgewählt hat.«

»Ich glaube den Grund hierfür mittlerweile herausgefunden zu haben, aber ich werde es trotzdem mal nachlesen.«

Nachdem er Antje die Geschichte von Leverriers nicht existierendem Planeten erzählt hatte, wechselten sie das Thema und entschlossen sich gegen halb zwei, endlich schlafen zu gehen.

DIENSTAG

Antje war bereits gegangen, als Holger gegen elf Lukeys Nummer wählte.

»Guten Morgen, Sir, hier spricht Dirk Holger.«

»Ja?«

»Dürfte ich Ihnen noch drei kurze Fragen stellen?«

»Wenn es unbedingt sein muß?«

»Hatte Ihr Vorschlag, den von Ihnen entdeckten Planeten VULKAN zu nennen, etwas mit Leverrier zu tun?«

»Sie haben also doch nicht so wenig Ahnung von Astronomie, wie Sie vorgegeben haben.«

Er versucht schon wieder auszuweichen, dachte Holger, also besser nicht nachfragen. »Nach unserem gestrigen Gespräch habe ich mir ein Buch von Ihnen gekauft und das Kapitel über das Sonnensystem gelesen; weiter bin ich allerdings noch nicht gekommen.«

Lukey schien zu wissen, um welches Buch es sich handelte. »Und warum haben Sie sich die Mühe gemacht?«

»Weil Sie mein Interesse geweckt haben«, sagte Holger und fragte sich, ob Lukey die Mehrdeutigkeit seiner Antwort bemerken würde.

»An der Astronomie oder an meiner Person?«

»Ehrlich gesagt, beides; aber bezüglich der Astronomie wollte ich Sie noch etwas fragen. Wer war der Entdecker von Triton, der ja erstaunlicherweise bereits einen Monat nach Neptun entdeckt worden ist?«

»Das war der Franzose Lassell. Er teilte übrigens nicht nur den gleichen Vornamen mit Herschel. Er entdeckte ebenfalls zwei Satelliten des Uranus und obendrein einen weiteren des Saturn. Lassell ist allerdings kein bekannter Musiker gewesen, aber immerhin ein erfolgreicher Braumeister.«

Holger mußte unwillkürlich lachen und überlegte, wie er die entscheidende Frage formulieren sollte, doch Lukey kam ihm zuvor. »Wollen Sie mir nun den Grund Ihres Anrufs sagen?«

»Ich wollte Sie bitten, mir noch eine Chance zu geben.«

»Was für eine Chance?«

»Sie nochmals zu treffen, um das Interview abschließen zu können.«

»Warum liegt Ihnen soviel an dem Interview?«

»Das hat viele Gründe, aber um ehrlich zu sein, der Hauptgrund ist, daß ich das Geld benötige.«

Lukeys Antwort ließ geraume Zeit auf sich warten. »Paßt es Ihnen heute nachmittag gegen drei?«

»Selbstverständlich; und vielen Dank.«

Holger war pünktlich und traf Lukey erneut alleine an. Auf eine entsprechende Frage des Gastgebers wünschte sich Holger erneut eine Tasse Tee. Diesmal hatte Lukey nichts gegen das Tonband einzuwenden. Um das Gespräch in die gewünschte Richtung zu lenken, stellte Holger die erste Frage. »Eigentlich weiß ich noch immer nicht, warum Sie den Namen VULKAN vorgeschlagen haben?«

»Stimmt«, sagte Lukey, um jedoch wiederum das zu tun, was ihm beliebte, »aber vielleicht sollten wir doch erst darüber sprechen, wie VULKAN entdeckt worden ist.«

Holger nickte enttäuscht, er wußte ja nicht, was nun kommen würde.

»In Wahrheit habe ich VULKAN gar nicht entdeckt.«

Holger verschlug es die Sprache.

»Idéfix hat ihn entdeckt, unser Computer.«

»Aber Computer sind doch ...«

»Bloße Handlanger der Menschen. Ist es das, was Sie sagen wollten?«

»Ja.«

»Urteilen Sie selbst. Die Idee, nach einem weiteren Planeten zu suchen, kam zwar notgedrungen von mir, aber alles weitere erledigte der Computer. Obwohl Pluto auf Grund der Bahnabweichungen des Uranus, die nicht durch Neptun verursacht werden, gefunden werden konnte, erwiesen sich Pluto und sein in etwa halb so großer Begleiter Charon als zu unscheinbar, was ihre Masse betrifft, um die verbleibende Abweichung vollends zu erklären. Mittlerweile lagen auch genügend Daten über die Neptunbahnen vor, deren Perturbation ebenfalls nicht durch die bekannten Planeten aufgeklärt werden konnte ...«

»Pluto eiert doch sicherlich auch, ich meine, seine Bahn weist doch sicherlich auch Perturbationen auf?«

»Pluto benötigt für einen Sonnenumlauf zirka 248 Jahre. Kontinuierliche Beobachtungsdaten liegen somit erst für knapp ein Viertel seiner Umlaufbahn vor; zu wenig für genauere Perturbationsanalysen. Aber das störte den Computer nicht. Ich stellte ihm nur die Aufgabe, nach einem weiteren Planeten zu suchen, um den Rest brauchte ich mich nicht mehr zu kümmern.«

»Könnten Sie mir das ein wenig näher erklären.«

»Vereinfacht ausgedrückt berechnete der Computer auf Grund der Restperturbation sowie anderer Daten des Uranus, des Neptun als auch der bislang bekannten Plutobahn die voraussichtliche Masse, Leuchtkraft und Position von VULKAN. Anschließend erstellte er ein Programm zur fotografischen Durchforstung des berechneten Himmelsareals sowie zur Analyse der Aufnahmen. Die einzige Schwierigkeit bestand darin, die notwendigen Benutzungszeiten an den erwünschten Hauptteleskopen zu erhalten.«

»Das klingt tatsächlich sehr einfach.«

»Es klingt nicht nur so. Idéfix machte sich vor acht Jahren an die Arbeit. Drei Jahre später hatte er VULKAN gefunden und dabei eine Arbeit geleistet, für die zehn oder auch hundert Astronomen Jahrzehnte und länger gebraucht hätten. Überdies arbeitet ein Computer fehlerfrei; menschliche Untersucher hätten den winzigen Hinweis, der zu VULKANs Entdeckung führte, womöglich sogar übersehen. Wem also, frage ich Sie, gebührt der Lorbeer?«

»Trotzdem war Ihr Computer nur ein Werkzeug, oder sehe ich das falsch?«

»Die entscheidende Frage ist doch, wie selbständig so ein Werkzeug arbeitet. Die Aufgabe, VULKAN zu suchen und zu finden, hat der Computer jedenfalls so gut wie selbständig gelöst. Wem gebührt also die Ehre? Mir? Idéfix? Oder seinen Konstrukteuren, die ihn übrigens auch nur mit Hilfe anderer Computer bauen konnten?«

Holger fragte sich, worauf Lukey hinauswollte. Während dieser noch redete, hatte er Geräusche gehört, die darauf hindeuteten, daß noch jemand die Wohnung betreten hatte. Lukey schien nichts dergleichen bemerkt zu haben.

»Glauben Sie mir, ich habe mir das alles sehr reiflich überlegt«, fuhr Lukey fort, »ich bin zu der festen Überzeugung gelangt, daß ich den Nobelpreis ablehnen sollte.« Lukey bemerkte seine Frau erst, als sie bereits im Zimmer stand. Holgers Aufmerksamkeit war zwischen dem Gesagten und dem Auftreten der attraktiven Frau, die er auf Mitte Dreißig schätzte, hin- und hergerissen. Ohne den Gast zu begrüßen, wandte sie sich an ihren Mann. »Das kann doch nicht dein Ernst sein, Robert?«

»Darf ich zuerst einmal vorstellen; Herr Holger von der MORNING POST; meine Frau.«

»Hast du tatsächlich gesagt, du willst den Nobelpreis ablehnen?«

»Ich wollte mit dir heute abend darüber sprechen; ich habe dich gar nicht kommen hören.«

»Ich sollte es wohl als letzte erfahren?«

»Außer mit Herrn Holger habe ich mit niemandem darüber gesprochen, nicht einmal mit Mike.«

Holger wurde von der Frau auch weiterhin völlig ignoriert. »Und dir ist klar, was du da eben gesagt hast?«

»Es tut mir leid, Lucille, aber bitte versteh mich, ich kann nicht anders.«

»Du kannst nicht anders?!« Die Frau konnte nur mehr mit Mühe ihre Erregung unter Kontrolle halten. Holger schaltete das Band ab, er überlegte, wie er sich möglichst unauffällig verabschieden könnte, ohne dabei auf den Versuch verzichten zu müssen, sich Lukeys Zusage zu versichern.

»Bitte versuch mich zu verstehen, Lucille.«

»Ich soll dich auch noch verstehen. Weißt du überhaupt, was du mir damit antun würdest?«

»Ich weiß, Lucille ...«

»Du weißt es!« Die Frau vermochte ihre Erregung nun nicht mehr zu kontrollieren.

»So beruhige dich doch, ich werde gleich alles in Ruhe mit dir besprechen.«

Holger verstand. »Entschuldigen Sie, ich möchte nicht länger stören.« Während er seine Sachen zusammenpackte – ohne sich dabei sonderlich zu beeilen –, wandte sich Lukeys Frau zum erstenmal an ihn. »Sie werden das auf gar keinen Fall drucken, hören Sie, ich verbiete es Ihnen!«

Holger antwortete so ruhig er es vermochte: »Ich werde es für mich behalten, sofern es Ihr Gatte wünscht«, und an Lukey gewandt: »Sie wissen, was es für mich bedeutet, diese Neuigkeit veröffentlichen zu können. Sie wissen sicherlich auch, daß ich auf einer Veröffentlichung bestehen könnte ...«

»Wollen Sie mir drohen?«

»Nichts läge mir ferner, ich möchte Sie nur bitten, auch meine

Situation zu verstehen. Ich werde mich daran halten und nichts von Ihrer Absicht schreiben, wenn Sie es nicht wollen.«

»Ich habe Ihnen eben gesagt, daß Sie nichts darüber schreiben dürfen!«

Die Erregung der Frau schien jetzt erst ihren Höhepunkt zu erreichen.

»Und ob er es schreiben darf!« Lukey wurde nun ebenfalls laut. »Wer glaubst du eigentlich, wer ich bin; als ob ich immerzu darauf bedacht sein müßte, deinen Ehrgeiz zu befriedigen! Ich verzichte auf den Nobelpreis, hörst du, ich verzichte!!«

Der unerwartete Ausbruch ihres Mannes hatte sie ihre Fassung wiederfinden lassen; oder sah sie nur ein, daß sie ihr Ziel so nicht erreichen konnte? Holger hätte es nicht sagen können. »Robert, warum willst du mir das antun?« Sie begann zu weinen.

»Ich kann nicht anders, Lucille. Bitte, Lucille, hör auf zu weinen. Kannst du wirklich wollen, daß ich eine Ehrung annehme, die mir gar nicht gebührt; oder gar für eine Entdeckung, die besser nicht ...« – er brach mitten im Satz ab, als habe er bereits zuviel gesagt. »Bitte gehen Sie, Herr Holger.«

Holger stand auf, nickte der konsternierten Frau zu und ließ sich von Lukey zur Tür begleiten. Zögernd reichte er Lukey die Hand, aber er brachte es nicht übers Herz, sich Lukeys Aussage nochmals bestätigen zu lassen. Lukey half ihm auch diesmal. »Ich stehe zu dem, was ich gesagt habe.«

»Wann wollen Sie Ihren Verzicht öffentlich bekanntgeben?«

»Am kommenden Montag, auf einer Pressekonferenz.«

»Werden Sie nun früher ...«

»Nein, erst am Montag.«

»Mein Artikel ist für die Samstagsausgabe vorgesehen, kann ich trotzdem ...?«

»Ich sagte Ihnen bereits, daß ich einverstanden bin.«

»Sie haben mir sehr geholfen, Sir.«

»Sie mir vielleicht auch; leben Sie wohl.«

Die Türe schloß sich vor dem verblüfften Holger, der auch nicht mehr dazukam, die Honorarformalitäten anzusprechen. Er hätte nun eigentlich zufrieden sein können.

Kurz vor fünf rief er Hiller an, der bereits wie auf Kohlen saß.
»Warum rufst du erst heute an?!«

»Gestern hätte ich dir nur sagen können, daß du das Interview vergessen kannst. Heute dagegen ...«

»Na los, erzähl schon!«

»Ich habe einen Knüller, Herbert, für den mir andere Zeitungen ein kleines Vermögen bieten würden.«

»Welchen Knüller? Nun laß dir doch nicht jedes Wort aus der Nase ziehen!«

»Du mußt erst fragen, was für mich ein kleines Vermögen wäre.«

»Welchen Knüller!«

»Was würdest du sagen, wenn Lukey zum Beispiel – ich sage: zum Beispiel – nicht der Entdecker von VULKAN wäre?«

»Das wäre allerdings eine Sensation. Wer ist der Entdecker?«

»Ich sagte nur: zum Beispiel. Welches Honorar würdest du unter diesem Aspekt für angemessen erachten?«

»Wenn es wirklich ein solcher Knüller ist – vielleicht das Fünffache?«

»Laß uns nicht feilschen, Herbert, du weißt, was ich bei der Konkurrenz bekommen könnte. Sagen wir das Zehnfache, und uns beiden ist gedient.«

»Ich möchte erst wissen, worum es sich handelt!«

»Lukey wird am Montag bekanntgeben, daß er auf den Nobelpreis verzichtet.«

»Sag das noch mal!«

»Du hast richtig gehört, und er hat mir zugesichert, daß er es nicht vor Montag bekanntgeben wird.«

»Wenn das stimmt, Dirk, wenn das stimmt! Wann hab' ich das Interview?«

»Bis Freitag abend.«

»Warum nicht schon früher?«

»Reicht es nicht am Freitag?«

»Wenn ich mich darauf verlassen kann?«

»Kannst du. Ich werde dich anrufen, falls sich weitere Neuigkeiten ergeben sollten.«

Bei der Verabschiedung hörte Holger schon gar nicht mehr hin, er bedauerte, daß Antje nicht mehr da war, er hätte zu gerne mit ihr seinen Erfolg gefeiert. So blieb ihm nichts anderes übrig, als alleine zu feiern. Mit dem gefüllten Glas begab er sich in den schattigen Innenhof. Eigentlich hätte er mehr als zufrieden sein können, statt dessen fühlte er sich beunruhigt, als ob er etwas übersehen hätte. Er lehnte sich zurück und schloß die Augen. Erinnerungen an das Gespräch mit Antje tauchten auf. »Vielleicht hat seine Frau irgend etwas mit seinem Problem zu tun«, das war ein Volltreffer, dachte Holger. Seine Gedanken überschlugen sich; mehr und mehr Ungereimtheiten des ersten Gesprächs begannen sich zu klären, aber es tauchten auch neue Fragen auf: Warum reagierte seine Frau derart vehement im Beisein eines Besuchers, eines Zeitungsmannes? Holger ging wieder ins Haus, um sich das Band vom zweiten Gespräch anzuhören, ohne sich allerdings allzuviel davon zu versprechen. Zu seiner Überraschung hörte er nun Dinge, die ihm während des Gesprächs nicht aufgefallen waren. Er holte sich ein Blatt und notierte sich folgende Punkte:

1. Die Frage nach VULKAN wieder nicht beantwortet.
2. Ls Bemerkung zu seiner Frau: »Als ob ich immerzu darauf bedacht sein müßte, deinen Ehrgeiz zu befriedigen.«
3. Ls abgebrochene Bemerkung: »Kannst du wirklich wollen, daß ich eine Ehrung annehme, die mir gar nicht gebührt; oder gar für eine Entdeckung, die besser nicht ...«
4. Wer ist Mike?

Holger bedauerte erneut, daß Antje bereits abgereist war. Er wollte sich ablenken und legte sich eine Platte auf. Seine Gedanken kehrten jedoch immer wieder zu dem Gespräch am Nachmittag zurück. Warum sagt er mir nicht, was es mit dem Namen VULKAN auf sich hat? Plötzlich fiel ihm Antjes Hinweis ein, die Geschichte von Hephaistos nachzulesen. Es dauerte eine Weile, bis er das Buch gefunden hatte. Vulkan war tatsächlich die römische Bezeichnung für Hephaistos, jenem ungestalten Sohn von Hera, der in die Unterwelt verstoßen wurde, weil sie ihr häßliches, hinkendes Kind nicht vor Augen haben wollte. Hephaistos verblieb neun Jahre in der Unterwelt, wo er sich unter Plutos Obhut zum göttlichen Schmied und Baumeister wandelte. Die römische Bezeichnung ›Vulcanus‹ bezog sich auf die Vulkane, die als sichtbare Zeichen seiner unterirdischen Tätigkeit gedeutet wurden. So gesehen war VULKAN ein trefflicher Name für einen Planeten jenseits des Pluto. Holger fragte sich, ob Lukey vielleicht deshalb diesen Namen gewählt hatte. Die Geschichte des unglücklichen Gottes ging jedoch noch weiter. Nachdem sich Heras Zorn gelegt hatte, beauftragte ihn Zeus mit der Erbauung einer angemessenen göttlichen Wohnstatt auf dem Olymp. Hephaistos entledigte sich dieser Aufgabe mit so großem Können, daß er nicht nur auf den Olymp zurückkehren durfte, sondern auch noch Aphrodite, die schönste der Göttinnen, zur Frau bekam. Damit sollte sein Unglück jedoch nur ein vorläufiges Ende gefunden haben. Aphrodite liebte ihren Gatten nicht sonderlich und betrog ihn schon bald mit dem Kriegsgott Ares. Doch Hephaistos stellte ihnen eine Falle und fing beide in einem Netz, um sie in hüllenloser Umarmung dem Gelächter der olympischen Götter preiszugeben. Mehr war aus dem Buch nicht zu erfahren.

Holger besah sich nochmals seine Notizen. Frage 2: Sollte der Ehrgeiz seiner Frau die eigentliche Ursache für Lukeys Suche nach einem weiteren Planeten gewesen sein? Frage 3 und 4 waren ebenfalls noch ungeklärt. Wer ist Mike, und was wollte Lukey sagen, als er den Satz abbrach »für eine Entdeckung, die besser nicht …«, besser nicht *was,* überlegte Holger, besser nicht gemacht worden wäre, besser nicht bekanntgeworden wäre, besser nicht so aufgebauscht worden wäre? Holger gab auf. Bis spät in die Nacht hörte er Musik, der es schließlich doch noch gelang, nicht nur sein Ohr gefangenzunehmen.

MITTWOCH

Erst gegen neun war Holger aufgestanden. Gegen zehn spannte er ein leeres Blatt ein, um sich an die Niederschrift des Interviews zu machen. Gegen halb elf sah er ein, daß ihm die ungelösten Fragen keine Ruhe lassen würden. Gegen elf hatte er sich durchgerungen, Lukey nochmals anzurufen. Lukey war nicht gerade unfreundlich, aber doch sehr reserviert. »Nun bin ich aber wirklich neugierig, was Sie noch wollen?«

»Ich wollte Sie nur fragen, ob einer Ihrer Mitarbeiter mit Vornamen Mike heißt?«

»Ich habe nur einen Mitarbeiter, und der heißt in der Tat Mike, Mike McClusky. Warum fragen Sie?«

»Ich wollte, Ihr Einverständnis vorausgesetzt, eventuell auch ihn interviewen.«

»Und weshalb, wenn ich fragen darf?«

»Er kennt Sie und Ihre Arbeit. Ich dachte mir, er könnte dazu beitragen, das Interview noch farbiger zu gestalten.«

»Ich glaube, Sie wollen etwas ganz anderes.« Lukeys Verhalten hatte sich abrupt geändert, aber in entgegengesetzter Richtung, als Holger es erwartet hatte. Lukeys Stimme klang plötzlich sehr freundlich, sogar ein wenig amüsiert. »Sie wollen versuchen, noch mehr zu erfahren.«

»Stimmt, Sir.«

Nach kurzem Zögern wiederum ein unvermittelter Umschwung. »Gut, dann sollen Sie es eben erfahren.«

Holger wartete, ohne nachzufragen.

»Wir haben noch einen Planeten entdeckt.«

Holger glaubte, sich verhört zu haben. »Sagten Sie, daß Sie außer VULKAN noch einen Planeten entdeckt haben?«

»Genau das.«

»Könnten Sie mir nicht etwas mehr darüber sagen?«

»Ich habe im Moment leider keine Zeit, aber Sie wollten doch ohnehin mit meinem Mitarbeiter sprechen, er wird Ihnen gerne Näheres erzählen.«

Holger konnte nur noch McCluskys Telefonnummer erfahren, bevor Lukey einhängte. Ein anderer an Holgers Stelle hätte sich vielleicht gefreut, er dagegen hatte langsam die Nase voll. Kaum näherte er sich der Lösung einer Frage, schon tauchte wieder eine neue auf. Je länger er darüber nachdachte, warum ihm Lukey nichts von dem weiteren Planeten erzählt hatte, desto schlechter wurde seine Laune. Laut vor sich hin schimpfend hätte er am liebsten die Schreibmaschine aus dem Fenster geworfen. Glücklicherweise läutete in diesem Moment wieder einmal das Telefon. Mißmutig nahm er den Hörer ab. Am anderen Ende der Leitung meldete sich Mike McClusky. »Professor Lukey hat mir mitgeteilt, daß Sie mich interviewen wollen?« Holgers Ärger war noch längst nicht verflogen. »Das ist aber verdammt schnell gegangen.«

»Wie meinen Sie?«

»Schon gut. Wann paßt es Ihnen?«

»Das hängt davon ab, wo wir uns treffen wollen. Ich habe um fünf noch eine Verabredung mit Professor Lukey.«

»Ich wohne nur einige Straßenzüge von ihm entfernt. Wenn es Ihnen recht ist, könnten wir uns bei mir treffen.«

»Einverstanden. Ich hole mir nur was zum Schreiben – wo wohnen Sie?«

»264 West 91. Straße, Gardenapartment.«

»Paßt es Ihnen so gegen sechs?«

»Sechs wäre sehr gut.«

»Es könnte allerdings auch etwas später werden.«

»Das macht nichts.«

»Also dann, bis später.«

»Ich werde ab sechs hier sein.« Holger hatte das Gefühl, als ob die Spielregeln auf den Kopf gestellt würden, als bemühte sich McClusky mehr um das Interview als er. Ihm konnte es nur recht sein. Eine gewisse Gleichgültigkeit schien langsam, aber sicher die Oberhand zu gewinnen. Den ganzen Nachmittag verschwendete er keinen weiteren Gedanken mehr an das Interview, was nicht zuletzt daran lag, daß er sich nach dem Essen nur noch mit Johann Christian Bachs letzter Symphonie beschäftigte.

McClusky kam erst kurz vor sieben, was Holger, der noch immer über der Partitur saß, in keiner Weise störte. Während McClusky seine Entschuldigung vorbrachte, versuchte sich Holger einen ersten Eindruck von seinem Gast zu machen. McClusky sah nicht nur gut aus, er schien auch großen Wert auf ein gepflegtes Äußeres zu legen; die Augen hatte er ein wenig zugekniffen, und seine Sprechweise verriet ein nicht geringes Maß an Selbstbewußtsein. Holger schätzte ihn auf Anfang bis Mitte dreißig. Ein Mann, der weiß, was er will, dachte Holger und bat ihn, im Wohnzimmer Platz zu nehmen, während er sich um den gewünschten Drink kümmerte. McClusky schien kein Freund langer Vorreden zu sein. »Wenn Sie wollen, können wir anfangen.«

»Gerne.«

»Sie können ruhig das Band anstellen.«

Holger schaltete das bereitgestellte Gerät ein. Sein erster Eindruck schien sich zu bestätigen.

»Professor Lukey hat Ihnen bereits erzählt, daß wir kürzlich noch einen weiteren Planeten entdeckt haben, zumindest glaubten wir es.«

»Dürfte ich fragen, wann das gewesen ist?«

»Vor fast genau drei Monaten. Sie können sich vorstellen, welche Sensation diese Entdeckung gewesen wäre ...« McClusky machte eine Pause.

Er möchte am liebsten, daß ich vor Neugierde platze, überlegte Holger, also sollte ich ihm den Gefallen tun. »Das ist ja eine tolle Geschichte. Bitte erzählen Sie weiter!«

»Es kommt noch viel toller. Meine kontinuierlichen Bahnberechnungen ergaben in der letzten Woche eine plötzlich stark zunehmende Umlaufgeschwindigkeit des angeblichen Planeten.«

»Und was bedeutet das?«

»Sehr vereinfacht ausgedrückt bedeutet dies, daß wir keinen Planeten, sondern einen Asteroiden entdeckt hatten, dessen untypische Umlaufbahn sich in den vergangenen Monaten unter einem so ungünstigen Blickwinkel präsentierte, daß der Eindruck einer Planetenbahn entstehen mußte.«

»Entschuldigen Sie, daß ich Sie unterbreche, aber ich verstehe es noch nicht.«

»Dürfte ich ein Blatt Papier haben.« Holger brachte es ihm und setzte sich so, daß er McCluskys Zeichnung gut sehen konnte. »X soll die Position des Beobachters markieren, in unserem Fall die Erde. Wenn sich ein Himmelskörper von A nach B bewegt, ist seine tatsächliche Geschwindigkeit weitgehend identisch mit der beobachteten. Bewegt sich ein Körper dagegen mit derselben Geschwindigkeit von C nach D, scheint er von der Erde aus gesehen stillzustehen.«

Holger hatte verstanden, aber er unterließ es, die Erklärung zu unterbrechen.

»Der von uns entdeckte Asteroid bewegte sich in den letzten Monaten in etwa auf der Linie E–F, wodurch die beobachtete Geschwindigkeit erheblich langsamer erschien als seine tatsächliche. Vor zirka zehn Tagen hatte er den Punkt F passiert, wodurch seine Umlaufgeschwindigkeit scheinbar zugenommen hat, obwohl sie de facto sogar abgenommen haben dürfte.«

»Ich verstehe«, sagte Holger, »aber ist das nicht eine große Enttäuschung für Sie gewesen?«

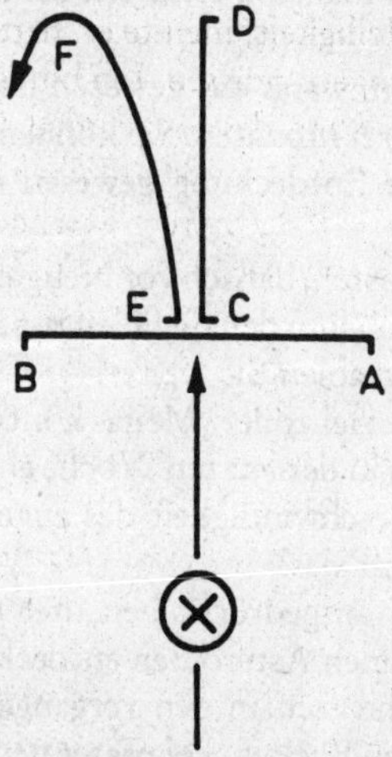

»Sie meinen, weil die Entdeckung eines dieser zu Tausenden herumschwirrenden Miniplaneten wahrlich keine Sensation ist.«

»Sehe ich das falsch?«

»Sie sehen es ganz richtig, falls es sich um einen normalen Planetoiden gehandelt hätte.« McClusky konnte nicht umhin, die Neugierde seines Zuhörers, die nun nicht mehr gespielt war, erneut auszukosten.

»Es war kein normaler Asteroid?«

»Von der Größe her gesehen war er zwar überdurchschnittlich, aber durchaus nicht ungewöhnlich. Ich schätze seinen Durchmesser auf knapp einen Kilometer. Das Außergewöhnliche lag nicht in seiner Größe, sondern in seiner Umlaufbahn ...« Er unterbrach seine Erklärung erneut, um sein Glas bis zur Neige zu leeren. »Am Montag stellte ich fest, daß der Asteroid sich auf Kollisionskurs mit der Erde befand. Ich rief sofort Professor Lukey an und bat ihn, sich meine Berechnungen anzusehen ...«

»Riefen Sie so gegen fünf an?«

»Ja, warum fragen Sie?«

»Nur so – und weiter?«

»Lukey glaubte nicht so recht an meine Asteroidenhypothese.«

»Und warum nicht?«

»Die scheinbare Helligkeit, meinte er, hätte sich innerhalb der letzten Monate verringern müssen. Ich bin jedoch der Überzeugung, daß die Umlaufbahn des Asteroiden stark exzentrisch ist und daher in der kurzen Zeit keine auffällige Reduktion der Helligkeit zu erwarten war. Die weiteren Gründe für unsere unterschiedliche Meinung kann ich Ihnen nicht so einfach erklären, da sie ziemlich umfangreiche Fachkenntnisse voraussetzen.«

»Professor Lukey blieb also dabei, daß es sich um einen weiteren Planeten handelte?«

»Eigenartigerweise ja.«

»Wieso finden Sie das so eigenartig?«

»Das sagte ich bereits. Die einzige Erklärung für die scheinbare Zunahme der Umlaufgeschwindigkeit bestand darin, daß es sich um einen Planetoiden handelte.«

Warum, wenn es so offensichtlich war, fragte sich Holger, sollte sich Lukey nicht überzeugen lassen? Vielleicht hatte McClusky dafür doch eine Erklärung. »Warum, glauben Sie, ließ sich Lukey nicht von Ihnen überzeugen?« Holgers Vermutung sollte sich als richtig erweisen. McCluskys mißglückter Versuch, ein Lächeln zu unterdrücken, deutete es bereits an.

»Irgendwie kann ich den Professor verstehen. Er glaubte, daß wir einen weiteren Planeten gefunden hatten, und er wollte diesen Glauben nicht verlieren. Eine bessere Neuigkeit zur Verleihung des Nobelpreises hätte er sich gar nicht wünschen können. Vielleicht, wenn er herausgefunden hätte, daß es sich um einen Planetoiden handelte, der sich auf Kollisionskurs mit der Erde befand; wenn er es gewesen wäre, der durch seine Entdeckung eine Katastrophe hätte verhindern können – verstehen Sie?«

»Ich glaube schon. Während er nur einen weiteren Planeten entdeckte, für den er den Nobelpreis erhalten soll, haben Sie eine Entdeckung gemacht, durch die eine Katastrophe für die Menschheit verhindert werden kann.«

»So könnte man es sehen.«

»Was würde geschehen, wenn sich Ihre Berechnungen als richtig herausstellen sollten?«

»Der Asteroid würde beim Aufprall auf die Erde ein Areal von schätzungsweise 200 Kilometer Durchmesser völlig verwüsten. Es ist nicht einmal auszuschließen, daß dadurch sogar die Umlaufbahn der Erde verändert werden könnte. Diese Veränderung wäre zwar nur minimal, aber ihre Auswirkungen auf das Erdklima wären verheerend.«

»Und wie könnte man diese Katastrophe verhindern?«

»Durch die Zerstörung des Asteroiden mittels Wasserstoffbomben. Technisch dürfte das kein Problem sein. Das einzige, was wir auf der Erde abbekommen hätten, wären prächtige Sternschnuppenschauer gewesen, die keinerlei Schaden angerichtet hätten.«

»Ich verstehe«, murmelte Holger und glaubte endlich zu wissen, warum ihm Lukey nichts von dieser Entdeckung, deren Tragweite um so vieles größer war, erzählt hatte. Sollte dies auch der eigentliche Grund für Lukeys Verzicht auf den Nobelpreis gewesen sein? Und dennoch wollte Holger nicht glauben, daß er sich so getäuscht haben sollte. »Ich verstehe«, wiederholte er und wandte seinen Blick wieder McClusky zu. Doch bevor dieser etwas sagen konnte, klingelte das Telefon. Holger wollte es einfach ignorieren, aber sein Besucher meinte, daß es ihn nicht störte, wenn Holger abheben würde. Das Telefon stand am Ende des Flurs im Arbeitszimmer. Zu Holgers Überraschung meldete sich Frau Lukey. Sie wollte wissen, ob Dr. McClusky noch da wäre. Holger bejahte ihre Frage und rief seinen Gast ans Telefon; dann ging er wieder zurück ins Wohnzimmer, notierte sich den Zählerstand und ließ das Band ein Stück zurücklaufen. Nachdem er an mehreren Stellen hineingehört hatte, fiel ihm auf, daß McClusky hauptsächlich in der Vergangenheitsform gesprochen hatte, was jedoch auch bloßer Zufall sein konnte. Als er die Tür zum Arbeitszimmer hörte, ließ er das Band wieder vorlaufen.

»Entschuldigen Sie die Störung«, McClusky nahm wieder im selben Sessel Platz, »aber ich hatte bei Lukeys hinterlassen, wo ich notfalls zu erreichen wäre.«

»Hoffentlich war es keine schlechte Nachricht?«

»Nein, nein«, McCluskys Körperbewegungen schienen ihn jedoch Lügen zu strafen; sie verrieten Unbehagen sowie einen Anflug von Unsicherheit. »Frau Lukey teilte mir nur mit, daß mich der Professor heute abend unbedingt noch mal sprechen wollte«, und er fügte hinzu: »Sie werden sich gleich denken können, worum es geht ...«

»Sagen Sie bloß, daß Sie noch eine Überraschung auf Lager haben?«

»Und ob!« Er lehnte sich genüßlich zurück, um die Wirkung seiner Worte voll genießen zu können. »Seit gestern existiert der Asteroid nicht mehr.«

»Er existiert nicht mehr?«

»Er ist explodiert.«

»Von selbst?«

»Ja. Wir haben seine Explosion sogar zufällig fotografiert.« Er öffnete seinen Lederkoffer und legte drei großformatige Fotos auf den Tisch. »Diese Aufnahme machten wir am Samstag. Dies hier ist unser Asteroid.« Er deutete auf ein winziges, kaum sichtbares Lichtpünktchen in der Mitte der Aufnahme. »Und nun sehen Sie hierher.« Er legte die oberste Aufnahme zur Seite und deutete mit beiden Zeigefingern auf die gleiche Stelle der beiden Fotos. Anstelle des schwachen Lichtpunktes war auf der zweiten Aufnahme ein auffallend heller Punkt zu sehen. »Das zweite Bild wurde Montag nacht aufgenommen. Es zeigt den Planetoiden kurz vor oder während der Explosion. Und nun betrachten Sie das dritte Bild.« Seine Hände zitterten leicht. »Sehen Sie – nichts mehr. Der Asteroid ist verschwunden.« Sein Finger deutete auf eine leere, dunkle Stelle.

Holger starrte fasziniert auf das dritte Bild. »Unglaublich, eine phantastische Geschichte.« Erst jetzt wurde er sich des finanziellen Wertes dieser Nachricht bewußt. »Die MORNING POST ist sicherlich daran interessiert, die Exklusivrechte für die Veröffentlichung Ihrer Entdeckung zu erwerben. An welchen Betrag hatten Sie in etwa gedacht?«

»Darüber habe ich noch nicht nachgedacht.« McClusky schien die Frage nicht sonderlich überrascht zu haben.

»Tun Sie es, Dr. McClusky. Ich werde inzwischen versuchen, den zuständigen Mann bei der MP zu erreichen.« Holger igno-

rierte einfach die Protestbewegung seines Gesprächspartners und wählte Hillers Privatnummer. Hiller begriff sehr schnell, worum es ging, und versprach, in wenigen Minuten zurückzurufen.

»Ich habe den Chefredakteur angerufen«, sagte Holger, »er wird gleich zurückrufen und alles weitere mit Ihnen selbst besprechen.«

McClusky nickte und machte in keiner Weise den Eindruck eines Mannes, der sich von der Wendung des Gesprächs überrollt fühlte.

Nach einem geeigneten Gesprächsstoff suchend, um das Warten zu überbrücken, erinnerte sich Holger an jene noch immer unbeantwortete Frage. »Können Sie mir sagen, warum Professor Lukey den Namen VULKAN vorgeschlagen hat?«

»Dieser Name stammt von Leverrier, einem französischen Astronomen des neunzehnten Jahrhunderts. Er vermutete die Existenz eines Planeten zwischen Sonne und Merkur, um dessen Bahnabweichungen erklären zu können, deren Ursache übrigens erst durch die Einsteinsche Relativitätstheorie erklärt werden konnte.«

»Und einen weiteren Grund gab es nicht?«

»Doch. Soviel ich weiß, ist Vulkan wie Pluto ein Gott der Unterwelt. Dennoch finde ich, daß es kein passender Name für einen so sonnenfernen, kalten Planeten ist. Aber Lukey gefiel er nun einmal, und er war ja schließlich auch der Entdecker des zehnten Planeten.«

»Zu dieser Zeit waren Sie noch nicht sein Mitarbeiter?«

»Nein. Wir arbeiten erst seit drei Jahren zusammen.« McClusky sah auf die Uhr.

Holger schaltete das Band ab und ließ es zurücklaufen. Endlich klingelte das Telefon. Hiller wollte zuerst mit McClusky sprechen. Das Gespräch dauerte nicht lang. McClusky sagte überraschend schnell zu – so empfand es zumindest Holger – und verabredete einen Termin am nächsten Morgen. Hiller versprach am Apparat zu bleiben, bis Holger seinen Gast, der es bereits mächtig eilig zu haben schien, verabschiedet hatte. Hiller war mehr als zufrieden und geradezu begeistert, als er die Einzelheiten der Geschichte erfahren hatte.

»Dirk, ich muß es noch mal sagen, einfach großartig. Ich denke, wir machen es folgendermaßen. Wir haben zwar die mündlichen Zusagen, du von Lukey und ich von McClusky, aber damit uns auch bestimmt niemand dazwischenfunkt, bringen wir schon morgen die Nachricht von Lukeys Verzicht auf den Nobelpreis und kündigen ganz groß eine Artikelserie über die Hintergründe des Verzichts und die Entdeckung des Killerplaneten an. Was hältst du davon?«

»Wer schreibt die Serie?« Durch Hillers Zögern verdichteten sich Holgers Zweifel.

»Ich habe Hoffmann gesagt, daß ich sie dir unbedingt zutraue, aber ...«

»Was aber?«

»Hoffmann bestand darauf, daß wir sie zusammen machen.«

»Wer, wir?«

»Na, du und ich.«

»Nur wir beide?«

»Ja.«

Holger hatte bereits Schlimmeres befürchtet. »Und weiter?«

»Du meinst die Honorarfrage?«

Holger wartete, ohne zu antworten.

»Hoffmann befürchtet, einen gehörigen Batzen für die Sicherung der Exklusivrechte ausspucken zu müssen ...«

Holger erkannte erst jetzt, welch großen Fehler er begangen hatte, sich nicht gegen die Möglichkeit, ausgebootet zu werden, abgesichert zu haben. Er mußte versuchen zu retten, was zu retten war; vielleicht war es noch nicht zu spät. »Falls Hoffmann glaubt, er könnte die Sache auch ohne mich machen, hat er sich schwer verrechnet ...«

»Aber wer denkt denn daran«, unterbrach ihn Hiller, »im Gegenteil, du sollst sogar das 15fache pro Seite bekommen – meint Hoffmann.«

»Und was meinst du?«

»Ich bin nicht der Boß, Dirk.«

»Schon gut, Herbert.« Holger setzte nun alles auf eine Karte. »Sage Hoffmann, ich schlage ihm folgenden Vertrag vor. Punkt 1: Nur du und ich werden als die Autoren genannt. Punkt 2: Ich erhalte das 15fache des üblichen Honorarsatzes.

Punkt 3: Ich werde mit 4 Prozent an den Bruttoeinnahmen der betroffenen Ausgaben beteiligt ...«

»Bist du wahnsinnig, das ist ein Cent pro verkaufter Zeitung.«

»Unterbrich mich bitte nicht. Punkt 4: Alle Punkte gelten für die gesamte Artikelserie. Sollte Hoffmann ablehnen, werde ich die Geschichte noch heute abend an die Konkurrenz verkaufen. Und nun bist du dran.«

Hiller atmete am anderen Ende der Leitung tief durch. »Ich glaube nicht, daß du damit durchkommst, aber verdammt noch mal«, das war wieder der alte Hiller, dachte Holger, der sich letztlich immer vor seine Mitarbeiter gestellt hat, »warum sollst du es eigentlich nicht versuchen. Ich spreche mit Hoffmann. Bleib in der Nähe des Telefons.« Es vergingen keine fünf Minuten, bis es wieder klingelte, aber nicht Hiller war am Apparat, sondern der Verlagschef persönlich. Wie zu erwarten, wollte er Holgers Bedingungen, vor allem was die Beteiligung anging, auf keinen Fall akzeptieren. Das sagte er natürlich nicht, im Gegenteil, er versicherte immer wieder, daß er durchaus zustimmen wollte, daß es aber aus diesen oder jenen Gründen leider nicht ginge. Trotz des zunehmenden Drucks in der Magengegend blieb Holger hart. Das Gespräch dauerte bereits zehn Minuten, und es hätte nicht viel gefehlt, und Holger wäre doch noch umgekippt, da gab Hoffmann schließlich nach und akzeptierte auch die Bedingung, den Vertrag bis 22 Uhr ausfertigen zu lassen. Auf diesem Termin mußte Holger bestehen, da dies die äußerste Zeitgrenze war, um das Geschäft mit einem anderen Verleger machen zu können. Er stimmte zu, den Vertrag selbst abzuholen, da – laut Hoffmann – zu wenig Zeit blieb, um ihn in der kurzen Zeit auch noch zuzustellen zu können. Holger wußte natürlich, was der alte Fuchs im Schilde führte, aber diese Konzession glaubte er machen zu können.

Da er befürchtete, es zu Hause vor Unruhe nicht auszuhalten, entschloß er sich zu einem Spaziergang im Riverside Park. Unwillkürlich schlug er die Richtung zu Lukeys Wohnung ein. Auf halber Höhe setzte er sich auf eine Bank, von der aus er die Leute auf der Promenade beobachten konnte. ›Peoplewatching‹ nannte er diese Tätigkeit, auf die er immer wieder zurückgriff, wenn er sich beruhigen und ablenken wollte. Er suchte aus den

Bewegungen und Gesichtern der Menschen herauszulesen, an was sie gerade dachten, oder welche Probleme sie mit sich herumtrugen. Der Junge auf dem Fahrrad sah mehr nach hinten als nach vorne und hätte beinahe das Liebespaar angefahren. Alte Leute hätten bestimmt geschimpft, dachte Holger, die beiden aber lachten nur. Der Mann hatte seinen Arm um die Schulter der Frau gelegt, sie den ihren um seine Hüfte. Sie schienen sich angeregt zu unterhalten, blieben hin und wieder stehen, küßten sich zwischendurch und hatten nur Augen füreinander. Langsam kamen sie näher. Holger stutzte, er konnte sich nicht des wachsenden Eindrucks erwehren, die beiden schon einmal gesehen zu haben. Und dann erkannte er sie. Mike McClusky und Lucille Lukey. Er stand auf und ging, da er nicht gesehen werden wollte, überdies war es auch Zeit, sich auf den Weg zu machen.

Alle möglichen Gedanken schossen ihm durch den Kopf, während er in der Metro saß. Gedanken an das bevorstehende Treffen, dazwischen das Bild von McClusky und Lucille Lukey, Arm in Arm, sich küssend, und plötzlich der Gedanke an Hephaistos. Vielleicht wußte Lukey von dem Verhältnis der beiden. Hephaistos hatte Aphrodite und Ares eine Falle gestellt und sie vor den Augen der Götter lächerlich gemacht. Und Lukey?

Holger mußte aussteigen. Bis zu Hoffmanns Büro waren es nur ein paar Schritte. Auf die Sekunde genau drückte er auf den Klingelknopf. Eine Frau öffnete und sagte, daß sie die Sekretärin von Herrn Hoffmann sei und daß Herr Hoffmann, der leider noch einen unerwarteten, dringenden Termin wahrnehmen mußte, sie beauftragt habe, ihm dieses Kuvert persönlich zu übergeben. Holger hatte das Gefühl, in eine Falle gegangen zu sein. »Gestatten Sie!« Er betrat unaufgefordert den Raum und nahm erst jetzt das Kuvert in Empfang. Ohne Hast öffnete er den Umschlag. Der Vertrag schien in Ordnung zu sein, er enthielt alle gewünschten Punkte, war unterschrieben und auch richtig datiert. Trotzdem wollte sich bei Holger keine Erleichterung einstellen. Erst als er wieder auf der Straße stand, begann der Druck in der Magengegend langsam nachzulassen. Er schloß zwar immer noch nicht aus, daß etwas an dem Vertrag faul war, aber eigenartigerweise kümmerte es ihn auf einmal kaum mehr, ja es war ihm sogar richtiggehend egal. Vielleicht war ihm auch nur zuviel geworden, was alles an diesem Tag auf ihn eingestürmt war. Sein Kopf und sein Magen wollten endlich Ruhe haben.

In dieser Nacht träumte er von wilden Festen auf dem Olymp, vom lärmenden Kriegsgott McClusky und dem stillen Hephaistos, der zusehen mußte, wie seine geliebte Lucille mit Merkur in der Nacht verschwand. Es wurde ein wunderschöner Traum.

DONNERSTAG

Zuerst fand Merkur gar nichts Besonderes dabei, daß auf dem Olymp ein Telefon läutete. Doch langsam, aber sicher, zerrte ihn das aufdringliche Geräusch in die ernüchternde Wirklichkeit eines schwülen Donnerstagmorgens. Als Holger die Stimme Lukeys erkannte, war er hellwach.

»Sie wollten meinen Verzicht doch erst am Samstag veröffentlichen?«

»Schon, aber der Herausgeber wollte nicht so lange warten. Ist es Ihnen denn nicht recht, daß die Nachricht bereits heute erschienen ist?«

»Doch, doch. Und wann wollten Sie McCluskys Geschichte bringen?«

»Sie meinen die Sache mit dem explodierten Asteroiden?« Holger deutete Lukeys Brummen als Zustimmung. »Die soll in Fom einer Artikelfolge zusammen mit der Entdeckungsgeschichte von VULKAN erscheinen.«

»Das wurde in der heutigen Ausgabe bereits angekündigt. Ich meine, wann wird sie erscheinen?«

»Der erste Artikel soll meines Wissens bereits morgen ...«

»Ich meine die Asteroidengeschichte.«

»Ich denke, die wird erst in der Samstagsausgabe kommen und vermutlich auch nur ein Teil von ihr.«

»Danke.«

Bevor Holger noch etwas sagen konnte, hatte der Anrufer aufgelegt. Armer, alter Hephaistos, dachte Holger, während er Hillers Nummer wählte. Hiller gratulierte ihm zuerst einmal und schlug dann vor, sich so bald wie möglich zu treffen, um das weitere Vorgehen zu besprechen. Die Nachricht habe wie eine

Bombe eingeschlagen, begeisterte er sich, und sie hätten schon jetzt mehr als tausend Anrufe gehabt. Er wurde an einen anderen Apparat gerufen und bat Holger, nicht aufzulegen. Holger holte sich eine Tasse kalten Kaffee.

Hiller wartete bereits. »Ich dachte schon, du hättest eingehängt. Das war der Boß. Hoffmann möchte mit mir sprechen. Am besten mit uns beiden. Ich sagte, du könntest in 15 Minuten hier sein. Schaffst du das?«

»Ich bin noch nicht einmal angezogen, aber ich werde mich beeilen. Sag dem Boß, ich bin in 20 Minuten da, und leg schon mal ein Spesenformular bereit.«

»Wofür denn das?«

»Für das Taxi.«

»Nun mach aber, daß du herkommst!«

Das Gespräch bei Hoffmann verlief kurz und bündig. Er wollte, daß zumindest in den ersten Artikelfolgen nur so viele Informationen enthalten sein sollten, die ausreichten, um das Leserinteresse aufrechtzuerhalten. Vor allem in der Freitagsausgabe sollte nur eine kurze Folge erscheinen, und der Schwerpunkt auf den Reaktionen zu Lukeys Verzicht liegen. Holger konnte dies nur recht sein. Zusätzlich wurde Hiller mit dem Einholen weiterer Stellungnahmen führender Politiker, bekannter Wissenschaftler et cetera betraut. Überdies wünschte Hoffmann über die weitere Entwicklung ständig auf dem laufenden gehalten zu werden. Holger war an der Durchführung der Sekundärinterviews nicht interessiert und überließ es Hiller, hiemit geeignete Mitarbeiter zu beauftragen. Er bestand jedoch darauf, die weiteren Gespräche mit Lukey und McClusky selbst zu führen. Hoffmann erklärte sich einverstanden und verabschiedete sich von Hiller, da er mit Holger noch alleine sprechen wollte. Jetzt kommt's dachte Holger, aber es kam gar nichts; Hoffmann wollte nur die Formalitäten der Vertragserfüllung besprechen und bot Holger sogar einen Vorschuß in nicht unbeträchtlicher Höhe an. Der Vertrag, so stellte Holger erstaunt fest, schien überraschenderweise keinen Haken zu haben. Wieder im Büro des Chefredakteurs, klärte er mit Hiller die noch offenen Fragen bezüglich der Artikelserie sowie den Inhalt und die Länge der ersten Folge. Holger versprach, sie bis zum Abend fertig zu haben.

Seit einer Stunde saß er nun schon an der Maschine, aber auch der fünfte Versuch, einen guten Anfang zu finden, befriedigte ihn nicht. Zum sechsten Mal spannte er einen neuen Bogen ein:

Als ich Professor Robert Lukey zum ersten Mal begegnete, hatte ich keine Ahnung, welch aufregenden Verlauf unser Gespräch nehmen sollte.

Holger las den Satz noch einmal durch, war unentschlossen und entschied, vorerst eine Pause einzulegen. Als er sich wieder an die Arbeit machte, war er wie ausgewechselt. Seine Finger sprangen nur so über die Tasten, und es dauerte keine halbe Stunde, bis er den Schlußpunkt setzen konnte. Zufrieden lehnte er sich zurück und begann laut mit sich selbst zu reden.

»Geschafft«, er griff zum Taschenrechner, obwohl er für die Berechnung im Kopf weniger Zeit gebraucht hätte. »Honorar für, sagen wir einmal, nur vier Folgen plus 4 Prozent Gewinnbeteiligung bei, sagen wir, nur 500 000 Exemplaren, macht zusammen über 21 000 Dollar. Am Wochenende werden es sicher 800 000, sagen wir also, durchschnittlich viermal 600 000, das macht über 25 000 Dollar.« Das Telefon wurde wieder einmal zum Störenfried. Lukeys erste Frage war, ob jemand mithören könne.

»Nein«, antwortete Holger, er sei ganz allein in der Wohnung.

»Ich werde seit heute früh von Anrufern und Besuchern bestürmt«, fuhr Lukey fort, »Sie werden verstehen, ich möchte nicht, daß jemand außer Ihnen erfährt, wo ich in nächster Zeit zu finden sein werde. Ich habe mir über einen Freund ein Haus auf Long Beach gemietet und werde noch heute dorthin fahren ...«

»Und Ihre Frau?« entfuhr es Holger.

»Sie will – warum fragen Sie?«

»Sie fährt doch mit Ihnen«, versuchte Holger den wahren Grund seiner Frage zu verschleiern.

»Nein, sie möchte hierbleiben ...«

»Dann wird man versuchen, Ihren Aufenthaltsort von ihr zu erfahren.«

»In dieser Hinsicht kann ich mich voll auf sie verlassen.« Holger bemerkte einen Anflug von Bitterkeit und glaubte auch dessen Ursache zu kennen. »Aber warum verraten Sie mir Ihren Aufenthaltsort?«

»Ich habe Vertrauen zu Ihnen ...«

»Es dürfte auch schwerlich unser Interesse sein, Ihren Aufenthaltsort der Konkurrenz mitzuteilen.«

»Ich wollte etwas anderes sagen. Ich möchte Sie bitten, mit niemandem darüber zu sprechen; verstehen Sie, mit niemandem, auch nicht mit Ihrem Chef oder sonst jemandem.«

»Mißtrauen scheint nicht gerade Ihre Stärke zu sein.«

»Sie täuschen sich. Ich bin sogar ziemlich mißtrauisch.«

»Und dann teilen Sie Ihren Aufenthaltsort mit, ohne sichergehen zu können, daß ich ihn auch tatsächlich für mich behalte?«

»Ich sagte es Ihnen bereits, ich vertraue Ihnen und – außerdem wollte ich Sie um ein weiteres Gespräch bitten.«

Holger war durch diese Bitte zwar mehr als überrascht, vor allem durch den Ernst, mit dem sie vorgetragen wurde, doch er hatte aus dem ersten Gespräch gelernt und traf diesmal die rechten Worte und den richtigen Ton. »Ich werde Ihr Vertrauen nicht enttäuschen – wann wollen wir uns treffen?«

»Könnten Sie mich morgen auf Long Beach besuchen?«

Holger dachte an die vielen Verpflichtungen des morgigen Tages; Besprechung mit Hiller, Schreiben der zweiten Folge und anderes mehr. Für die Hin- und Rückfahrt mußte er allein schon an die vier Stunden rechnen. »Ich würde gerne kommen, aber ginge es nicht am Samstag? Morgen geht hier alles drunter und drüber.«

»Und wenn ich zu Ihnen kommen würde?«

Daß ihm soviel an dem Gespräch lag, hätte Holger nicht gedacht. Zu gerne hätte er Lukey gefragt, was er auf dem Herzen hatte, aber er hielt es nicht für ratsam, ihn am Telefon danach zu fragen. »Das ließe sich machen. Ich werde auch dafür sorgen, daß wir ungestört sprechen können.«

»Wann würde es Ihnen passen?«

»Ab Mittag kann ich es jederzeit einrichten.«

»Sagen wir um 13 Uhr?«

»Einverstanden.« Holger nannte seine Adresse; Lukey wiederholte sie sowie die Uhrzeit und legte auf, nachdem er sich zuvor noch bedankt hatte.

Der restliche Tag verlief ohne größere Zwischenfälle. Um halb acht holte jemand von der Redaktion die erste Folge ab. Hiller rief kurz nach acht an und sagte, daß ihm die erste Folge sehr gut gefiele, und kam dann auf Lukey zu sprechen. »Stell dir vor, Lukey hat sich verdrückt. Mit McClusky ist der Vertrag unter Dach und Fach, aber Lukey ist spurlos verschwunden.«

»Und seine Frau?«

»Sagt nicht, wo er ist, nicht für Geld und gute Worte.«

Holger fragte noch, ob es nötig sei, daß er morgen früh in die Redaktion käme. Hiller meinte, es könne zwar auf keinen Fall schaden, aber notfalls ließe sich das weitere Vorgehen auch am Telefon besprechen. Holger versprach, dennoch um zehn Uhr da zu sein, und beendete das Gespräch, ohne auch nur mit einem Wort Lukey erwähnt zu haben.

Mit Mühe brachte er noch einen Konzeptionsvorschlag für die zweite Folge zu Papier. Auch mit dem Einschlafen hatte er große Schwierigkeiten; seine Gedanken kreisten bis spät in die Nacht hinein um die Frage, was Lukey wohl bewogen haben könnte, dieses dringliche Gespräch mit ihm zu suchen.

FREITAG

Der nächtliche Regen hatte kaum Abkühlung gebracht. Bereits am späten Vormittag kletterten die Temperaturen in unerträgliche Höhen; gegen Mittag überschritten sie sogar die 35-Grad-Marke.

Die Besprechung mit Hiller verlief wie erwartet, er akzeptierte im großen und ganzen Holgers Vorschlag für die zweite Folge und informierte ihn über die bereits gemachten und geplanten Sekundärinterviews. Noch mehr als diese Informationen interessierten Holger jedoch die Verkaufszahlen des Vortags und die geplante Auflagenhöhe für die Samstagsausgabe.

Es blieb noch über eine Stunde Zeit bis zum Eintreffen Lukeys, vorausgesetzt, daß er pünktlich war. Holger versuchte mit der zweiten Folge zu beginnen, aber es wollte nicht so recht klappen. Das bevorstehende Gespräch lenkte ihn zu sehr ab. Da fiel ihm Lukeys Vorliebe für guten Tee ein, er erinnerte sich sogar noch an die Marke: Darjeeling First Flush. Kurz entschlossen ergriff er seine Geldbörse und verließ das Haus. Er hatte Glück; der indische Laden, nur ein paar Straßenecken entfernt, hatte ihn vor zwei Tagen wieder hereinbekommen. Wieder zu Hause, stellte er Tassen, Kandiszucker sowie eine Schale mit Gebäck auf das Tischchen im Wohnzimmer, schaltete die Musik ein und wartete.

Lukey kam pünktlich. Er wirkte bedrückt, dennoch schien er sich über das Angebot einer Tasse Tee zu freuen. Er erklärte sich sogar bereit, den Tee selbst zuzubereiten, nachdem Holger seine diesbezügliche Unkenntnis offengelegt hatte. Trotz allem, was er von McClusky erfahren hatte, sein Gefühl für Lukey hatte sich nicht verändert; es war mehr als Mitleid, er empfand eine unerklärliche Zuneigung zu diesem Mann, der sein Vater hätte sein können und der heute um vieles älter wirkte als bei ihren letzten Gesprächen. Lukey bat ihn, das Tonband vorerst nicht einzuschalten, da er erst erklären wolle, warum er um dieses Gespräch gebeten habe. Mit sichtlicher Mühe begann er zu sprechen. »Ich werde Ihnen alles erzählen, vielleicht können Sie mich dann verstehen. – Ich liebe meine Frau, diese Bemerkung mag Ihnen verwunderlich erscheinen, aber sie ist die wichtigste Tatsache in meinem Leben. Lucille war eine Schülerin von mir gewesen, ich habe sie vor acht Jahren kennengelernt. Ich wollte ihr verheimlichen, daß ich mich in sie verliebt hatte, aber sie bemerkte es, und es war mir unfaßbar, daß sie meine Liebe erwiderte. Meine Bedenken gegen eine Heirat konnte sie zwar nicht zerstreuen, aber ich willigte dennoch ein in der Hoffnung, sie wenigstens einige Jahre an meiner Seite zu wissen. Ich liebe Lucille noch genauso wie damals, vielleicht sogar noch etwas mehr. Daran vermochten auch ihre ständigen Versuche nichts zu ändern, aus mir eine Berühmtheit zu machen. Nur ihretwegen machte ich mich auf die Suche nach einem zehnten Planeten. Aber die Entdeckung brachte nicht den erhofften Erfolg, weil ich sie ihrer Meinung nach nicht genügend nützte, um mich ins Rampenlicht zu drängen. Ich glaube, zu jener Zeit bedauerte Lucille zum ersten Mal, mich geheiratet zu haben. Sie können sich vorstellen, wie glücklich sie war, als ich für den Nobelpreis vorgeschlagen wurde. Ich erachte meine Leistung nicht als nobelpreiswürdig, wie Sie wissen, und empfand meine Nominierung eher als peinlich denn als ehrenvoll; dennoch hätte ich Lucille zuliebe den Preis akzeptiert.« Lukey hielt inne und suchte etwas in den Taschen seines leichten Sommersakkos. »Haben Sie zufällig eine Zigarette? Ich scheine keine eingesteckt zu haben. Ich rauche nur ganz selten, aber jetzt würde ich mir ganz gerne eine anstecken – wenn es Sie nicht stört.«

»Ich werde Ihnen ein Päckchen holen.« Da fiel Holger ein, daß irgendwo noch eine angebrochene Schachtel Zigarren, vom letzten Besuch seines Bruders, herumstehen mußte; er selbst rauchte nicht. »Oder dürfte es auch eine Zigarre sein?«

»Haben Sie welche da?«

»Ich glaube schon.«

»Dann gerne.«

Holger fand sie, ohne lange zu suchen. Als Aschenbecher stellte er eine Muschelschale auf den Tisch. »Sie sagten, daß Sie den Nobelpreis Ihrer Frau zuliebe angenommen hätten?«

»Ja. Vor allem als wir, genauer gesagt; als unser Computer vor drei Monaten noch einen weiteren Planeten entdeckte.« Lukey steckte sich die Zigarre an. »Ich hoffte, daß in den Augen anderer, vielleicht auch einiger Kollegen, meine Nominierung dadurch ein wenig gerechtfertigter erschien. Ich hoffte es vor allem Lucilles wegen, denn für mich ging diese zweite Entdeckung ebenfalls auf das Konto unseres Computers.«

»Und dann stellte sich heraus, daß sie nur einen Asteroiden entdeckt hatten.«

»Nein«, sagte Lukey und wandte sein Gesicht ab, »da war zuvor noch etwas anderes. Erinnern Sie sich noch an die allererste Frage, die sie mir gestellt haben?«

»Die Antwort sind Sie mir aber bis heute schuldig geblieben.«

»Wissen Sie, wem Vulkan in der griechischen Mythologie entspricht?«

»Dem unglücklichen Hephaistos, der in die Unterwelt verbannt wurde, dann aber doch Aufnahme unter den Göttern des Olymp fand und sogar Aphrodite, die schönste der Göttinnen, zur Frau bekam.«

»Dann kennen Sie sicherlich auch den Fortgang der Geschichte.«

»Aphrodite betrog ihren Mann mit Ares ...«

»Ja, dies war der versteckte, romantische, oder, wenn Sie wollen, kindische Grund, warum ich den Namen VULKAN vorgeschlagen habe. Lucille war meine Aphrodite, aber ich wußte auch, daß mein Alter den Gebrechen des Hephaistos gleichkam. Inzwischen gibt es auch einen Ares. Wissen Sie auch, was die Sage weitererzählt?«

»Hephaistos wußte sich nicht anders zu helfen, als den beiden eine Falle zu stellen, um sie vor den Augen aller lächerlich zu machen.«

»Ja, er wußte sich nicht anders zu helfen. Auch ich wollte den beiden eine Falle stellen. Aber hiermit enden auch schon die Parallelen. Ich weiß, daß ich durch meinen Verzicht auf den Nobelpreis Lucille endgültig verloren habe; verloren hätte ich sie über kurz oder lang sowieso, aber Sie glauben nicht, wieviel ich darum gegeben hätte, sie noch eine Weile um mich zu haben. Das Spiel ist aus, und ich bin zu Ihnen gekommen, um reinen Tisch zu machen.«

Holger fühlte eine unerklärliche Angst in sich hochsteigen.

Lukey hingegen schien sich wieder völlig in der Gewalt zu haben. »Wenn Sie wollen, können Sie nun das Tonband einschalten.«

Holger mußte erst den Recorder holen und ein leeres Band suchen, er hatte nichts bereitgestellt.

»Wie gesagt, vor drei Monaten machte Idéfix die vielversprechende Entdeckung eines elften Planeten.« Lukey sagte es mit unüberhörbarem Sarkasmus in der Stimme. »Ich bat McClusky, die Sache weiterzuverfolgen, und beschäftigte mich mit anderen Dingen. Vor etwa einer Woche beschleunigte der Planet nicht nur unerwartet seine Umlaufgeschwindigkeit, er veränderte auch zunehmend seine Flugbahn. Sie haben mit McClusky gesprochen und wissen auch, was weiterhin geschah.«

Holger wußte nicht, ob der letzte Satz als Frage gemeint war, oder ob es nur eine Feststellung sein sollte. »Ihr Mitarbeiter erklärte mir, daß es sich bei dem vermeintlichen Planeten um einen Asteroiden handelte, der sich auf Kollisionskurs mit der Erde befand, aber glücklicherweise am Dienstag explodiert sei. Er sagte mir auch, daß er Sie bislang noch nicht von seiner Meinung überzeugen konnte.«

»Ich kann es Mike nicht verdenken; diese Geschichte hätte ihn über Nacht zu einem berühmten Mann gemacht. Er war ein guter Mitarbeiter, und ich hätte ihm den Erfolg von Herzen gegönnt, nur Lucille - bitte schalten Sie das Band noch mal ab.«

Holger drückte die Stopptaste. »Ich wollte mich rächen, wollte beiden die Wahrheit ins Gesicht schleudern, ihre Beziehung als ein totgeborenes Kind dekuvrieren. Ich habe es nicht getan, statt dessen sitze ich hier.« Lukey sah eine Weile schweigend aus dem Fenster, dann gab er sich einen Ruck. »Sie können das Band wieder einschalten«, doch bevor Holger auf den Knopf drücken konnte, fuhr er fort: »Wußten Sie das von Mike und meiner Frau?«

»Ja.«

»Und woher?«

»Ich habe sie zufällig im Park gesehen.«

»Hier bei uns?«

»Ja.«

»Und wann war das?«

»Ich glaube, es war vorgestern - am Mittwochabend.« Holger hielt dem nachdenklichen Gast die Zigarrenschachtel hin. »Möchten Sie noch eine Zigarre?«

»Nein, danke.« Lukey richtete sich auf und bedeutete Holger, daß er das Gerät wieder einschalten könne. »Mike glaubt, daß wir einen Planetoiden entdeckt hätten, der inzwischen explodiert sei. Aber es war kein Planetoid. Viele Dinge erscheinen anders, als sie in Wirklichkeit sind. Die Sonne ist ein augenfälliges Beispiel; sie scheint um die Erde zu kreisen, während es sich in Wirklichkeit umgekehrt verhält. Mikes Asteroidenhypothese hat einiges für sich, aber sie hält einer gründlichen Überprüfung nicht stand. Seine Überlegungen sind naheliegend und auf den ersten Blick einleuchtend, aber unglücklicherweise treffen sie nicht zu. Nachdem ich gestern meine ersten Berechnungen abgeschlossen hatte, mußte ich feststellen, daß sie meine Befürchtungen ausnahmslos bestätigten.«

»Dann war es gar kein Asteroid?«

»Ich fürchte, nein.«
»Weiß Dr. McClusky davon?«
»Ich hab' es ihm nicht gesagt.«
»Und warum nicht?«
»Haben Sie noch ein wenig Geduld. Im Laufe unseres Gesprächs wird sich Ihre Frage von selbst beantworten.«

Holger drang nicht weiter in ihn. »Sie sind also ganz sicher, daß seine Hypothese falsch ist?«

»Seit heute nacht überprüft unser Computer ein ganzes Paket von Implikationen beider Hypothesen ...« Lukey bemerkte die Runzeln auf der Stirn seines Zuhörers. »Ich meine, auf Grund der unterschiedlichen Hypothesen werden unter Voraussetzung bestätigter Gesetzmäßigkeiten und sogenannter Randbedingungen empirisch überprüfbare Aussagen abgeleitet ...« Zu Holgers gerunzelter Stirn gesellte sich nun auch noch ein Gesichtsausdruck, als müßte er in eine Zitrone beißen.

»Ich will sagen«, versuchte Lukey einen dritten Anlauf, »der Computer ist dabei, zu berechnen, welche der beiden Hypothesen mit allen verfügbaren Fakten in Einklang gebracht werden kann und welche nicht.«

»Und wann wird er diese Berechnungen abgeschlossen haben?«
»Ich denke, er könnte bereits damit fertig sein.«
»Wollen Sie anrufen?«
»Eigentlich nicht.«
»Und weshalb nicht?«
»Erstens glaube ich zu wissen, was herauskommt, und zweitens ist es mir ziemlich egal.«
»Aber mich würde es sehr interessieren.«
»Ohne den Inhalt meiner Hypothese zu kennen?«
»Das stimmt, ich weiß ja noch gar nicht ...«
»Ich werde versuchen, sie Ihnen einigermaßen verständlich zu erklären.« Lukey schien zu überlegen, wie er am besten beginnen könnte. »Wissen Sie, was ein Schwarzes Loch ist?«

Holger schüttelte verständnislos den Kopf.

»Sie wissen, daß Massen eine Anziehungskraft besitzen?« Holger nickte. »Um zum Beispiel die Anziehungskraft unserer Erde zu überwinden«, fuhr Lukey fort, »muß eine Rakete auf über 11 Kilometer pro Sekunde beschleunigt werden. Bei unserer

Sonne wären sogar 617 Kilometer pro Sekunde vonnöten. Würde sich nun unsere Erde oder unsere Sonne zusammenziehen, dann würden sich auch ihre Anziehungskräfte und damit auch die notwendigen Fluchtgeschwindigkeiten erhöhen. Stellen Sie sich vor, die Sonne würde immer kleiner und kleiner werden; die Fluchtgeschwindigkeit würde bald mehr als 1000 Kilometer pro Sekunde betragen, dann 10000 und schließlich 100000 Kilometer pro Sekunde.«

Holger erinnerte sich an Lukeys Erzählung während ihres ersten Gesprächs, doch diesmal nahmen ihn seine Worte gefangen.

»Was würde nun geschehen, wenn die Fluchtgeschwindigkeit 300000 Kilometer pro Sekunde erreicht?« Lukeys Frage hatte selbstverständlich nur rhetorischen Charakter, Holger hörte ihm gebannt zu. »Dann könnte nicht einmal mehr das Licht dieser Anziehungskraft entfliehen. Die Sonne wäre zum Zentrum eines Schwarzen Lochs geworden, aus dem es kein Entrinnen mehr gibt; denn keine Materie und auch nicht die Photonen können eine höhere Geschwindigkeit erreichen. Wenn ein Stern oder irgendein anderer Körper soweit kontrahiert, daß die notwendige Fluchtgeschwindigkeit gleich der Lichtgeschwindigkeit wird, hat er den sogenannten Schwarzschild-Radius erreicht. Hierzu müßte die gesamte Sonnenmasse auf eine Kugel mit einem Durchmesser von nur sechs Kilometer zusammengepreßt werden.«

»Und die Erde«, fragte Holger, weil er von ihr eine bessere Größenvorstellung besaß.

»Auf kaum mehr als zwei Zentimeter.«

»Und Sie meinen, der Asteroid, beziehungsweise der Planet, ist explosionsartig in sich zusammengestürzt und zu einem Schwarzen Loch geworden?«

»Aber nein. Ein Planet, ja sogar unsere Sonne, sind viel zu kleine Massen, um Zentren von Schwarzen Löchern bilden zu können ...«

»Soll das heißen, daß der Planet in ein Schwarzes Loch gestürzt ist?«

»Auch das nicht ...«

»Aber was dann?«

»Die Geschichte ist etwas komplizierter. Um den Planeten zu

schlucken, hätte das Schwarze Loch direkt mit ihm kollidieren müssen. Die Art seiner Bahnabweichung deutet auf ein Schwarzes Loch mit einer Kernmasse von nur drei bis vier Sonnenmassen und einem Durchmesser von weniger als 25 Kilometern.«

»Und diese 25 Kilometer reichen aus, um einen Planeten von was weiß wie vielen Tausenden von Kilometern ...«

»Ungefähr 50 000 Kilometern Durchmesser.«

»Von 50 000 Kilometern Durchmesser zu zerstören?«

»Was zählt, ist die Masse. Die des elften Planeten betrug etwa das 15fache der Erde, aber die Masse des Schwarzen Loches dürfte das 70 000fache des Planeten betragen.«

»Ich verstehe«, nickte Holger, dem der Kopf von den vielen Zahlen schwirrte.

»Wäre das Loch mit dem Planeten kollidiert«, führte Lukey seine Erklärung fort, »so hätten wir seinen Tod mit bloßem Auge und selbst bei Tageslicht gesehen; denn zehn Prozent oder mehr seiner Materie wären in hochenergetische Strahlen umgewandelt worden.«

»Aber der Planet ist doch explodiert?«

Lukey sprach unbeirrt weiter. »Das Schwarze Loch kollidierte zwar nicht mit dem Planeten, aber es kam ihm doch so nahe, daß er durch die ungeheure Anziehungskraft abgelenkt wurde und im Moment der größten Annäherung oder kurz davor explodiert ist.«

Lukey hörte auf zu reden, aber Holger dränge ihn, weiterzuerzählen. »Und was hat dies für uns, ich meine für die Erde, zu bedeuten?« Holger vermochte die Antwort nicht abzuwarten. »Läuft es auf die Erde zu?!«

»Nicht direkt. Nach meinen bisherigen Berechnungen wird es die Erde in etwa 100 bis 400 Millionen Kilometer Abstand passieren.«

»Ist das zu nah?«

»Zu nah wofür? Es ist nicht nah genug, um die Erde zu schlucken, auch nicht nah genug, um ihre Explosion zu bewirken, aber nah genug ...« Lukey zögerte weiterzusprechen.

Holger verspürte plötzlich eine unerklärliche innere Leere und Gelassenheit. »Was, glauben Sie, wird geschehen?«

Lukey sah ihn ein wenig verwundert und gleichzeitig erleichtert an. »Erdbeben, Vulkanausbrüche. Unvorstellbare Stürme, ungeheure Überschwemmungen. Aber das Schlimmste wird erst kommen, nachdem uns das Schwarze Loch passiert hat. Es wird die Planeten aus ihrer Bahn werfen, insbesondere Venus, Erde, Mars und Jupiter. Es kann sein, daß die Erde den Mond verliert, oder schlimmer, daß er auf sie stürzt. Daß sich ihre Rotationsgeschwindigkeit verändert, was allein schon katastrophale Klimaveränderungen zur Folge hätte. Es ist nicht einmal ausgeschlossen, daß sie mit einem anderen Planeten kollidiert, ja nicht einmal, daß sie aus dem Sonnensystem geschleudert wird oder in die Sonne stürzt. Im günstigsten Fall wird sich nur ihre Umlaufbahn verändern.«

»Was bedeuten würde?«

»Daß wohl niemand die Klimaveränderungen überleben würde; ganz abgesehen von den übrigen damit verbundenen Katastrophen.«

»Das heißt, was auch immer geschehen würde, es wäre unweigerlich das Ende.«

Es war überflüssig, diese Feststellung zu bestätigen, dennoch sah ihn Lukey erstaunt an.

»Warum sehen Sie mich so verwundert an?«

»Sie haben überhaupt nicht gefragt, wann das sein wird.«

»Ist das so wichtig?«

»Spielt es für Sie keine Rolle, ob es in einer Woche, in einem Jahr oder erst in hundert Jahren sein wird?«

»Sie haben recht, irgendwie bin ich davon ausgegangen, daß es schon bald sein würde – sagen Sie bloß ...?«

»Ich wollte Ihnen keine falschen Hoffnungen machen.« Lukey machte mit seinen Händen eine abwehrende Bewegung. »Das Schwarze Loch ist zwar noch über 13 Milliarden Kilometer von der Erde entfernt, aber es nähert sich mit einer Geschwindigkeit von fast 300 Kilometern pro Sekunde ...«

»Sagen Sir mir, wann«, unterbrach ihn Holger ein wenig ungehalten.

»In zirka 18 Monaten.«

»Also in anderthalb Jahren«, wiederholte Holger mechanisch. Er erwartete, daß sich in seinem Kopf die Gedanken überschlagen würden, aber nichts dergleichen geschah, er fühlte sich nur leer und schrecklich müde.

»Ich hätte es Ihnen wohl besser nicht sagen sollen?«

»Doch, doch«, winkte Holger ab, und dann fiel ihm ein, daß Lukey noch telefonieren wollte. »Das Telefon steht dort hinten.«

Lukey stand wortlos auf, blieb kurz neben dem reglos dasitzenden Holger stehen und legte ihm die Hand auf die Schulter. Holger hatte nur einen einzigen, sich ständig wiederholenden Gedanken – 18 Monate, nur noch 18 Monate. Er hörte weder, was Lukey sagte, noch hatte er eine Vorstellung davon, wie lange das Gespräch dauerte. Lukey sprach keine zehn Minuten, aber Holger hatte den Eindruck, als wären Stunden vergangen. Als Lukey wieder ins Wohnzimmer trat, saß Holger noch immer wie versteinert auf seinem Platz. Lukey wartete.

Holger sah auf und versuchte zu lächeln. »Und was meint Idéfix?« Lukey wich seinem Blick aus. »Sie haben also recht behalten.«

Lukey nickte. »Ich hätte ...«

»Die Möglichkeit eines Irrtums ...«

Lukey schüttelte den Kopf. »Die Stärke der Röntgenstrahlung ist eindeutig; überdies weisen bereits Pluto und Neptun Perturbationen auf. Ich hätte es Ihnen nicht erzählen sollen.«

»Und warum haben Sie es mir erzählt?«

Lukey sah wieder auf und blickte Holger mehrere Sekunden unverwandt in die Augen. »Ich wußte nicht mehr, was richtig oder was falsch ist. Ist es richtig, die Menschen schon jetzt von dem kommenden Unglück wissen zu lassen, damit sie den Rest ihres Lebens noch so gut es geht nützen können; oder ist dieser Gedanke nur eine Rationalisierung verdrängter Rachsucht? Ist es falsch, die Menschen noch so lange es irgend möglich ist in Unwissenheit zu belassen; dankbar zu sein für jeden Tag, der noch nicht von dem Wissen um die Katastrophe überschattet ist? Ich weiß es nicht mehr. Ich wollte die Entscheidung Ihnen überantworten. Verstehen Sie, mir ein Alibi schaffen, um mich für den Rest meiner Tage zurückziehen zu können, ungestört und ohne Schuldgefühle. Es tut mir leid, aber ich wußte mir nicht anders zu helfen.«

Holger verspürte keinen Ärger, er fühlte sich nur sehr allein.

Lukey stand auf. »Bitte verzeihen Sie mir.«

Holger stand ebenfalls auf, ergriff Lukeys ausgestreckte Hand und hielt sie fest. »Wann werden es auch andere herausfinden?«

»Vielleicht schon in einem Monat, vielleicht auch erst später. – Was werden Sie tun?«

»Ich weiß es nicht. – Beim besten Willen, ich weiß es nicht.«

Holger begleitete seinen Gast bis auf die Straße. Dort stand er noch lange, nachdem Lukey im Gewühl der Leute verschwunden war, und suchte in den Gesichtern der Vorübereilenden eine Antwort zu finden.

Den Keim meiner ersten SF-Geschichte bildete eine Formel, die ich in einem Physikbuch von Isaac Asimov fand.

Es gibt viele Möglichkeiten, die Anziehungskraft der Erde zu ermitteln. Eine davon – wie schon Galilei herausgefunden hat – ist die mit Hilfe eines einfachen Pendels. Irgendwie faszinierte mich der Gedanke, auf diese simple Weise überprüfen zu können, ob man sich noch auf der Erde befindet, so sehr, daß sie mich zum Schreiben meiner ersten SF-Erzählung anregte.

Die Anderen

Durch Zufall hatte ich die Anzeige gelesen. Ich erinnerte mich sofort. Es war erst letzte Woche gewesen, letzten Mittwoch auf Joes Party.

Er war mir vorgestellt worden, aber nichts, was mir aufgefallen wäre – auch nicht während des Gesprächs.

Wie kamen wir bloß auf jenes Thema? Er fragte mich jedenfalls, ob ich andere – er meinte außerirdische – intelligente Lebensformen für möglich hielte.

Ich war zwar mit einigen der bekanntesten Wahrscheinlichkeitsanalysen vertraut, aber eine Antwort schien ihn gar nicht zu interessieren, denn er fuhr unmittelbar fort: »Ich bin fest überzeugt, daß es DIE ANDEREN gibt, und ich würde mich gerne mit Ihnen darüber unterhalten.«

Meine Lustlosigkeit war wohl nicht zu übersehen, da er hinzufügte: »Ich werde Sie bestimmt nicht lange belästigen, aber ich muß endlich mit jemandem darüber reden.«

Ich versuchte ihm klarzumachen, daß es statistisch gesehen sehr wahrscheinlich ist, daß sich im Universum intelligentes Leben entwickelt hat – daß es jedoch höchst unwahrscheinlich, ja geradezu unmöglich erscheint, daß Menschen jemals mit anderen intelligenten Wesen in direkten Kontakt treten werden.

»Erscheint«, wiederholte Burghardt; mit diesem Namen war mir mein Gesprächspartner vorgestellt worden.

Ich mußte also meine Argumente präzisieren: »Von den neun Planeten unseres Sonnensystems konnte sich nur auf einem einzigen Leben entwickeln, denn nur auf der Erde waren zufällig alle diesbezüglich notwendigen Voraussetzungen gegeben. Ein Raumschiff müßte vermutlich Tausende, Millionen oder gar Milliarden von Sternen ansteuern, um nicht nur eine belebbare, sondern eine von intelligenten Wesen bewohnte Welt zu finden. Um von einem Stern zu einem anderen zu fliegen und diesen auf etwaige bewohnte Planeten hin zu untersuchen, würde es etwa acht Jahre Erdzeit beanspruchen. Der Homo sapiens existiert seit etwa ein bis zwei Millionen Jahren, einige vermuten sogar noch länger. Aber selbst wenn der Mensch schon seit seiner Geburt die Suche aufgenommen hätte, so hätte er zwei, im besten Falle an die sechs Millionen Sterne besuchen können. Und selbst wenn es hundert Millionen gewesen wären, so würde diese enorme Zahl nur den zehntausendsten Teil der Sterne unserer Milchstraße umfassen. Und wissen Sie, wie viele Milchstraßen es gibt?«

»Ich weiß«, winkte Burghardt gelassen ab, »im beobachtbaren Universum schätzt man die Zahl auf hundert Milliarden. Aber wer sagt denn, daß wir erst suchen müssen?!«

»Wie Sie wollen«, entgegnete ich etwas gereizt. »Selbst wenn intelligente Wesen vom Andromedanebel – nur um den allernächsten Spiralnebel zu nennen – Verständigungssignale aussenden, so würde es zwei Millionen Jahre dauern, bis wir sie empfangen könnten. Fast genügend Zeit für die Menschheit, zu entstehen und wieder auszusterben.«

»Sie argumentieren«, unterbrach mich Burghardt, »wie jemand, der mich davon abhalten möchte, Lotto zu spielen, weil die Chance für einen Hauptgewinn äußerst gering ist. Letzteres ändert aber nichts an der Tatsache, daß es Hauptgewinne gibt. Ich bin davon überzeugt, daß DIE ANDEREN uns schon vor langer Zeit gefunden haben – und seitdem experimentieren sie mit uns. Sie programmieren unsere Kriege, unsere Kunst, unseren wissenschaftlichen Fortschritt. Bereits im 3. Jahrhundert vor Christus machten sie das heliozentrische Modell durch Aristarchus verfügbar. Die Menschheit war jedoch noch nicht reif für ein derartiges, ihre Wichtigkeit unterminierendes Weltbild. Sie versuchten es später wieder, und mit Kopernikus begann es sich langsam durchzusetzen.

Das Atommodell mit dem Grundgedanken einer qualitativen Gleichheit der Bausteine jeglicher Materie ließen sie bereits – wenn auch in vereinfachter Form – im 5. Jahrhundert vor Christus durch Leukipp und Demokrit verkünden. Doch sie mußten mehr als 2000 Jahre warten, bevor die Theorie allgemein diskutiert wurde. Es scheint, als lernten sie mehr und mehr, die richtigen Zeitpunkte zu erfassen; die richtigen Zeitpunkte für die weitestmögliche Anerkennung neuer Informationen. Wäre es nicht denkbar, daß Genies nur Werkzeuge DER ANDEREN sind, bloße Informationsübermittler zur menschlichen Rasse?«

»Ich bitte Sie, Herr Burghardt! Ist es nicht viel naheliegender, erfahrungswissenschaftliche, zum Beispiel psychologische Theorien zur Erklärung heranzuziehen!«

»Naheliegender schon«, erwiderte er höflich und doch wie jemand, der es gar nicht nötig hat, auf meine Argumente einzugehen. »Ich frage mich oft«, fuhr er fort, »welchen Zweck DIE ANDEREN mit dem seltenen, aber gesicherten Auftreten von Telepathie bei den Menschen verfolgen. Ob es nur Ausdruck einer Art Spieltrieb ist?«

Ich lachte laut auf. »Nun übertreiben Sie den Spaß ein wenig. Oder sollten Sie nicht wissen, daß bewußte psychische Vorgänge stets mit hirnelektrischen Prozessen gekoppelt sind, und es ist durchaus vorstellbar, daß sie in Form elektromagnetischer Schwingungen von einem anderen Menschen empfangen werden können.«

»Sicher«, nickte Burghardt, »obwohl ich große Schwierigkeiten habe, mir die Möglichkeit eines solchen Empfangs vorzustellen. Aber vielleicht kennen Sie Berichte, die bestätigen, daß eine telepathische Übertragung mit zunehmender Entfernung schwieriger wird? Ich kenne nur Untersuchungen über die Wirkung verschiedenster Isoliermaterialien zwischen telepathischer Sender- und Empfangsperson – und diese berichten von keinerlei Einfluß auf die telepathische Übertragung. Das spricht doch gegen eine physikalische Erklärung durch elektromagnetische Schwingungstransmission!

Schauen Sie«, er redete einfach weiter, »betrachten wir nur einmal die Präkognition.«

»Ich bitte Sie, Hellseherei!«

»Nicht Hellsehen generell, ich meine das Voraussehen von Ereignissen. Warum machen die das mit uns?«

»Lächerlich!« platzte ich los. Aber da mir keine Erklärung einfiel, sagte ich schließlich: »Es dürfte schwierig sein, die zufallsfreie Vorhersage von Geschehnissen nachzuweisen.«

Burghardt sah mich daraufhin mit einem Ausdruck tiefer Resignation an. »Wissen Sie, ich selbst habe das Zweite Gesicht.«

Ich wartete, aber er sagte nichts mehr. Wir beide warteten.

Da kam Joe auf mich zu, und ich war froh, das unergiebige Gespräch beenden zu können.

Und nun war John Burghardt tot. Er starb, kaum 32 Jahre alt, einen Tag nachdem ich ihn kennengelernt hatte. Nichts, was auf eine Krankheit hingedeutet hätte; wahrscheinlich ein Unfall, so nahm ich an.

Zwei Wochen später traf ich zufällig Joe. Wir sprachen über die Möglichkeit eines gemeinsamen Forschungsprojektes, als Joe auch auf Burghardt zu sprechen kam.

»Du erinnerst dich doch an den jungen Mann, den ich dir auf der Party vorgestellt habe.«

»Ich weiß, wen du meinst«, erwiderte ich, »er hieß Burghardt.«

»Und weißt du auch ...?«

»Ja, ich las durch Zufall die Todesanzeige.«

»Er war kaum über 30 – Herzinfarkt!«

»Herzinfarkt?«

»Soviel ich weiß, lebte er auf dem Landgut seiner Mutter, um an einem Buch zu arbeiten.«

»Herzinfarkt, in diesem Alter?!«

»Was weiß ich«, Joe zuckte die Achseln, »da mußt du schon Arnold fragen.«

Einige Tage nach diesem Gespräch suchte ich Dr. Jenkins wegen meiner chronischen Schlafschwierigkeiten auf. Er schien nicht gerade erfreut über meinen Zustand: »Am liebsten würde ich dir deine Arbeit verbieten, anstatt zuzulassen, daß du dich mit Tabletten vollstopfst, die ich dir zu allem Überfluß auch noch verschreiben soll.«

»Hast ja recht«, versuchte ich ihn zu beschwichtigen.

»Wenn du so weitermachst, brauchst du dich über einen Infarkt nicht zu wundern.«

Mir fiel das Gespräch mit Joe wieder ein. »Sag mal, Arnold, Herr Burghardt ist doch ein Patient von dir gewesen?«

»Du meinst sicherlich John Burghardt?«

»Richtig. Wieso starb er an einem Herzinfarkt?«

»Das ist das erste Mal, daß dich meine Mahnungen zu beeindrucken scheinen. Allerdings, was den Fall Burghardt betrifft, so fällt es mir nicht leicht, deine Frage zu beantworten. Er hatte weder zu hohen Blutdruck, keine Anzeichen von Koronarsklerose noch Hinweise auf chronischen psychologischen Streß. Selbst der Cholesterinspiegel war eher zu niedrig als zu hoch, und von Diabetes ebenfalls keine Spur. Kurz, er war kerngesund, und es ist schwer zu sagen, was die Ursache gewesen sein könnte.«

»Mit anderen Worten, du hast keine plausible Erklärung für Burghardts Tod.«

»Für seinen Tod schon. Ich weiß, daß er an einem Herzinfarkt gestorben ist, aber für dessen Zustandekommen habe ich tatsächlich keine Erklärung.«

Burghardts Name begann sich unmerklich in mein Gedächtnis einzunisten. Ich fragte mich, an welchem Buch er wohl gearbeitet haben mochte. Eines Tages entschloß ich mich kurzerhand, seine Mutter aufzusuchen.

Leider wußte sie nichts über den Inhalt des Buches, und das Buch selbst war nicht mehr verfügbar.

»Es ist so eigenartig gewesen«, erzählte sie mir, »er ging zum Kamin und warf seine gesamten Manuskripte ins Feuer. Als ich ihn nach dem Grund dafür fragte, sah er mich nur an, und ohne ein Wort zu sagen, ging er zurück in sein Arbeitszimmer, wo ich ihn am Abend tot an seinem Schreibtisch fand.«

Als ich mich verabschieden wollte, reichte sie mir einen zerknitterten Zettel.

»Können Sie mir sagen, was das bedeutet?«

Ich sah mir den Zettel an.

»Es sieht wie eine physikalische Formel aus.«
»Sie sind doch Physiker.«
»Schon, aber diese Formel ist mir unbekannt.«
»Er hatte diesen Zettel zerknüllt in seiner Faust, als ich ihn fand.« Sie wollte mir verständlicherweise den Zettel nicht überlassen, ich konnte mir jedoch ohne Schwierigkeiten die mit zitternder Hand geschriebene Formel merken. Sie lautete:

$$S_5 = \frac{l_3 \cdot Mach^2}{O_4 \cdot t_2}$$

›t‹ ist in der Physik allgemein das Symbol für Zeit, ›l‹ für Länge, ›Mach‹ die Einheit der Schallgeschwindigkeit. Doch was bedeuten die Symbole ›O‹ und ›S‹, und warum benutzte er hier Großbuchstaben? Burghardt mußte entweder weitere Informationen zum Verständnis der Gleichung hinterlassen haben, oder die Gleichung sollte gar keine physikalisch-mathematische Bedeutung besitzen.

Wo sollte ich nach weiteren Hinweisen suchen – oder sollte meine zweite Vermutung richtig sein? Dagegen sprachen jedoch die Quadrierung von ›Mach‹ sowie die Indexzahlen. Ich verbrachte den ganzen Nachmittag damit, die Bedeutung der Gleichung herauszufinden – ohne Erfolg. Der Abend verging; ich hatte alle möglichen Spekulationen über die Größen ›O‹ und ›S‹ angestellt, hatte die einzelnen Symbole auf Kärtchen geschrieben und vieles andere mehr – aber alles ohne den geringsten Erfolg. Spät nachts stellte ich meine unsinnigen Versuche, in einer sinnlosen Formel einen Sinn zu finden, ein. Ärgerlich wischte ich die Produkte meiner fruchtlosen Bemühungen vom Tische und ging zu Bett.

Am nächsten Morgen zeigte sich, daß ausgerechnet meine impulsive Reaktion in der vergangenen Nacht zur Lösung geführt hatte, vorausgesetzt, daß es eine solche überhaupt gab. Die Kärtchen mit der Bezeichnung ›Mach‹ und ›t_2‹ lagen derart auf dem Boden, daß sie das Wort ›Macht‹ formierten. Mittels der restlichen Symbole ließ sich nur ein einziges sinnvolles Wort bilden:

Mach-t_2-l_3-O_4-S_5 . . .: MACHTLOS!

So gesehen, schienen die Indexzahlen verständlich; ›Mach‹ als erste Buchstabenkombination verblieb ohne Index. Die weiteren Buchstabenpositionen korrespondierten mit den Indexzahlen der jeweiligen Buchstaben, darüber hinaus konnte so das Zeichen ›O‹ nicht mit der Zahl Null verwechselt werden. Der Gebrauch von Großbuchstaben für die Symbole ›O‹ und ›S‹ sowie die Quadrierung von ›Mach‹ ließen sich als bloße Verschleierungstaktik erklären.

Dieser mögliche Sinn der Formel irritierte mich zunehmend. Der Fall Burghardt schien aus einer Kette eigenartiger Zufälle zu bestehen. Ich faßte zusammen:

›Zufall‹ Nr. 1: B. stirbt, kurz nachdem er zum ersten Mal jemandem seine Extraterristenhypothese erzählt hat.

›Zufall‹ Nr. 2: B. stirbt an einem Herzinfarkt, für den er in keiner ersichtlichen Weise prädisponiert war und für den es keine medizinische Erklärung gibt.

›Zufall‹ Nr. 3: B. hinterläßt in verschlüsselter Form das Wort ›Machtlos‹.

Zugegeben, jeder dieser ›Zufälle‹ ließe sich tatsächlich als ein Zufall erklären. Sein Tod konnte durchaus unabhängig von unserem Gespräch sein. Ein besserer Mediziner als Arnold – ich kenne allerdings keinen – hätte womöglich eine Erklärung für den Herzinfarkt gehabt. Und die Formel konnte auch etwas ganz anderes bedeuten. Das Irritierende an diesen Überlegungen war nur, daß diese ›natürlichen‹ Erklärungen der ›Zufälle‹ unwahrscheinlicher schienen als eine ›unnatürliche‹.

Aufbauend auf Burghardts Hypothesen ließ sich folgendermaßen spekulieren:

DIE ANDEREN töten ihn, nachdem und weil er seine Vermutungen, die anscheinend den Tatsachen entsprechen, jemandem mitteilte. Bevor sie ihn töten, zwingen sie ihn – wie, ist mir allerdings unerklärlich –, die Manuskripte zu vernichten, in denen er möglicherweise über seine Spekulationen berichten wollte. Sie wählen dabei eine häufige Todesursache, um das Verdachtsmoment so niedrig wie möglich zu halten, übersehen jedoch die fehlenden Prädispositionen für das Auftreten eines Herzinfarktes. Burghardt gelingt es dennoch, die verschlüsselte Botschaft seiner Machtlosigkeit diesen Wesen gegenüber zu hinterlassen.

Ich überlegte weiter:

Burghardt konnte seinen Tod nicht verhindern. Aber wenn er machtlos gewesen ist, sind wir es dann nicht alle? Zum anderen – scheint von diesen Wesen Gefahr nur für diejenigen zu bestehen, die die Beeinflussung der Menschheitsentwicklung durch DIE ANDEREN durchschauen oder nur vermuten. Lebensgefahr existiert eigentlich nur für den, der seine Vermutungen anderen mitteilt. Burghardt hätte demnach seinen Tod verhindern können, hätte er nicht mit mir gesprochen.

Doch warum tolerieren DIE ANDEREN einerseits, wenn man ihren Einfluß entdeckt, und töten andererseits, wenn man über diese Entdeckung spricht – aber dabei wiederum nur denjenigen, der die Vermutungen mitteilt, nicht den, dem sie mitgeteilt werden? Wenn es ihnen nur um die Verheimlichung ihrer Existenz geht, ist dieses Verhalten unlogisch. Worum geht es ihnen aber dann, wenn nicht um Geheimhaltung?

Oder sollte mein Tod vielleicht auch schon programmiert sein?

Ich schluckte unversehens, und es dauerte eine Weile, bis ich meine Gedankenfolge wieder aufnehmen konnte:

Wäre der Menschheit überhaupt geholfen, wenn sie über ihre Marionettenfunktion informiert werden würde? Könnten überhaupt Mittel ersonnen werden, sich von diesem Einfluß zu befreien – zumindest, um mit DEN ANDEREN in Kontakt zu treten?

Nicht nur die letzte Frage schien mir müßig zu sein, denn ich sah keinerlei Möglichkeiten, meine Überlegungen mitzuteilen, ohne Gefahr zu laufen, mich entweder lächerlich zu machen oder eliminiert zu werden. Also schwieg ich.

Ich weiß nicht mehr, wie viele Tage vergingen, bevor mir jener entscheidende Einfall kam. Es war jedenfalls in meinem Seminar, als ich über die Russellsche Lösung des Antinomieproblems sprach. Ich verdeutlichte gerade die Problematik am Beispiel des konsequenten Friseurs, in dessen Laden ein Schild hing mit der Aufschrift: ›Ich rasiere nur jene Männer, die sich nicht selbst rasieren.‹ Er selbst mußte sich einen Bart wachsen lassen, denn wenn er sich rasierte, gehörte er zu jenen Männern, die sich selbst rasierten, und diese durfte er laut Schild nicht rasieren – obwohl er mit Bart gerade zu jenen gehörte, die er hätte rasieren dürfen. In diesem Augenblick wurde mir die Lösung meines Problems schlagartig klar.

Falls DIE ANDEREN beabsichtigten, mich zu töten, brauchte ich nur die Veröffentlichung meiner Überlegungen von meinem Tode abhängig zu machen. Ich schlug damit quasi zwei Fliegen mit einer Klappe: einmal werden sie mich kaum unsterblich machen können. Nach meinem Tode würden also meine und Burghardts Überlegungen bekannt werden. Zum anderen dürften sie größtes Interesse daran haben, mich so lange wie möglich am Leben zu erhalten.

Nur einen Nachteil hatte die Geschichte, nämlich die hohe Wahrscheinlichkeit, mich nach meinem Tode noch lächerlich zu machen. Die Beseitigung einer möglichen, vielleicht sogar sehr unwahrscheinlichen Gefahr für mein Leben war mir jedoch wichtiger. Ich schrieb deshalb Burghardts Vermutungen sowie meine Schlußfolgerungen aus den eigenartigen Zufällen in Zusammenhang mit seinem Tod nieder, um sie notariell zu hinterlegen. Dazu verfaßte ich einen öffentlichen Brief, in dem ich auf die Hinterlegung aufmerksam machte. Mein Trick war perfekt.

Drei Tage später erwachte ich im Sanatorium von Dr. Jenkins. Diagnose: schwere Commotio cerebri mit atypischer Amnesie. Nur eine Gehirnerschütterung, erzählte man mir. Ich sei vermutlich auf dem Teppich ausgerutscht und dabei mit dem Hinterkopf auf die Tischkante geschlagen. Der partielle Gedächtnisausfall werde sicher innerhalb weniger Wochen wieder vollends verschwinden. Meine Gedächtnisstörung umfaßte nur die Umstände des Unfalls – so schien es zumindest. Doch wie sich später herausstellte, hatte ich auch jegliche Erinnerung an den Fall Burghardt und was damit zusammenhing verloren.

Meine Beunruhigung steigerte sich ein wenig, als sich auch nach mehreren Wochen noch keine Anzeichen zur Füllung meiner Gedächtnislücke zeigten. Arnold nahm die Sache nicht weiter ernst und vertröstete mich auf die nächsten Wochen. Also beschloß ich, selbst etwas nachzuhelfen, indem ich meine seit langem vernachlässigten Übungen in autogenem Training wieder aufnahm. Neben einer Steuerung vegetativer Vorgänge sollte es auch die Steigerung der Gedächtnisleistung ermöglichen. Ich trainierte regelmäßig, am intensivsten vor dem Einschlafen.

Der Erfolg ließ lange auf sich warten, meine Geduld sollte jedoch belohnt werden. Von dem Moment an, als die ersten Erinnerungen blaß und bruchstückartig auftauchten, war der Bann gebrochen. Von Tag zu Tag und mit wachsender Geschwindigkeit schlossen sich mehr und mehr Erinnerungslücken, und knapp eine Woche nach dem Auftauchen der ersten vergessenen Inhalte waren meine Gedächtnislücken wieder vollends geschlossen.

Ich hatte gut daran getan, Arnold nichts davon zu erzählen, denn mit zunehmendem Erinnerungsvermögen kristallisierte sich eine beunruhigende Erklärungsmöglichkeit meines Unfalls und seiner Folgen heraus: Es war kein Unfall gewesen!

Man hatte gezielt alles anscheinend Bedrohliche aus meinem Bewußtsein verdrängt und den Unfall als unverfängliche Erklärung arrangiert. Die Macht DER ANDEREN schien unerklärlich weit zu reichen, aber sie war nicht grenzenlos.

Der ›Unfall‹ ereignete sich unmittelbar nachdem ich die Briefe geschrieben hatte – welche übrigens unauffindbar blieben. Sie wollten die Aufdeckung meiner Vermutungen verhindern, und das für immer. Ihre Methode war genial, aber nicht perfekt. Ihre Macht hatte Lücken, eine Lücke zumindest: sie konnten nicht Gedanken lesen!

Nur ein Wort zu Arnold, und sie hätten von meinen wiederkehrenden Erinnerungen gewußt. Die autogenen Übungen selbst hatten mich nicht verraten, denn für einen Beobachter schien ich nur zu dösen oder zu schlafen. Oder – konnten sie auch Gedanken lesen, wußten sie um mein zurückgekehrtes Wissen, und sollte alles nur eine Warnung gewesen sein?

Doch mit der Zeit wuchsen die Zweifel; entbehrten meine Spekulationen nicht vielleicht doch jeglicher Realität? Konnte man nicht alle Vorgänge auch ganz normal erklären? Je länger ich darüber nachdachte, desto mehr war ich von letzterem überzeugt.

Es wäre einfach gewesen, mir Gewißheit zu verschaffen. Ich tat es nicht; meine Zweifel erschienen mir zu gering. Heute weiß ich, daß ich mir nur nicht die Angst vor dem Risiko eingestehen wollte. Ich verdrängte meine Zweifel, sprach mit niemandem über meine Spekulationen und begann mit der Zeit die ganze Sache zu vergessen.

Die folgenden Jahre waren durch wissenschaftliche Erfolge gekennzeichnet. Meinem Team war die erste zufallsfreie aufsteigende Leptonen-Transformation geglückt: die Elektron-Neutrino-Elektron-Transformation. Kurze Zeit später gelangen uns sogar die komplizierteren Lepton-Meson- und sogar Lepton-Baryon-Transformationen. Unser Ziel war die zufallsfreie Materialisation masseloser Quanten, um die kontrollierte Energie-Materie-Transformation zu realisieren. Ich erwähne unsere Forschungsergebnisse an dieser Stelle, weil ich annehme, daß sie zum Verständnis der Zusammenhänge von Wichtigkeit sein könnten.

Ungefähr zwei Jahre nach meinem vorübergehenden Gedächtnisverlust geschah etwas, das all meine damaligen Spekulationen über DIE ANDEREN zu neuem Leben erweckte.

Ich begegnete John Burghardt.

Er verschwand jedoch zu schnell inmitten der Passanten, als daß ich ihn hätte ansprechen können. Ich konnte mich getäuscht haben, dennoch: ich war ganz sicher, daß ich Burghardt gesehen hatte.

War Burghardt gar nicht gestorben, war sein Begräbnis nur fingiert worden? Oder waren DIE ANDEREN gar fähig, Tote wieder zum Leben zu erwecken? Aber wozu das alles?

Ich überprüfte das Telefonverzeichnis. Es enthielt zwar einen Burghardt, aber keinen John Burghardt – aber was sollte das schon beweisen? Weitere Nachforschungen schienen mir entweder zu wenig erfolgversprechend oder zu risikoreich. Ich begab mich noch des öfteren an die Stelle, wo ich Burghardt gesehen hatte; meine Hoffnung, ihn wiederzusehen, schwand jedoch von Mal zu Mal. Trotz meiner anfänglichen festen Überzeugung, Burghardt wirklich begegnet zu sein, mehrten sich mit sinkender Hoffnung wiederum die Zweifel.

In dieser Situation – wir standen übrigens kurz vor dem Gelingen der ersten Photon-Lepton-Transformation – machte ich durch Zufall eine Entdeckung, die von größter Tragweite werden sollte.

Aus gesundheitlichen Gründen zog ich es seit jeher vor, zu Fuß zur Arbeit zu gehen. Vor zwei Wochen nun bemerkte ich, daß es mir auf meinem Weg zum Institut möglich war, bei jedem Schritt mit dem linken Fuß auf den Kopf meines Schattenbildes zu treten. Ich gehe nun seit Jahren denselben Weg zur gleichen Zeit, aber noch nie vermochte ich auf den Kopf meines Schattens zu treten, obwohl ich mich genau daran erinnere, es immer wieder versucht zu haben. Aber selbst mit größtmöglichen Schritten war es mir nicht einmal im Hochsommer gelungen. Heute hatten wir bereits den 24. September, und jeder Tag bewies es mir aufs neue. Ich ließ meine Schritte fast zu kurz geraten, und dennoch erreichte mein linker Fuß mühelos den Kopf meines seitlich verschobenen Schattenbildes.

Es gab nur zwei mögliche Erklärungen: Entweder haben Sonne und Erde ihre relative Position zueinander geändert, oder dieser Planet ist nicht die Erde. Eine Entscheidung zwischen diesen beiden Möglichkeiten erforderte zusätzliche Informationen.

Nur langsam wurde mir die Ungeheuerlichkeit meiner Entdeckung bewußt. Welch unbegreifliche Dinge schienen mit mir und um mich herum vorzugehen – und es gab keine Möglichkeit, auch nur mit irgend jemandem darüber zu sprechen. Bestand nicht vielleicht doch noch die Chance eines Irrtums?

Andererseits war da noch etwas. Fühlte ich mich nicht besser in letzter Zeit, fühlte ich mich nicht irgendwie stärker, oder – ja, das war es, ich fühlte mich leichter, obwohl sich mein Gewicht in den letzten Jahren nicht wesentlich geändert hatte. Sollte dies alles bloße Suggestion sein, oder hatte ich ein weiteres Indiz dafür, daß ich mich nicht mehr auf der Erde, sondern auf einem Planeten mit einer niedrigeren Schwerkraft als der irdischen befand?

Wo war ich, was hatte man mit mir vor?

Ich zwang mich, diese und weitere Fragen zurückzustellen. Es gab Mittel und Wege, um festzustellen, ob ich mich tatsächlich nicht mehr auf der Erde befand. Die Schwierigkeit bestand nur darin, meine Messungen so unauffällig wie möglich vorzunehmen.

Ich versuchte mein Glück auf dem Oktoberfest. Endlich fand ich sie, eine alte Schiffsschaukel, inmitten hochtechnisierten Motorscootern und Steilwandbahnen. Der Besitzer hatte wenig zu tun und es war leicht, mit ihm ein Gespräch über die gute alte

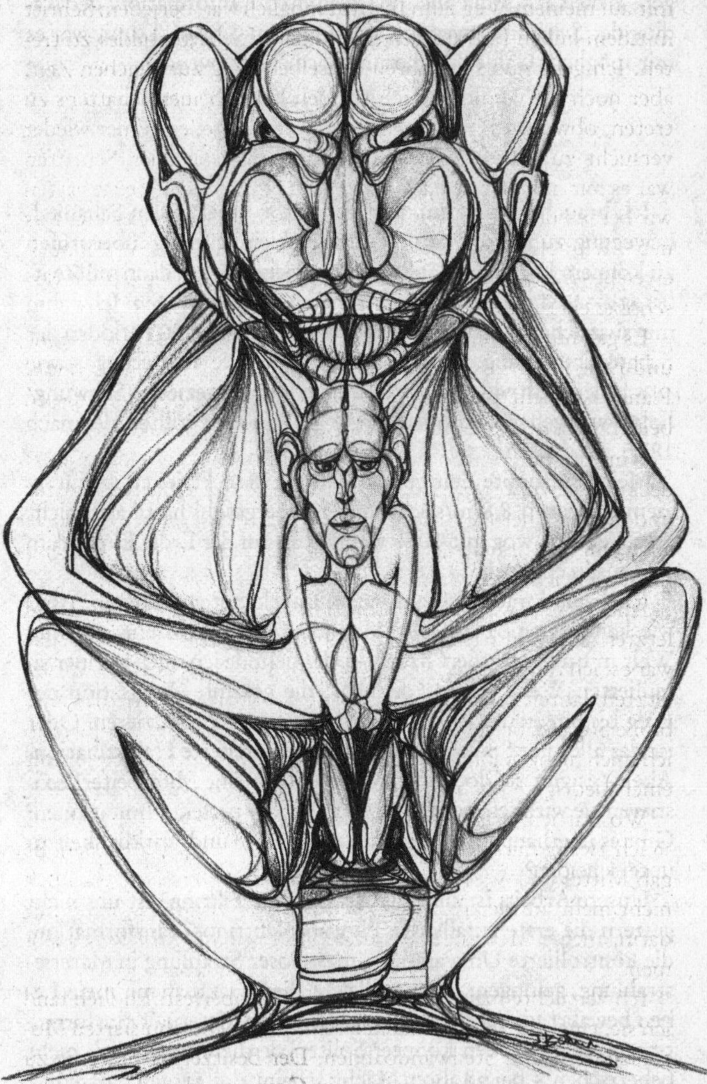

Zeit zu beginnen. Ich hörte ihm bereitwillig zu, und ohne zu fragen, erhielt ich schließlich die gewünschte Information: der Radius der Schaukelbewegung betrug genau 3,50 m. Damit war es mir möglich, Galileis Näherungsformel anzuwenden:

$$t \approx 2\pi \sqrt{\frac{l}{g}}$$

Ich brauchte wiederum nur die Zeit ›t‹ einer vollen Schaukelbewegung zu messen, um die Erdbeschleunigung ›g‹ überprüfen zu können. Die Pendellänge ›l‹ betrug jene 3,50 m, dann müßte ›t‹ bei ›g‹ = 9,81 m/sec^2 ziemlich genau 3,75 sec betragen. Ich nahm mir ausreichend Zeit, schaukelte selbst und maß 50 Perioden der Schaukelbewegung. Die Reibung durch die Halterung sowie durch den Luftwiderstand konnte ich durch gezieltes Schwungholen weitgehend kompensieren. 50 Perioden sollten demnach 187,5 sec dauern.

Meine gestoppte Zeit betrug jedoch 198 sec! Dies ergibt für ›g‹ ziemlich genau 8,8 m/sec^2! Mein Körpergefühl hatte also nicht getrogen. Ich wog gut 10 % weniger als auf der Erde. Ein Irrtum war ausgeschlossen.

Ich befand mich also auf einem unbekannten Planeten. Aber wie kann das möglich sein? Man kann doch nicht eine gesamte Welt mit mir evakuiert haben – oder befinde ich mich in einer simulierten Welt? Ist das denkbar, die gesamte Zivilisation der Erde bis hin zu den Menschen künstlich zu reproduzieren? Oder ist das alles nur Spuk, Wahrnehmung, gesteuerte Halluzination? Aber – es gibt sie doch, meine Freunde, meine Mitarbeiter! Existieren sie wirklich, sind es Menschen oder perfekte Imitationen? Gibt es überhaupt eine Möglichkeit, Traum und Wirklichkeit zu unterscheiden?

Unsere Arbeit, ist sie ebenfalls nur eine Fiktion? Ist uns nicht gestern die erste zufallsfreie Photon-Neutrino-Transformation, die kontrollierte Umwandlung masseloser Strahlung in Materiestrahlung, gelungen? Ist es vielleicht dies: Hat man mir mein Leben bewahrt, damit die steuerbare Energie-Materie-Transformation erreicht werden konnte? Sollten sie diese tatsächlich nicht beherrschen – bei all ihrer Macht scheint das ausgeschlossen!

Warum sitze ich hier und schreibe? Wieso ist Burghardt in dieser Marionettenwelt? Sind wir die beiden einzigen Menschen in diesem gigantischen Tollhaus? Wer ist noch Mensch, wer hat außer uns noch DIE ANDEREN erkannt?

Machtlos – wie recht er doch hatte.

Sie scheinen zu haben, was sie wollten. Vielleicht haben sie schon immer all meine Gedanken gekannt? Wie unsinnig, daß ich all dies niederschreibe.

Die Dinge verlieren ihren Sinn, und ihre Ursachen werden undurchschaubar?

Es gibt sie gar nicht, DIE ANDEREN, das ist der Grund!

Es könnte sie geben, sie sind nur Geist, reine Energie, die Transformation wäre tödlich für sie!!!

Sie wollten nur sie wollten – ich muß lösen auflösen – Transformation Diformation

formul findelkundgamatyhxcyb5 7 3 6 5182222222222222222

*D2 le + 4

222222222222222222222222222222222222222222222222222222

Das Hauptmotiv dieser Geschichte ist, wie schon der Titel andeutet, die zeitlose Frage nach dem Wesen der Liebe.

Obwohl die Liebe das meist behandelte Thema der Literatur sein dürfte, wußte es das phantastische Literaturgenre um eine Vielzahl weiterer Aspekte zu bereichern; wie: Liebesbeziehungen zwischen nichtmenschlichen Lebensformen, zwischen Menschen und Pflanzen- sowie Tierwesen, aber auch mehr oder weniger menschenähnlichen Maschinen.

Auch in der folgenden Kurzgeschichte geht es um die uralte Frage, warum jemand jemanden liebt, wobei eine, aller Voraussicht nach wohl nie Wirklichkeit werdende Zukunftsvision, dem Antwortversuch, paradoxerweise, mehr Plausibilität verleiht, als eine Beschreibung existierender Zustände.

Romeo und Julia

Die Tür stand offen.

»Komm nur herein.«

Der alte Mann sagte es, ohne sich umzudrehen. Das Mädchen schloß die Tür, ging zum Fenster und sah hinaus.

»Ich habe es gern, vom warmen Zimmer aus in den Regen zu sehen.«

»Regen macht mich traurig«, sagte das Mädchen, aber ihre Gedanken waren weit weg.

»Woran denkst du?« versuchte ihr der Alte zu helfen.

»An alles und an nichts«, war die ausweichende Antwort.

Der Alte fragte nicht weiter.

»Wie alt bist du eigentlich?«

»Manchmal weiß ich es selbst nicht mehr genau, aber die 130 werde ich bald erreicht haben.«

»Unglaublich«, entfuhr es dem Mädchen, und es hielt bestürzt inne.

»Rede ruhig weiter. Du meinst unglaublich, daß ein 10er so alt werden konnte. – Eigentlich hast du recht; für einen 10er bin ich ziemlich alt geworden.«

»Ich bin auch erst eine 15er.«

»Aber du bist noch sehr jung und wirst sicherlich noch eine 100er werden.«

»Das geht doch gar nicht«, belehrte ihn das Mädchen, »die Grenzen liegen bei 98 %, aber das weißt du ganz genau.«

»Für mich sind diese Dinge nicht mehr so wichtig, und deshalb vergesse ich sie leicht.«

Das Mädchen schien mit der nächsten Frage Mühe zu haben, sie zögerte ein klein wenig: »Macht es dir eigentlich etwas aus, ein 10er zu sein?«

Der Alte hatte im Laufe der Jahre nicht nur ein feines Gespür erworben, er hatte es auch behalten können. Das Mädchen hatte die Formulierung ›nur ein 10er‹ feinfühlig vermieden; obwohl es so empfinden mußte. Fragen enthalten oft viele Hinweise, man muß sie nur hören können.

»Macht es *dir* etwas aus, nur eine 15er zu sein?«

Das Mädchen sah ihn erstaunt und zugleich erleichtert an:

»*Mir* macht es eigentlich nichts aus – oder nur sehr wenig.«

Der Alte mußte nochmals nachhelfen:

»Dir nicht, aber –?«

»Ich glaube, ihm macht es etwas aus – wahrscheinlich sogar sehr viel.«

»Hast du ihn sehr gern?«

»Sehr.«

»Und warum sollte es ihm etwas ausmachen?«

»Er ist bereits ein 50er, und die meisten in meinem Alter sind schon 30er.«

»Weiß er, daß du eine 15er bist?«

»Natürlich nicht.«

»Du hast Angst, es ihm zu sagen ...«

»Ich kann es ihm doch nicht sagen, ich würde ihn verlieren.«

Der Alte streichelte dem Mädchen übers Haar: »Glaubst du nicht, daß er dich trotzdem lieben würde?«

»Glaubst du es denn?«

Voller Zweifel sah das Mädchen auf.

Die Augen des Alten glitten zurück zum Fenster. Es schien, als habe er ihre Frage nicht gehört; aber es schien nur so.

»Deine Frage kann ich nicht mit einem Wort noch in einem Satz beantworten«, er sprach leise und sehr langsam, »aber wenn du willst, werde ich dir eine Geschichte erzählen, die vielleicht eine Antwort auf deine Frage geben kann.«

Das Mädchen rückte noch ein wenig näher. Der Alte brauchte auf keine weitere Zustimmung zu warten und begann zu erzählen:

»Vor vielen Jahren, als das ungeheure Ausmaß der Katastrophe allmählich bekannt wurde, da ...«

»Welcher Katastrophe?«

»Aus unserer damaligen Sicht erschien es uns furchtbar, als in den siebziger Jahren die Krebserkrankungen mit steigender Geschwindigkeit zunahmen. 1975 starben etwa 28 % der Menschen an Krebs, 1985 waren es schon 35 % und 1995 bereits 52 %. Trotz größter Anstrengungen wurden die Krankheitsursachen nicht gefunden, und die konventionellen Behandlungsmethoden wie Operation, Bestrahlung und Chemotherapie erwiesen sich als zunehmend wirkungsloser. Den einzigen Ausweg schien letztlich die Ersatzteil-Chirurgie zu bieten. Allerdings war zu jener Zeit die Entwicklung von Ersatzorganen noch nicht allzuweit fortgeschritten. Obwohl sie einen enormen Aufschwung erlebte, war sie dennoch erst in den Anfangsjahrzehnten des 21. Jahrhunderts soweit, die Bevölkerung ausreichend mit Kunstorganen zu versorgen. Und dann geschah etwas Eigenartiges: Die Menschen begannen sehr bald den Wert solcher Ersatzteile höher zu bemessen, als den natürlicher Körperteile.«

»Wieso eigenartig; ein biotronisches Organ leistet nicht nur mehr, sondern es arbeitet auch zuverlässiger und abnutzungsfreier als ein natürliches!«

»Natürlich«, der Alte sprach nicht gerne über diese Dinge, »jedenfalls stellte man die Erforschung der Krebsursachen schließlich ganz ein und begann die Organe bereits vor der drohenden Erkrankung schrittweise durch biotronische zu ersetzen. Zuerst nur bei Erwachsenen, dann auch bei den Jugendlichen und heute schon bei Kindern.«

Das Mädchen konnte die wachsende Erregung des Alten nicht verstehen, und es wunderte sich, daß er ihr Dinge erzählte, die sie schon längst wußte; aber der Alte fuhr unbeirrt fort:

»Das prozentuale Volumenverhältnis von biotronischem Organ- zum Gesamtkörpervolumen, der sogenannte ›Biotronische Index‹, wurde schließlich zum entscheidenden Prestigefaktor. – Du hast recht, ein 100er kann man nicht werden, weil das Gehirn des Menschen nicht – oder sollte ich besser ›noch nicht‹ sagen – ersetzt werden kann.« Der Alte schüttelte den Kopf, als könne er damit lästige Gedanken verscheuchen, und es dauerte eine Weile, bevor er weiter erzählte:

»In jener Zeit nun, als die Menschen noch in Häuserreihen aus Stein lebten und die historische Technologie noch Ersatzteilchirurgie genannt wurde; in jener Zeit verliebte sich ein junger Mann auf eine nicht alltägliche Weise in ein wunderschönes Mädchen. Er hatte ein Bild gemalt – vielleicht nicht einmal ohne Talent –, das Bild einer jungen, schönen Frau, die nur in seiner Phantasie existierte. Er ging oft spazieren, setzte sich in Parks und erträumte sich eine Welt, wie er sie haben wollte. Mit geschlossenen Augen in der Sonne sitzend, bemerkte er eines Tages, wie sich jemand neben ihn setzte. Er öffnete die Augen, schloß sie gleich wieder, öffnete sie ganz langsam erneut und konnte es noch immer nicht glauben; das Mädchen, das seiner Phantasie entsprungen war, saß wie aus dem Bilde geschnitten neben ihm. Er sah sie unentwegt an: ›Ich habe dich gemalt, aber in Wirklichkeit bist du noch viel schöner‹, sagte er zu ihr. ›Wie kannst du mich gemalt haben, ich habe dich noch nie gesehen‹, das Mädchen war verwirrt; denn der junge Mann gefiel ihr. ›Komm mit‹, sagte er, ›ich zeige dir das Bild.‹ Sie schüttelte den Kopf, obwohl sie eigentlich zustimmen wollte. ›Dann warte auf mich‹, sagte er, ›ich hole das Bild.‹ Er sprang auf und während er davonstürzte rief er noch: ›Du mußt auf mich warten, versprich, daß du auf mich wartest.‹ Er war bereits hinter der Parkmauer verschwunden, als sie fast unmerklich den Kopf schüttelte. Die kommenden Wochen ging er jeden Tag in den Park, setzte sich stundenlang auf die Bank und wartete in der Hoffnung, das Mädchen wiederzusehen. Es vergingen viele Wochen, und schließlich kam doch noch der Tag. Sie war erstaunt, ihn wiederzusehen und noch erstaunter, als sie erfuhr, daß er jeden Tag seit damals auf sie gewartet hatte. Doch als er hinzufügte, daß er sich unsterblich in sie verliebt habe, da stand sie unvermittelt auf und lief weg, ohne auch nur ein Wort gesagt zu haben. Dem jungen Mann gelang es jedoch, ihr unbemerkt zu folgen, und er fand heraus, wo sie wohnte und wer sie war. Immer wieder führte er scheinbar zufällige Begegnungen herbei, und ebensooft wurde er durch ihre ablehnende Haltung enttäuscht. Er befürchtete schon, sie liebte einen anderen, aber nie, daß er sie mit jemandem gesehen hätte; und so fuhr er fort, sich um sie zu bemühen. Nach Monaten gelang es ihm endlich – zumindest sah es für ihn so aus –, das Mädchen zu erobern; denn an jenem Abend, als sie ihn zum erstenmal küßte, gestand sie ihm, daß sie sich schon beim ersten Treffen auf der Bank im Park in ihn verliebt hatte. ›Warum dann all das?‹ hat er sie gefragt. ›Weil ich mich nicht verlieben darf.‹ ›Und warum nicht?‹ ›Weil ich weiß, daß ich deine Liebe verlieren werde!‹ Er aber nahm sie in die Arme und sagte: ›Es gibt nichts, was meine Liebe zu dir zerstören könnte.‹ Sie entzog sich sanft aber bestimmt seiner Umarmung und sah ihm in die Augen, während sie sprach: ›Du weißt, wer ich bin, und du weißt auch, wer mein Vater ist. Vor drei Jahren‹, sie schluckte mehrmals, bevor sie weitersprechen konnte, ›vor drei Jahren hatte ich einen schweren Unfall; mein Wagen wurde von einem Zug erfaßt. Man sagte mir später, daß der Wagen und ich in ihm von dem Zug mitgeschleift und zermalmt worden sind. Ich, das heißt das, was von mir übriggeblieben war, wurde an Ort und Stelle eingeeist und in das nahegelegene Labor meines Vaters gebracht. Mein Vater war vor die schwere Entscheidung gestellt, mein unbeschädigtes Gehirn absterben zu lassen oder zu versuchen, einen fast vollständig künstlichen Körper für mich zu schaffen.‹ Er hielt ihrem Blick tapfer stand und sagte so ruhig er es vermochte: ›Erzähl bitte weiter.‹ Es fiel ihr sichtlich schwer weiterzusprechen: ›Meine Wirbelsäule war zu 80 % zerstört, und ähnlich stand es um meinen restlichen Körper. Mein Vater entschied sich für den Versuch, meinen Körper neu zu schaffen, wie es bis dahin nur bei Zwergschimpansen gelungen war. Er war der erste gewesen, der solche Versuche gewagt hatte.‹«

Der Alte wandte sein Gesicht dem Mädchen zu:

»Du kennst sicherlich seinen Namen.«

»Der erste biotronische Total-Ersatz bei Menschenaffen? Gelang der nicht Lanikov?«

»Ja.«

»Aber ich habe nie davon gehört, daß ihm auch ein Total-Ersatz bei einem Menschen gelungen sein soll.«

»Hättest du es an seiner Stelle bekanntgegeben?«

»Unbedingt; er durfte seine großartige Leistung und vor allem diesen ungeheuren Fortschritt für die Menschheit doch nicht verheimlichen!«

»Aus heutiger Sicht magst du recht haben, aber damals ... Vieles was dir bewunderungswürdig erscheint, war damals eher verachtenswert.«

»Ich verstehe dich nicht.«

»Hab noch ein wenig Geduld, du wirst mich verstehen, wenn ich mit der Geschichte zu Ende bin«, sagte der Alte. Er sah wieder aus dem Fenster und fuhr in seiner Erzählung fort:

»Dem Mädchen fiel es – wie gesagt – sehr schwer, über all das zu sprechen; aber der junge Mann wollte alles wissen. Lanikov, so erfuhr er, schloß als erstes das Gehirn an einen künstlichen Blutkreislauf an, der – um einen Schock zu vermeiden – Medikamente enthielt, welche die Gehirnfunktion auf einem bewußtseinslosen Niveau hielten. Als nächstes verband er die rezeptorischen Areale der optischen Hirnregionen mit einem biotronischen Stereosensor für die elektromagnetischen Wellen des Lichtspektrums, sowie dem entsprechenden Impulskonverter. Nach Absetzung der Drogen erwachte das Bewußtsein wieder und konnte seine Umwelt visuell wahrnehmen. Lanikov erklärte seiner Tochter vorerst nur, daß sie einen Unfall erlitten habe, der zu einer Total-Lähmung führte, daß diese Lähmung jedoch wieder beseitigt werden könne.«

»Er mußte sich über Geschriebenes mit ihr verständigen. Warum hatte er nicht als erstes einen biotronischen Vocoder implantiert?« fragte das Mädchen.

»Die Entwicklung künstlicher Werkzeuge zum Sprechen und zum Sprachverständnis war längst noch nicht so weit fortgeschritten, da für diese Ersatzteile im Tierexperiment nur eine unzureichende Versuchsbasis bestand und weil durch die Wiederherstellung der visuellen Wahrnehmungsfähigkeit die Gefahr eines Schadens durch Stimulationsdefizite erheblich gemindert werden konnte.«

Das Mädchen nickte. Die Antwort schien es zu befriedigen. Der Alte wußte, daß seine Zuhörerin dieser Teil der Geschichte sehr interessierte; deshalb bemühte er sich, ihn so detailliert wie möglich zu schildern; doch der Klang seiner Stimme und die Wahl seiner Worte verrieten die Anstrengung.

»Als nächstes erfolgte die Anpassung eines servo-mechanisch bewegbaren Körpergerüstes, das durch einen Konverter motorischer Hirnimpulse gesteuert wurde, wobei selbst das Problem der kinästhetischen Rückkopplung von Lanikov befriedigend gelöst werden konnte. Dieses Gerüst wurde mit einer Hautplastik, in der biotronische Rezeptoreinheiten mit Temperatur-, Druck-, und Vibrationsfühlern eingelagert waren, in perfekter Körpergestalt überzogen.«

Das Mädchen unterbrach ihn: »Wie wurde die Körpertemperatur geregelt; welcher Energieerzeuger oder Speicher wurde verwendet; und wie ...«

»Langsam, langsam«, unterbrach der Alte ihre ungeduldigen Fragen: »Ich glaube, die Körpertemperatur wurde elektrothermisch geregelt, und als Energieerzeuger verwendete Lanikov aufladbare Miniaturakkumulatoren; aber genau kann ich dir diese Dinge nicht beschreiben. Ich befürchte, daß ich überhaupt keine deiner Fragen befriedigend beantworten kann. Zum Glück ist für meine Geschichte eigentlich nur wichtig zu wissen, daß es Lanikov und seinen Mitarbeitern tatsächlich gelungen war, einen neuen Körper für das erhaltene Gehirn seiner Tochter zu schaffen.«

Das Mädchen hätte noch so vieles fragen und wissen wollen, etwa wie das Problem der Gehirnversorgung gelöst wurde; ob Lanikov bereits alle natürlichen Körperfunktionen wie Atmen und Sauerstoffresorption, wie Essen und Nahrungsverwertung simulieren konnte – aber es fragte nicht.

»Dabei war es trotz aller Schwierigkeiten nicht einmal das größte Problem, dem Gehirn wieder einen funktionstüchtigen Körper zu verleihen, sondern den Schock für ein menschliches Bewußtsein erträglich zu machen, daß es plötzlich in einer neuen, künstlichen Körpergestalt leben sollte.«

Der Alte hatte den erstaunten Blick des Mädchens erwartet und fuhr fort: »Damals, ja ob berechtigt oder nicht, empfand man den natürlichen Körper noch als den wertvolleren. Ich spreche absichtlich von ›empfinden‹, denn bei neuen Dingen überwiegen zuerst die Gefühle und nicht das vernünftige Denken. Ich selbst bin noch nicht frei von diesen Emotionen, aber zumindest so frei, daß ich die Vernünftigkeit deiner Argumente bezüglich der Überlegenheit des biotronischen Körpers nicht leugne. Verstehst du, was ich sagen möchte?«

Das Mädchen nickte, und der erstaunte Ausdruck auf ihrem Gesicht hatte sich in Nachdenklichkeit gewandelt. Es fragte:

»Wie war es möglich, den Schock für sie erträglich zu machen?«

»Lanikov wählte den Weg der kleinen Schritte. Zuerst ließ er seine Tochter glauben, daß er nur Teile ihrer Haut durch künstliche ersetzen mußte. Mit der Zeit begann sie sich zu fragen, wie groß diese Teile wohl sein mochten, ja, ob es nur Teile waren; denn nirgends konnte sie Narben oder Übergänge entdecken. Der wachsende Zweifel zwang sie zur Auseinandersetzung mit der Vorstellung: Was wäre, wenn nun meine ganze Haut künstlich ist. All dies geschah nicht von heute auf morgen; der Prozeß des fortschreitenden Zweifels, damit verbunden die wachsende Erkenntnis und vor allem deren Annahme wurden vom Vater fast unmerklich für seine Tochter mitbeeinflußt. So gelang es Schritt für Schritt, das ungeheure Ausmaß der Veränderung für das Bewußtsein des Mädchens erträglich zu machen.«

Der Alte hielt inne, als wüßte er nicht, wie er weitererzählen sollte.

»Sie hat es falsch gemacht, nicht wahr?«

Diese Frage schien den Alten wieder zurückzuholen:

»Was hat sie falsch gemacht?«

»Sie hat ihm doch alles erzählt, so wie du mir.«

»Du meinst, sie hätte es ihm verschweigen sollen?«

»Nein – ich meine, sie hätte es wie ihr Vater tun sollen. Sie hätte ihm die Möglichkeit geben müssen, sich langsam an die Situation gewöhnen zu können.«

»Eigenartig«, sagte der Alte, »daß mir dieser Gedanke noch nie gekommen ist.«

Gedankenverloren aus dem Fenster sehend begann er weiterzuerzählen:

»Nachdem der junge Mann alles erfahren hatte, wollte er ihr durch einen Kuß bedeuten, daß sich für ihn nichts geändert hätte; da sie jedoch den Kopf nicht hob, küßte er sie nur auf die Stirn. Doch bevor seine Lippen ihre Haut berührten, bemerkte er, wie er leicht zögerte. Zu Hause dachte er lange nach, und er kam zu dem Schluß, daß sich Liebe letztlich auf das Wesen des anderen richte; äußere Dinge wie der Körper oder das Verhalten sind letztlich unwichtig, haben vielleicht mit Verliebtheit zu tun, aber nichts mit der eigentlichen Liebe.«

Das Mädchen nickte und glaubte zu verstehen, warum ihr der Alte die Geschichte erzählte, doch dieser war noch nicht an deren Ende angelangt:

»Trotz dieser Überlegungen fühlte sich der junge Mann durch die Vorstellung, daß sie einen künstlichen Körper habe, gestört, vor allem, wenn er zu ihr zärtlich sein wollte. Aber er sagte sich, das wird schnell vergehen, und zu ihr sagte er, daß man ja eigentlich das Wesen des anderen liebe; und ohne es zu wollen bestärkte er dadurch ihre Befürchtung, daß ihn ihr Körper mehr störte, als er sich eingestehen mochte.

Eines Tages fragte sie ihn, wie er sich fühle, wenn er ihren Körper liebkose. Er log zum erstenmal: ›Ich denke überhaupt nicht daran, ob er künstlich ist oder nicht. Du bist wunderschön, und ich liebe dich so wie du bist.‹ Er war davon überzeugt, sie wirklich zu lieben, aber er hatte sich immer noch nicht an die Vorstellung ihres künstlichen Körpers gewöhnen können. Im Gegenteil: Wenn er sie küßte, versuchte er zu erspüren, ob sich ihre Lippen und ihre Zunge nicht vielleicht gummiartig anfühlten. Das Mädchen versuchte seinen Versicherungen zu glauben, weil sie ihnen glauben wollte, und so kam es, daß sie sich auch körperlich liebten. Ihr perfekter Körper war nicht nur zum Vollzug der Liebe, sondern auch zum Orgasmus fähig. Mit jeder geschlechtlichen Begegnung wuchs ihre Hoffnung, daß die Künstlichkeit ihres Körpers doch kein unüberwindliches Hindernis für ihre Beziehung darstellte. Der Schein trog. So sehr sich der junge Mann auch bemühte, die störenden Vorstellungen wurden nicht schwächer, im Gegenteil, wenn er sie streichelte, dachte er immer häufiger: Ich berühre synthetische Haut, in die Elektroden eingelagert sind, unter der künstliches Blut fließt. Und wenn er sie liebte, fragte er sich: Wie mögen wohl die Regelkreise zur Steuerung der Temperatur und der Feuchtigkeit funktionieren; und schließlich fragte er sich sogar, worin eigentlich der Unterschied zum Coitus mit einer Sexpuppe bestehe. Solche Gedanken und Vorstellungen erweckten zunehmend Schuld- und Angstgefühle in ihm, und damit begann seine Potenz zu schwinden. Er versuchte es mit allen möglichen Mitteln zu verhindern, aber je stärker er sich um eine Erektion bemühte, desto weniger reagierte sein Penis.

Beide waren sehr traurig über diese Entwicklung, und er versuchte sie zu trösten, indem er von der wahren Liebe sprach, für die das Geschlechtliche nur Zutat sei. Sie widersprach ihm nicht, obwohl sie es besser wußte. Eines Tages jedoch, nachdem sich mehr und mehr Unsicherheit in seinem Verhalten ihr gegenüber gezeigt hatte, sagte sie: ›Du willst mich zwar lieben, aber die Abscheu vor der Künstlichkeit meines Körpers macht es dir unmöglich. Vielleicht gibt es jene abstrakte Liebe, von der du immer gesprochen hast, aber es gibt sie nicht für uns, weil wir leider oder Gott sei Dank noch nicht reif genug, vielleicht auch nur noch nicht alt genug sind.‹ Er wußte, daß er ihr nicht widersprechen konnte; dennoch tat er es, denn er wußte auch, daß sie die Beziehung aufgeben wollte.«

Das Mädchen hatte mit wachsender Verwirrung zugehört; sollte ihr diese Geschichte nicht einen Ausweg aus all ihren Ängsten zeigen? Und nun waren ihre Befürchtungen und Zweifel noch verstärkt worden. Es wollte etwas sagen, aber es fand nicht die richtigen Worte und begann lautlos zu weinen.

Der Alte hatte von all dem nichts bemerkt; denn schon seit einer Weile erzählte er mit geschlossenen Augen:

»Wenige Tage nach jenem Gespräch geschah der Unfall. Beim Überqueren einer Straße wurde sie von einem Auto erfaßt und so unglücklich zu Boden geschleudert, daß ihr zerebrales Versorgungsgerät beschädigt wurde. Bei der Bewußtlosen fand man eine Karte mit dem Hinweis, daß bei einem Unfall sofort Professor Lanikov zu verständigen sei. Trotz des schnellen Transports in das Laboratorium ihres Vaters mußten auf Grund der mangelhaften Sauerstoffversorgung des Gehirns irreversible Schäden befürchtet werden. Es gelang dem Vater zwar, seine Tochter am Leben zu erhalten, aber es gelang ihm nicht, ihr das Bewußtsein wiederzugeben.

Der junge Mann besuchte sie täglich; saß stundenlang an ihrem Bett und wiederholte immer wieder – obwohl er wußte, daß sie ihn nicht hören konnte – wie sehr er sie liebe. Er küßte ihr Gesicht, ihre Hände, er küßte sie ohne das geringste Gefühl von Fremdartigkeit. Er hielt sie ganz sanft und vorsichtig in seinen Armen, und er küßte unendlich zärtlich ihren Mund, als könne er sie damit zu neuem Leben erwecken ...«

Der alte Mann sprach nicht weiter.

Das Mädchen streichelte seine Hand, und als er ihre Frage, ob sie je wieder aufgewacht sei, schweigend kopfschüttelnd verneinte, gab sie ihm einen Kuß auf die Wange und sagte:

»Du mußt sie sehr lieb gehabt haben.«

Das Mädchen stand auf, denn es glaubte, daß der alte Mann alleine sein wollte; doch an der Tür drehte es sich noch einmal um:

»Ich werde ihm sagen, daß ich nur eine 15er bin.«

Der alte Mann hob die Hand, als wollte er noch etwas sagen, aber das Mädchen war bereits gegangen.

Cleve Cartmill, der 1964 verstorbene amerikanische SF-Autor, wird immer wieder als Paradebeispiel für die futurologische Potenz der SF zitiert, weil seine 1944 erschienene Story »Deadline« eine derart detaillierte Beschreibung der Atombombe enthielt, daß das FBI argwöhnte, Cartmill hätte Zugang zu dem streng gehüteten »Manhattan-Projekt«, der Entwicklung der ersten Atombombe gehabt.

Ich erachte – wie wohl die meisten heutigen SF-Autoren – die Prognosefähigkeiten der Science Fiction für ziemlich gering und darüber hinaus auch gar nicht für wichtig. Viel wichtiger erscheint die Auseinandersetzung mit gegenwärtigen Gegebenheiten und deren vermuteten Entwicklungsmöglichkeiten, zum Schlechten wie zum Guten.

Wie jedoch der Zufall spielt, habe auch ich ein Phänomen beschrieben, das kurze Zeit nach Fertigstellung der Geschichte, unter dem Begriff »EMP« (electromagnetic pulse) bekannt wurde: Die begründete Befürchtung, daß bei einer Massierung von Atomschlägen die elektromagnetischen Übertragungswege weitgehend gestört oder gar völlig unterbrochen werden, so daß eine Kontrolle atomarer Waffen durch nukleare Leitzentralen unmöglich wird und Fehlauslösungen nicht auszuschließen sind. Überdies habe ich auch beschrieben, wie man trotz solcher nuklear bedingten elektromagnetischen Stürme die Kontrolle über den Einsatz von Nuklearwaffen zu behalten versuchen könnte. (Ob dieses Verfahren jedoch tatsächlich praktiziert wird, weiß ich nicht.)

Leider besteht wenig Aussicht, daß ein FBI-Mitglied je meine Geschichte zu Gesicht bekommt, und noch weniger, daß sie dadurch berühmt werden könnte.

Du sollst nicht töten

IA

München:

Der Vorschlag, eine Geschichte gegen den Krieg zu schreiben, gefiel ihm auf Anhieb, und der geplante Urlaub in den USA schien ihm eine geeignete Gelegenheit, ihn in die Tat umzusetzen. Die Sache hatte allerdings einen kleinen Haken; der Herausgeber wollte die Story schon Anfang September haben. Dieser Termin war unmöglich einzuhalten, da er erst Mitte September wieder zurück sein würde. Das Manuskript mußte dann noch getippt werden, doch obwohl ihn eine Menge Arbeit erwartete, hoffte er, noch vor Anfang Oktober, die Geschichte einschicken zu können.

Autoren scheinen ihren Zeitbedarf häufig zu unterschätzen, wie ließe es sich sonst erklären, daß Herausgeber in der Regel vorzeitige Abgabetermine ankündigen. Also schrieb er dem Herausgeber, sagte ihm die Geschichte für Ende September zu, und dieser war einverstanden.

Am 13. August packte er seine Sachen, wählte überflüssigerweise, aber dennoch mit Bedacht, geeignete Schreibutensilien (die an jeder Straßenecke erhältlich sein würden) und bestieg am 14. August, ein wenig mißgelaunt wegen der streikbedingten Flugverzögerung, die DC 10.

IB

Etwa um die Zeit, als Jesus Christus auf dieser Erde weilte, überschritt es die unsichtbare Grenze des Einzugsbereichs unserer Sonne.

Es war klein, geradezu unscheinbar, aber es war von anderer, ganz anderer materieller Struktur, als jene unseres Sonnensystems.

IC

Nach der Polaris-Klasse kam die Poseidon-Klasse und nach ihr die Trident-Klasse. Im Sommer ist das erste Trident-Boot der US-Marine überstellt worden, die *Ohio*.

Fast 1,5 Milliarden D-Mark soll es gekostet haben.

Bestückung: 24 Raketen mit je 10 Atomsprengköpfen. Jeder mit der achtfachen Stärke der Hiroshima-Bombe.

240 Ziele also, die atomar belegt werden können.

Hauptunterschied zur Polaris- und Poseidon-Klasse: Autonome Abschußmöglichkeit durch die U-Boot-Besatzung.

II A

New York:
Die Maschine landete mit dreieinhalb Stunden Verspätung.

New York faszinierte ihn, aber er fühlte sich hier nicht zu Hause. Er fand die Stadt weder bedrohlich noch bedrückend, auch nicht Manhattan, was jedoch weniger an New York lag als an seinem Bruder, der schon seit fast 15 Jahren hier lebte. Dieser fühlte sich hier zu Hause, und seine Sicherheit hätte auch diesmal dem Neuankömmling den Weg geebnet, die Monströsitäten von New York ohne Scheu zu genießen, wären da nicht die Umbauarbeiten gewesen. Er hatte von ihnen gewußt, und der Gedanke, daß sein Bruder die meiste Zeit mit den Handwerkern beschäftigt sein würde, hatte ihn in keiner Weise gestört. Im Gegenteil, er wollte ja schreiben.

Die Dinge entwickelten sich allerdings anders, als er es erwartet hatte; zumindest, was das Schreiben anging.

Zuerst einmal benötigte er einige Tage, um sich zu akklimatisieren und vor allem, um sich auszuruhen.

Erst am Morgen des vierten Tages, noch im Bett liegend, konzentrierte er sich auf die Geschichte, machte er sich erste Notizen.

II B

Obwohl es sich im Laufe vieler Jahre ständig der Sonne genähert hatte, war seine Geschwindigkeit nach wie vor unverändert: 325 Kilometer pro Sekunde.

Fast 2000 Jahre mußten vergehen, bis es nicht mehr weiter von der Sonne entfernt war, als ihr neunter Planet. Aber es benötigte nur ein halbes Jahr, um in die Nähe der Jupiterbahn zu gelangen.

II C

Die US-Navy stellt zweifellos hohe Anforderungen an den Rang eines Marineoffiziers, aber noch unvergleichlich höhere, um das Kommando über eines ihrer U-Boote zu erhalten.

Der Kommandant der *Ohio* hatte nicht nur das Kapitänspatent mit Auszeichnung bestanden, er war auch einer der wenigen, die das umfangreiche psychologische Testprogramm ohne Karriereabstriche überstehen konnte. Drei Jahre hatte er ein Polaris-Boot kommandiert, vier weitere eines der Poseidon-Klasse. Vieles hatte er seiner Karriere geopfert, er hatte sogar darauf verzichtet zu heiraten.

Bereits vor sechs Monaten war ihm das Kommando über die *Ohio* avisiert worden, dem ersten U-Boot der Trident-Klasse.

Noch vor ihrem Stapellauf begann die übliche Prozedur, nur länger als bei den ersten beiden Malen: Einen ganzen Monat Trockentraining und zahllose Sicherheitseinweisungen, anschließendes Seetraining mit Langtauchfahrten und immer wieder Übung des Ernstfalls. Endlich vier Wochen Landurlaub, und dann der erste Einsatz.

Heute, am 18. August waren sie bereits drei Tage unterwegs, unterwegs zu jenem entfernten Operationsgebiet, das nur den Offizieren bekannt war. Drei Tage waren wenig im Vergleich zu vier Monaten; aber noch waren die Erwartungen hochgesteckt, noch herrschte das Gefühl von Freude und Stolz, zur Besatzung der *Ohio* zu gehören.

III A

New York:

Nun war er schon fast eine ganze Woche in New York, aber das Gefühl, schreiben zu wollen und zu können, wollte sich einfach nicht einstellen; geschweige denn eine zündende Idee.

Am Donnerstag zwang er sich schließlich an die Maschine, in der Hoffnung einen geeigneten Beginn zu finden. Überraschenderweise gelang es ihm abzuschalten und einige erste Sätze zu formulieren:

»Der Mensch an sich ist böse, soll ein Weiser vor vielen Jahrhunderten gesagt haben, und seitdem haben es auch andere gesagt. Der Mensch an sich ist gut, soll ein anderer Weiser ebenfalls schon vor langer Zeit behauptet haben, und viele haben auch dies wiederholt.

Unsere Erfahrung scheint beide zu bestätigen, doch die Logik verbietet uns, beiden Recht zu geben: nicht jedoch, beide ins Unrecht zu setzen.

Gute Menschen scheinen den einen zu widerlegen, und böse den anderen. Ein Widerlegen ist jedoch nicht möglich.

Böse Menschen, sagen die einen, können zu guten werden, und gute Menschen, sagen die anderen, können zu bösen werden.

So blieb die zweigeteilte Meinung von Bestand, gefolgt von einer dritten, die besagt: Der Mensch ist weder noch, er wird es erst.«

Alle Vorschläge zur Verhinderung von Kriegen ließen sich womöglich auf eine dieser drei Grundpositionen zurückführen, und er fragte sich, ob er vielleicht versuchen sollte, die existierenden Strategien unter diesem Gesichtspunkt zu analysieren, um eine bessere, als die bestehenden, zu entwickeln.

Es dauerte nicht allzulange, bis ihm die Naivität, ja Überheblichkeit seines Vorhabens bewußt wurde.

Am 21. August, dem Tag an dem er New York verließ, um Alan in Philadelphia zu treffen, mit dem er die kommenden zweieinhalb Wochen in dessen Strandhaus auf Long Beach Island verbringen wollte, war er mit seiner Geschichte noch immer keinen Schritt weitergekommen.

III B

Es war viel zu klein – keine hundert Meter betrug sein Durchmesser – als daß man es mit einem Teleskop hätte entdecken können, und seine hochenergetische Strahlung wurde von der Erdatmosphäre verschluckt.

Nur ein Spezialsatellit für den Empfang von Röntgen- und

Gammastrahlen hätte es entdecken können, aber da war keiner, der nach ihm suchte.

III C

Ab und zu ein russischer Trawler; das war alles.

Die anfängliche Euphorie und Hektik war längst verflogen. Alltagsroutine und Langeweile begannen sich breit zu machen, sowie die Sehnsucht nach Sonnenlicht und Erdboden unter den Füßen.

Täglich zweimaliges Überprüfen der Sicherheitssysteme, täglich einmaliger Alarm zum Tieftauchen, anfänglich ohne vorherige Ankündigung, später nurmehr zu vorbestimmten Zeiten.

Auch heute, am Freitag, den 21. August, beendete der Kommandant seinen kurzen Bericht auf dem Log-Recorder mit der stereotypen Bemerkung: Ansonsten keine besonderen Vorkommnisse.

IV A

Harvey Cedars:

Samstags waren sie angekommen. Sonntags wurde erzählt, gesegelt und gegessen; für die Arbeit an der Geschichte blieb keine Zeit.

Ab Montag wollten sich beide an die Arbeit machen; Alan an seinen Artikel über die Behandlung der Agoraphobie, und er an seine Geschichte. Nach einer Stunde gab der erste auf, eine halbe Stunde später der andere. Der eine hatte ganze drei Zeilen geschafft, der andere fünf. Den restlichen Tag verbrachten sie mit Einkäufen, essen und lesen, durchbrochen von Spaziergängen am Strand.

Dienstagmorgen wachte er früher auf als an den vorangegangenen Tagen.

›Der Krieg an sich ist böse‹, wenn er sich recht erinnerte, hatte Gabriel Marcel mit diesen einfachen, überzeugenden Worten seine Rede begonnen. Jene Rede, die er vor rund zwanzig Jahren, anläßlich der Verleihung des Friedenspreises des deutschen Buchhandels, gehalten hatte. An mehr erinnerte er sich allerdings nicht mehr.

Jeder Krieg ist böse, wiederholte er in Gedanken, doch das verursachte Leid potenzierte sich im Laufe der Geschichte. Schwerter, Lanzen und Pfeile wurden durch Pistolen, Gewehre und Kanonen ersetzt. Die Weiterentwicklung erfolgte in immer kürzeren Abständen. Die Armeen wurden motorisiert, chemische und biologische Kampfstoffe wurden entwickelt, dann folgten die Panzer, Kampfflugzeuge, U-Boote und Flugzeugträger. 9 Millionen Tote im Ersten Weltkrieg, 55 Millionen im Zweiten. Aber es war noch nicht genug. 1945 erhielt das Kriegshandwerk eine völlig neue Dimension, eine derart ungeheuerliche Waffe war verfügbar geworden, daß man fortan Kriege in zwei Kategorien unterteilte. Konventionelle Kriege schienen in gewisser Weise begrenzbar und kontrollierbar, bargen die Möglichkeiten zu gewinnen und zu verlieren. Für einen Atomkrieg scheint es in letzter Konsequenz nur einen Ausgang zu geben: Die Vernichtung des Aggressors wie des Verteidigers, womöglich auch der nichtbeteiligten Völker. Das Schlagwort vom ›Gleichgewicht des Schreckens‹ wurde erfunden. Gegen nukleare Waffen gibt es bislang keine und wird es wohl auch keine zureichende Verteidigung geben. Die Waffe ist dem Menschen über den Kopf gewachsen; täglich wächst unsere selbstverschuldete Hilflosigkeit, täglich liefern wir uns ihr mehr und mehr aus. Abrüstung scheint der einzig sinnvolle Ausweg, aber solange jeder jedem mißtraut, und vor allem keine rigorose Abrüstungskontrolle ermöglicht wird, bleibt dieser Ausweg Utopie.

Was könnte man tun, um diesen Teufelskreis ständiger Aufrüstung zu durchbrechen und der wachsenden Verbreitung nuklearer Waffen Einhalt zu gebieten?

Kernkraftwerke produzieren Plutonium-239, mittlerweile auch Uran-233, beide geeignet für den Bau von Fissionsbomben. Mehr und mehr Länder erschließen für sich, mit bezahlter fremder Hilfe, auch diese Energiequellen, und immer mehr Länder eröffnen sich hiermit die Möglichkeit, Fissionsbomben und womöglich auch die noch verheerenderen Fusionsbomben herzustellen. Noch immer dominieren kapitalistische Interessen die Angst vor der Gefahr, und es ist absehbar, wann nicht nur fünf oder sechs Nationen über Atombomben verfügen, sondern zehn oder zwanzig. Recht hat der Mächtige, und die Zahl der Mächtigen wächst mit der zunehmenden Verbreitung dieser Waffe, und mit ihr das unkalkulierbare Risiko selbstzerstörerischer Auseinandersetzungen.

Hierüber lohnte es sich, eine Geschichte zu schreiben, dachte er, aber hierzu benötigte er Unterlagen, die in Harvey Cedars nicht zu beschaffen waren.

Weder am Dienstag noch am Mittwoch sollte es ihm gelingen, einen Ausweg aus dieser Sackgasse zu finden.

IV B

Am Mittwoch, dem 26. August, hatte es sich der Sonne bis auf weniger als 600 Millionen Kilometer genähert.

Der zu durchquerende Asteroidengürtel war in dieser Region besonders dicht, und es hätte nicht viel gefehlt, und einer der Planetoiden hätte seiner langen Reise ein Ende gesetzt. In nur sieben Kilometer Entfernung passierten sie einander; ganze zwei Hundertstel Sekunden waren es, die eine Kollision verhinderten.

IV C

Der kleine, jedoch vielfältig ausgestattete Sportraum wurde nur von wenigen genutzt. In der verhältnismäßig geräumigen Kantine hingegen waren selten weniger als zwei Drittel der Freihabenden anzutreffen. Dort vertrieben sich die meisten ihre Freistunden mit Kartenspielen; über ihre Sehnsüchte sprachen nur wenige, diese jedoch sehr lautstark. Die Mehrzahl versuchte sie erfolglos in jene elf Worte zu kleiden, die ihnen pro Woche als Nachricht an die Daheimgebliebenen gestattet waren.

Die Zeit verwandelt sich an Bord eines U-Boots in eine zunehmend zähflüssigere Masse. Der 26. August machte hierin keine Ausnahme. Ohne besondere Vorkommnisse zog er sich in die Länge, und alles deutete darauf hin, daß auch in den kommenden Wochen nichts Außergewöhnliches geschehen würde.

V A

Harvey Cedars:

Am Donnerstag verbrachte er die meiste Zeit am Strand.

Auf einer Steinbarriere sitzend, die weit ins Wasser ragte, um die Gewalt der ständigen Dünung zu brechen, beobachtete er das Anlaufen, Überschlagen und schließliche Ausrollen der gebrochenen Wellen. Stundenlang konnte er so sitzen, teils mit geschlossenen Augen, bemüht aus dem beruhigenden Rauschen unterschiedliche Geräusche herauszuhören. Das Kippen der Wellen klang anders, als ihr Schlag gegen die Felsbrocken, anders, als ihr Auslaufen auf Sand und ihr teilweises Versickern im Boden. Dazwischen kreischendes Gezänk der Möwen, hin und wieder ein langgezogener, melancholisch klingender Schrei.

Erst als Wind und steigende Flut Gischreste bis zu seinem Platz vortrieben, ging er zurück zum Strandhaus, das auf der anderen Seite der schmalen Insel, direkt an der Bai lag.

Alan saß mit geschlossenen Augen im Lotussitz auf der Holzveranda, offensichtlich Meditationsinstruktionen von einem Tonband folgend.

Leise ging er in sein Zimmer und legte sich aufs Bett: Durch das geöffnete Fenster vernahm er plötzlich eine Stimme, eine Frauenstimme.

> »Durch das Perineum treten wir in Kontakt mit der Mutter Erde, ihre Energie tritt in unseren Körper ein. Sie bewahrt uns vor Krankheiten und gibt uns Kraft. Konzentriere dich auf den Eintritt dieser Kraft, auf den Kontakt mit dem Energiefluß der Erde.«
>
> Es folgten einige Minuten des Schweigens.
>
> »Konzentriere dich nun auf das zweite Zentrum, das Sakrum. Stell dir ein Dreieck vor, ein nach unten gerichtetes Dreieck, in dessen Mitte ein Feuer brennt. Stell es dir vor. Öffne das zweite Zentrum dem Durchfluß der Energie.«
>
> Die folgenden Sätze verschluckte der auffrischende Wind.
>
> »Das dritte Zentrum ist der Nabel. Das Bild ist ein kleiner grüner Kreis. Der Ton, der dieses Zentrum öffnet ist ›oooommm‹.«
>
> Ihre Stimme klang kindlich und ein wenig fremdartig, aber dennoch fest und überzeugt, und ihr Gesang war klar und

sicher. Mehrmals wiederholte sie dieses langgezogene, weich ausklingende ›ooooommm‹.

»Das Bild ist wiederum ein Dreieck, dessen Spitze nach oben weist. Ein Dreieck gefüllt mit Sonne, mit gelbem, orangefarbenem Licht. Mit diesem Zentrum empfangen wir die Energien unserer Umgebung ... Konzentriere dich darauf auf dieses ... Der Ton ist ›ha-ha-ha-ha-ha-ha-ha‹.«

Die kraftvoll ausgestoßenen Silben übertönten den Wind, doch die folgenden Sätze wurden wiederum davongetragen.

»... Das fünfte Zentrum ist das Herz ... rosenfarbene Lichtstrahlen ... das Zentrum der Liebe, der positiven Energieströme zwischen den Menschen.«

Seine Gedanken begannen abzuschweifen, versuchten erfolglos einer aufkeimenden Idee habhaft zu werden.

»Das sechste Zentrum ist der Hals. Das Bild ist ein tiefblauer Tunnel. Das sechste Zentrum birgt die Kräfte des tieferen Sehens, des Unbewußten, der Phantasie. Der Ton ist ›uuuuuu‹.«

Sie wiederholte den Ton zweimal, jeweils eine Terz höher. Der Wind hatte etwas nachgelassen. Der Gedanke war immer noch in seinem Hinterkopf, aber er kümmerte ihn nicht mehr.

»... dies ist der Sitz des siebten Zentrums. Das Bild ist eine liegende Acht, das Symbol der Unendlichkeit. Die Farbe ist Violett. Dies ist die Verbindung zur kosmischen Weisheit, zum Wissen all dessen, was ist, was war und was sein wird. Der Ton ist ›iiiiii‹.«

Der hochangesetzte Laut berührte ihn unangenehm, störte sein Gefühl fortgeschrittener Entspannung.

»Gegenüber, auf der Vorderseite des Kopfes, in der Mitte über beiden Augen, liegt das dritte Auge, das achte Energiezentrum. Das Bild ist ein goldenes, aufrechtstehendes Dreieck. Der Ton ist ...«

Es folgte ein noch höheres ›iiiiii‹.

»Das neunte Zentrum befindet sich oben, ganz oben auf unserem Kopf. Dies ist der Eintritt für die kosmische Energie, die durch uns zur Mutter Erde fließt; die von der Erde durch uns in den Kosmos fließt. Öffne auch dieses Zentrum dem freien Fluß der Energien, die uns Wohlergehen und Frieden bringen ...«

›Frieden‹, dies war der Schlüssel zu jener noch immer vorhandenen Idee, die Verbindung von Aggression, Krieg, Meditation und Frieden. Der schrille Laut, ein noch höheres ›iiiiii‹, hinderte ihn seinen Gedanken weiterzuverfolgen.

Enttäuscht und ein wenig ärgerlich wollte er das Fenster schließen, aber es klemmte.

»Über deinem Kopf steht ein Stern – darüber ein zweiter – darüber ein dritter ...«

Er versuchte das Fenster in die entgegengesetzte Richtung zu bewegen.

»... darüber ein sechster ...«

Das Fenster rührte sich nicht. Er stand auf und rückte das Bett von der Wand.

»... und darüber ein neunter Stern. Konzentriere dich darauf, wie die Energie der neun Sterne durch dich hindurchfließt zur Mutter Erde und von ihr durch dich hinauf zu den Sternen ...«

Mit aller Kraft stützte er sich auf den Rahmen. Ächzend bewegte sich das Fenster nach unten. Nachdem er das Bett wieder zurechtgerückt hatte, hörte er die Tür zur Veranda – Alan hatte seine Meditation beendet.

Lächelnd legte er sich wieder hin, bemüht, den verlorenen Faden wiederzufinden. Könnte Meditation tatsächlich ein geeignetes Mittel sein, um Aggressionen abzubauen, wie viele Gurus behaupten, um gegenseitiges Vertrauen zu fördern, könnte es vielleicht auf lange Sicht ein Weg zum Frieden sein?

Kurze Zeit später war er, ohne es zu wollen, eingeschlafen. Als er erwachte, war Alan längst zu Bett gegangen.

Den Freitagvormittag verbrachte er vornehmlich mit Segeln und Sonnenbaden. Am Nachmittag, als er sich fertig machte, um seinen Bruder von der Busstation in Manahawkin abzuholen, hatte er noch immer keine Zeile zu Papier gebracht.

Alan fuhr am Abend nach Philadelphia; am Sonntag wollte er wieder zurück sein.

In den folgenden beiden Tagen hatte er weder Zeit noch Lust, sich weitere Gedanken über seine Geschichte zu machen.

VB

Am Sonntag, dem 30. August, hatte es den größten Teil des Asteroidengürtels bereits hinter sich gelassen. Sein Abstand von der Sonne betrug weniger als 480 Millionen Kilometer.

In Pasadena drehte sich weiterhin alles um Voyager II. Die Raumsonde hatte Saturn und seine inneren Monde zwar bereits passiert und befand sich auf den Weg zum Uranus; die enorme Radioantenne verfolgte sie dennoch unablässig, weil die Sonde in wenigen Tagen Phoebe passieren sollte, den äußersten der bislang entdeckten Saturnmonde.

Am Tag zuvor war die Funkverbindung zu Voyager II kurzzeitig unterbrochen gewesen. Die Störung war registriert worden, man hatte sich auch Gedanken über mögliche Ursachen gemacht und eine Reihe von Hypothesen aufgestellt, von denen jedoch keine einzige der wirklichen Ursache auch nur nahekam. Da die Verbindung weiterhin ungestört blieb, verlor man sehr schnell das Interesse, die Sache weiterzuverfolgen.

VC

Am Abend des 30. August hatte die *Ohio* ihr Operationsgebiet im westlichen Teil der Barents See erreicht. Die See war ruhig, verhältnismäßig ruhig für dieses Gebiet und diese Jahreszeit.

Alle zehn Minuten registrierte der Bordcomputer das Eintreffen des Stopsignals; täglich 144mal. Aus Sicherheitsgründen wurde das Signal multilokal und mehrkanalig gesendet. Modernste Elektronikgeräte, zwei pro Kanal, dienten dazu, den Empfang auch unter ungünstigsten Bedingungen sicherzustellen; denn das Ausbleiben des Stopsignals würde zum Abschuß der Atomraketen führen.

VIA

Harvey Cedars:

Der Idee, Kriege durch den Einsatz von Meditation zu vermeiden, erging es nicht besser als den übrigen; unausgearbeitet landete sie auf seiner wachsenden Liste. Auf ihr befand sich auch jene (keineswegs originelle) Idee, kriegerische Entscheidungen auf quantitativ und qualitativ veränderten ›Schlachtfeldern‹ zu ermitteln. David und Goliath waren ein gutes Beispiel für den ersten Fall, indem nur zwei Personen stellvertretend für zwei Parteien, oder Völker, kämpften. Sportliche Auseinandersetzungen waren ein naheliegendes Beispiel für den zweiten Fall: mit Sportgerät anstatt mit Kriegsgerät zu kämpfen, beziehungsweise kriegerische Entscheidungen vom Ausgang eines, wie auch immer zu bestimmenden, Spiels abhängig zu machen.

Aber auch diese Idee hatte er, wie all die übrigen, wieder fallengelassen, keine vermochte ihn so recht zu fesseln, und so schloß sich denn der Kreis.

Am Dienstag kehrte er schließlich wieder zu seiner Ausgangsidee zurück, zu der Frage, welche Maßnahmen geeignet erscheinen, um interpersonale, als auch internationale Aggressionen und Konflikte zu beseitigen. Natürlich beschränkte er seine Suche auf jene Gebiete, in denen er sich einigermaßen zu Hause fühlte; und das waren leider nicht die Politik, die Ökonomie oder Soziologie, sondern die Psychologie und Medizin. Er versuchte das Beste draus zu machen und formulierte folgende Gegenpositionen:

a) Selbststeuerung der Menschen zur Lösung ihrer Konflikte,
b) Fremdsteuerung der Menschen.

Die erste konkretisierte er in der Person einer Psychologin, einer Professorin für Kommunikationspsychologie und Konflikttheorie, die zweite in der Person eines Mediziners, eines Professors für Neurophysiologie und Neurochirurgie.

Die Psychologin sollte den Standpunkt vertreten, daß Menschen zu einem bestimmten Kommunikations- und Konfliktverhalten befähigt und motiviert werden können, das es ihnen ermöglicht, ihre kleinen und großen Probleme auf personaler und nationaler Ebene in kooperativer Weise zu lösen. Trotz offensichtlicher, immenser Schwierigkeiten bei der Realisierung dieser Utopie, sollte sie ihren Standpunkt beibehalten, weil nur durch ihn die Freiheit und Würde des Menschen gewahrt werden könnte.

Die Position des Mediziners sollte ebenso extrem dargestellt werden: Menschliches Handeln ist stets von menschlichen Interessen geleitet und diese sind emotional und nicht rational fundiert. Der Intellekt ist nun einmal der Diener des Gefühls, und deshalb werden Menschen auf jeder Ebene, ob auf individueller oder nationaler, stets egoistisch und unkooperativ handeln. Menschliches Verhalten muß deshalb von außen gesteuert werden; zum Beispiel durch beigefügte Drogen in den Nahrungsmitteln, oder einer obligaten frühkindlichen Hirnoperation.

Am Mittwoch begann er die Implikationen der beiden Standpunkte herauszuarbeiten, vor allem des ersteren. Schließlich formulierte und reformulierte er zwei Hauptregeln menschlicher Kommunikation, deren Ähnlichkeit mit der Kantschen Pflichtethik und mit religiösen Handlungsmaximen ihm erst später auffiel:

1. Hauptregel: Kommuniziere in der Form mit deinem Kommunikationspartner, die dieser als positiv empfindet.
2. Hauptregel: Solange unklar ist, welche Kommunikationsform dein Partner als positiv empfindet, kommuniziere in der Form, die du selbst als positiv empfindest.

Er begann sich festzubeißen und verlor sich im Ableiten weiterer Regeln, an deren Formulierungen er ständig herumfeilte.

So verging der Donnerstag, dessen ganzes Ergebnis nicht mehr als eine Handvoll fragwürdiger Kommunikationsgebote war, ein jedes in x-facher Ausführung.

Langsam begann er sich einzugestehen, daß es wohl eines Wunders bedurfte, um die Geschichte noch vor seinem Rückflug beenden zu können.

VI B

Unbeirrt hielt es mit unveränderter Geschwindigkeit auf die Sonne zu.

Am Donnerstag, den 3. September, war sein Abstand bis auf weniger als 370 Millionen Kilometer zusammengeschmolzen.

Von der Bahn des vierten Planeten trennten es nur mehr 120 Millionen Kilometer.

VI C

Bedingt durch die Enge, die Langeweile und die ständige Unterwasserfahrt, mehrten sich die Spannungen und Streitereien unter der Besatzung. Zuerst reagierte der Kommandant verständnisvoll und tolerant; mit dem Ergebnis, daß die Streitereien noch zunahmen. Erst als er rigoros durchgriff und auch kleinere Unbotmäßigkeiten nicht mehr durchgehen ließ, schien sich die Mannschaft wieder zu beruhigen, oder auch nur besser zu disziplinieren. Insgeheim konnte er die Probleme seiner Leute verstehen; denn er selbst litt unter den räumlichen Gegebenheiten und der wachsenden Reizlosigkeit seines Auftrags.

Dabei war heute erst der 3. September; erst 19 Tage waren sie auf See, noch keine drei Wochen von jenen unabsehbar langen vier Monaten.

VII A

Harvey Cedars:

Das helle Grau des bewölkten Himmels verschmolz mehr und mehr mit der dunkelgrauen Küstenlinie jenseits der Bai. Bald würde der abendliche Dunst das seine tun, um einen stufenlosen Übergang von Himmel und Erde, von Wasser und Wolken zu suggerieren. Er schaltete die Schreibmaschine ab und besah sich das Ergebnis der letzten Tage. Die Geschichte hatte er noch immer nicht begonnen, aber in seiner Vorstellung hatte sie klare Konturen gewonnen, und einige ihrer Inhalte waren bereits vorformuliert.

> Eine UNO-Kommission sollte darüber befinden, welche Maßnahmen am geeignetsten erscheinen, um zukünftige Kriege zu verhindern. Experten aus den verschiedensten Wissensgebieten werden hierzu gehört und ihre Meinungen gegenübergestellt. Hauptkern der Geschichte sollte die Konfrontation zwischen der Konfliktpsychologin und dem Neurochirurgen sein. Der Dreh sollte darin liegen, daß weder die Argumente der einen noch die des anderen die Kommission überzeugen, aber die Entscheidung letztlich doch zugunsten der Psychologin fiel. Sie gewinnt, weil es ihr gelingt, den praktischen Beweis für die Wirksamkeit ihrer

Theorie zu liefern, indem ihr verständnisvolles und kooperatives Verhalten im Diskussionsduell mit dem zynisch aggressiven Mediziner nicht nur die Kommission, sondern schließlich auch ihren Kontrahenten überzeugt.

Die Grundzüge der Geschichte sagten ihm durchaus zu, und dennoch beschlich ihn ein unbehagliches Gefühl. Irgend etwas schien schief zu laufen, war schon die ganze Zeit schief gelaufen. Es waren nicht die ungewohnten Umstände, es war die Geschichte selbst.

Vielleicht sperrte er sich unbewußt, weil er sich dem Thema nicht gewachsen fühlte. Was wußte er eigentlich über Kriege, über die entscheidenden Ursachen und Zufälligkeiten, die zu ihnen geführt haben; und mußte er sie nicht kennen, um etwas Sinnvolles zu diesem Thema schreiben zu können?

Alan klopfte, um ihn auf den Sonnenuntergang aufmerksam zu machen.

Erst, als sich die Wolken unwiderruflich geschlossen hatten, begann Alan zu reden: »Kommst du voran?«

Er schüttelte den Kopf. »Ich gebe auf.«

»Du willst aufgeben?«

»Ich fühle mich dem Thema nicht gewachsen – es ist einfach zu komplex und zu kompliziert.«

Alan schwieg.

»Woran denkst du?«

»Willst du es wirklich wissen?«

»Natürlich.«

»Warum diese Ausrede?«

»Ausrede?«

»Ist es keine? – Sicher, das Thema ist kompliziert, aber kein Mensch erwartet von dir die Rettung der Menschheit, nicht einmal eine geniale Idee, außer ...«

»Außer?« er wußte natürlich, was Alan sagen wollte.

»Wir stellen immer wieder zu hohe Ansprüche an uns selbst.« Alan sprach von Ansprüchen, ein anderer hätte von Eitelkeit gesprochen; aber so war er, dieser stets beherrschte, stets sanfte und verständnisvolle Freund, der einmal sein Lehrer gewesen war. »Geschichten verändern nicht die Welt – aber den einen oder anderen machen sie vielleicht nachdenklich.« Es dauerte eine Weile, bevor er weitersprach. »Weißt du eigentlich, wieviele unserer U-Boote die Meere befahren, und daß es nur eines Knopfdrucks irgendeines U-Boot-Kommandanten bedarf, um einen Atomkrieg zu beginnen?«

Er hatte es nicht gewußt, aber er wußte, daß er darüber nachdenken würde.

VII B

Am Montag, dem 7. September, hatte es sich Mars bis auf wenige Millionen Kilometer genähert. Die Sonnenentfernung war bis auf 250 Millionen Kilometer geschrumpft.

Wäre es zu dieser Zeit entdeckt worden, hätte dies dennoch niemanden beunruhigt. Man hätte es für ein mindestens einige hundert Lichtjahre entferntes Objekt gehalten, da es nicht sichtbar gewesen wäre.

Nach wie vor waren die Antennen auf Voyager II gerichtet, nach wie vor hielten die Voyagerdaten die gesamte astronomische Fachwelt in Atem; und niemand hatte auch nur die leiseste Ahnung von jenem eigenartigen Objekt, das sich in einer Entfernung von weniger als 100 Millionen Kilometern von der Erde befand.

VII C

Noch 84 Tage, dachte der Kapitän, während er auf den elektronischen Kalender starrte, dabei zeigte dieser erst den 7. September. Die zwei Wochen für die Rückfahrt hatte er einfach abgezogen, als könnte er durch diesen Selbstbetrug die Zeit verkürzen. Er wollte es sich nicht eingestehen, aber es war mehr das Gefühl von Macht als von Verantwortung gewesen, das ihn auf diesen Posten getrieben hatte. Das Gefühl von Macht war schnell schal geworden, das Gefühl von Verantwortung hingegen war geblieben, war sogar noch gewachsen.

Lustlos griff er nach dem angelesenen Buch, klappe es jedoch nach wenigen Minuten wieder zu und löschte das Licht.

VIII A

New York:

Am Dienstag waren auch seine Ferien zu Ende, fast zu Ende. Bereits tags zuvor hatte die Bai schlagartig ihr Gesicht verändert; an Amerikas Küsten endet der Sommer mit dem Laborday.

Die Bai glich einem unberührten Spiegel. Die Segelboote waren verschwunden, lagen wie die Motorboote vertäut und abgedeckt im Hafen.

Er ging ein letztes Mal zum Strand, überließ sich ein letztes Mal der ruppigen Gewalt mannshoher Wellen, genoß ein letztes Mal den Sand unter seinen bloßen Füßen.

Wortkarg verzehrten sie die selbstgefangenen Krebse. Sehnsucht erfüllte ihn, obgleich er diese friedvolle Umgebung noch gar nicht verlassen hatte. Er sehnte sich nach der kleinen, vorgelagerten Insel, zu der er einmal hinausgeschwommen war, nach der Friedfertigkeit der Sonnenuntergänge, dem Zauber nächtlicher Spaziergänge am Meer, nach all den wohltuenden Dingen, eingebettet in Alans unaufdringliche Freundschaft.

Spätnachmittags war es dann soweit. Den Bus hätte er beinahe verpaßt; so blieb wenig Zeit für den Abschied, und das war gut so.

Drei Stunden später hielt das Taxi in strömendem Regen an der Ecke 91. Broadway. Er war froh, die zwei Tage bis zu seinem Abflug noch mit seinem Bruder verbringen zu können.

Sie vergingen schneller, als beide es gewünscht hatten; dennoch waren es zwei schöne Tage, warme herbstliche Tage, obwohl es noch Sommer war, angefüllt mit vielen kleinen Freuden und dem sicheren Gefühl, hier stets willkommen zu sein.

Ein kurzer Abschied am Taxi, doch dreimal noch rief er vom Flughafen an, weil der Start halbstundenweise verschoben wurde.

Anderthalb Stunden später als geplant bestieg er am Donnerstagabend gegen 19.00 Uhr die Maschine nach München.

VIII B

In der Nacht vom 10. zum 11. September, kurz vor Mitternacht, hatte sich sein Abstand zur Sonne bis auf 159 Millionen Kilometer verringert.

Bei weiterhin gleichbleibender Geschwindigkeit würde es sein

Ziel in weniger als sechs Tagen erreicht haben. Unbemerkt würde es in die Sonne eintauchen und sich auflösen. Auf der Erde hätte man nie etwas von seiner Existenz erfahren, hätte sie sich nur ein klein wenig schneller oder langsamer auf ihrer Umlaufbahn bewegt.

VIII C

Am Freitag, den 11. September, wurde der Kapitän wie jeden Morgen um halb fünf geweckt. Um 6 Uhr stand er bereits am Periskop. Der Himmel war bewölkt, die Sicht gut. Nichts Auffälliges war zu sehen, nur einige Möwen, die Landnähe ankündigten.

Lagebesprechung um halb acht. Einige Offiziere schlugen vor, kurzfristig aufzutauchen. Der Kapitän äußerte seine Bedenken, stimmte aber schließlich zu, um sich und der Mannschaft diese kleine Abwechslung zu gönnen.

IX A

Über den Wolken:

Kurz nachdem das Flugzeug das Festland erreicht hatte, riß die Wolkendecke auf und gab den Blick nach unten frei.

Seine Uhr zeigte 1 Uhr 45. Schon Viertel vor acht, dachte er und korrigierte die Anzeige. In knapp einer Stunde würden sie in München landen.

Es war ein guter Urlaub gewesen, er fühlte sich ausgeruht und erholt, und obwohl er die Geschichte nicht geschrieben hatte, war er zufrieden. Noch heute wollte er sich bei dem Herausgeber entschuldigen. Irgendwann jedoch würde er seine Geschichte schreiben, eine Geschichte über ein U-Boot, das mit Atomraketen bestückt ist, und er wußte auch schon, welchen Titel sie tragen sollte.

IX B

Am 11. September, um 7.59 MEZ, begann sich die Erde zwischen den Eindringling und die Sonne zu schieben.

Zweiundsechzig Sekunden später geschah das Unvermeidliche.

Die Erdatmosphäre vermochte seine Geschwindigkeit nur unwesentlich zu verringern; aber noch bevor es ins Meer stürzte, zerbarst es in Abertausende von quaderförmigen Brocken.

Enorme Wassermassen wurden zur Seite und in die Höhe geschleudert, riesige Wellenberge türmten sich auf, schlugen gegeneinander und formierten sich schließlich zu mächtigen Springfluten, die sich ringförmig ausbreiteten.

IX C

Der Kapitän hatte Kurs auf Norwegens Küste befohlen.

Dicht unter der Wasseroberfläche schnitt die *Ohio* kraftvoll durch die unruhige See. Bald würde Land in Sicht kommen.

Die Leute schwiegen, erwarteten den ersehnten Ausruf.

Auch der Funkoffizier war aufgestanden und lehnte erwartungsvoll in der Kabinentür. Er wäre der einzige gewesen, der sofort gewußt hätte, was geschehen war, aber weder er noch ein anderer bemerkte das Aufleuchten der Alarmsignale. Kurz nach acht, genau dreißig Sekunden nach dem Ausbleiben des Stopsignals, löste die Automatik die Sirene aus. Der Funker stürzte zum Kontrollboard, erfaßte sogleich die Situation und erstattete Meldung.

Das Eintreten des Ernstfalls war so oft geübt worden, daß er die gesamte Mannschaft, einschließlich des Kapitäns, in menschliche Automaten verwandelte. Der Zentralcomputer bestimmte das weitere Geschehen, und die Menschen wurden zu Maschinen. Innerhalb weniger Minuten waren die Raketen scharf, gerichtet und abschußbereit.

Noch sieben Minuten verblieben für das Eintreffen des nächsten Stopsignals; sollte es ausbleiben, würde der Abschuß in genau sieben Minuten und dreißig Sekunden erfolgen. Die Mannschaft hatte nichts mehr zu tun als abzuwarten, als bereitzustehen, um im Falle eines auftretenden Fehlers einzugreifen. Nur der Kapitän hatte noch die Möglichkeit, den automatischen Countdown zu stoppen.

XB

Sobald die Bruchstücke mit Wasser in Berührung kamen, begannen sie sich aufzulösen. Ihre Strahlung wurde von Minute zu Minute schwächer. In 45 Minuten würde sie ganz verschwunden sein, wie die Reste des Eindringlings, die sich bis dahin vollständig aufgelöst hätten, ohne auch nur die geringste Spur zu hinterlassen.

Nur 14 Minuten lang würde die Strahlung so stark sein, um jeglichen Funkverkehr in einem Umkreis von 110 Kilometern zu unterbinden, aber keine hundert Kilometer vom Aufschlagzentrum entfernt stand die *Ohio*.

XC

Nachdem der Kommandant durchs Boot gegangen war, beorderte er die Offiziere zu sich in die Kommandozentrale. Es bedurfte keiner langen Diskussion, alles war klar und vorbestimmt. Traf das Signal nicht innerhalb der nächsten drei Minuten ein, würden die Raketen automatisch gezündet. Danach, so lautete die Order, Rückkehr zum Heimathafen, sollte dieser zerstört sein, Anlaufen der Ausweichhäfen in der vorbestimmten Reihenfolge.

Erst jetzt stellte der Kapitän fest, daß er nie an das ›Danach‹ gedacht hatte, noch nie ernsthaft jedenfalls.

Bleiben zwei aufeinanderfolgende Stopsignale aus, so kommen hierfür nur drei Ursachen in Frage, hatten sie gelernt:

1. Fehler in der Empfangsanlage,
2. Vernichtung der nuklearen Leitzentralen,
3. Zerstörung der elektromagnetischen Signalwege durch gegnerischen Atomschlag.

Falls die Empfangsanlage in Ordnung war, hatten sie keine Wahl, und die Empfangsanlage war in Ordnung. Doch alles was sie empfing, war ein gewaltiges Störungsrauschen. Worüber zerbrach er sich also den Kopf? Sie hatten keine Wahl!

Irgend jemand hatte diesen Wahnsinn eingeleitet, jene zwangsläufige Lawine gegenseitiger Vernichtungsschläge initiiert, und niemand war in der Lage, diesem Irrsinn Einhalt zu gebieten. Ein Gefühl ohnmächtiger Wut stieg in ihm hoch. Nichts war ihm bislang gerechter erschienen, als sich zu verteidigen, als die indoktrinierte Überzeugung, Vernichtung mit Vernichtung vergelten zu müssen. Jetzt erst, eine Minute vor dem Abschuß, hinterfragte er zum erstenmal den Sinn derartiger Gerechtigkeit. Wen würden sie denn vernichten, die oder den Schuldigen, oder vielmehr die Unschuldigen, die gleichfalls Ausgelieferten und Hilflosen? Aber hatte er sich nicht selbst ausgeliefert, sich nicht selbst danach gedrängt, zum bloßen Ausführungsorgan anderer zu werden? Nun war es zu spät, darüber nachzudenken, zu spät, um es ungeschehen zu machen.

Die Zeit war abgelaufen. Auch das zweite Stopsignal war ausgeblieben, oder im elektromagnetischen Sturm der gegnerischen Atomwaffen untergegangen.

Der Computer signalisierte die Einleitung der Abschußphase.

»Noch dreißig Sekunden«, flüsterte der Erste Offizier.

Wie hypnotisiert starrte der Kapitän auf die Zeitangabe.

Noch 25 Sekunden.

Fünf Zentimeter neben der Anzeige befand sich der Hebel, jener Hebel, den er nur im Falle einer defekten Empfangsanlage betätigen durfte.

Noch 20 Sekunden.

Plötzlich hatte er nur mehr einen Gedanken, einen einzigen, klaren Gedanken.

Noch 15 Sekunden, signalisierte die Anzeige.

Seine Lippen begannen sich zu bewegen, formten einen einzigen Satz, wiederholten ihn lauter und lauter.

Noch 10 Sekunden.

Zitternd umspannte seine Hand den Hebel, ballte sich zur Faust.

Noch 5 Sekunden.

»Du sollst nicht töten«, schrie er, und er schrie es noch immer, als der Hebel längst eingerastet war.

1981 las ich in der Septemberausgabe des Magazins DER SPIEGEL, Auszüge aus einem Interview, das ein holländischer Journalist mit dem Erfinder der Neutronenbombe geführt hatte. Diesen Auszug fand ich derart irritierend und provozierend, daß ich mich um den Gesamttext des Interviews bemühte, in der Absicht, die Wirkung des Originaltextes durch die Schilderung des Strahlentodes eines Soldaten noch zu potenzieren.

Als ich die Hoffnung fast aufgegeben hatte, den Originaltext zu erhalten, wurde mir die Kassette mit dem vollständigen Interview doch noch zugeschickt.

Nachdem ich den gesamten Wortlaut des, in englischer Sprache geführten, Interviews neu übersetzt hatte, entschloß ich mich jedoch, die sich selbst dekuvrierenden Ansichten von Samuel T. Cohen, ausschließlich durch eine Auflistung sachlicher Zusatzinformationen zu kommentieren.

Nachfolgender Text ist also keine Erzählung. Er besteht aus verschiedenen authentischen Texten. Links steht das berühmte Interview Frank Wierings mit Samuel T. Cohen, dem »Vater« der Neutronenbombe; rechts – gewissermaßen das Dahingesagte faktisch unterlegend – finden sich Begriffserklärungen sowie biologische und medizinische Laborberichte und andere Auszüge aus der Fachliteratur. Sie kommentieren sachlich die Ungeheuerlichkeit der Erfindung und die Ungeheuerlichkeit der Worte des Erfinders. Der konsequente weitere Schritt wäre eine erzählerische Ausgestaltung anhand des zusammengetragenen Materials, etwa die Darstellung des Todes von Menschen – auch wenn es sich »nur« um feindliche Soldaten handelt – durch die Einwirkung einer Neutronenbombe. Dieser Schritt ist absichtlich unterblieben. Man darf Ungeheuerlichkeit nicht potenzieren. Sie verliert dadurch an Wirksamkeit, denn sie übersteigt die menschliche Phantasie.

Science Fiction?

Wörtliche Übersetzung eines Interviews, das der holländische Journalist Frank WIERING 1981 mit Samuel T. COHEN führte. Auszüge aus diesem Interview sind in dem Magazin DER SPIEGEL am 14. 9. 1981 erschienen (Nr. 38, 35. Jahrgang). Ich danke Herrn Wiering und der holländischen Fernsehstation VPRO für die freundliche Genehmigung zum Abdruck.

WIERING: Wann haben Sie die Bombe erfunden, Mister Cohen?
COHEN: Das war im Sommer 1958. Ein Komitee des Verteidigungsministeriums hatte mich aufgefordert, die Möglichkeiten der Herstellung von Kernwaffen für den Einsatz auf dem Gefechtsfeld zu untersuchen. Ich bin dann zu einem der Nuklear-Laboratorien gefahren und da habe ich eine bestimmte Entdeckung gemacht, woraus die Neutronenbombe entstanden ist.
WIERING: Was war das für eine Entdeckung?
COHEN: Sie basiert auf dem, was wir Kernfusion nennen. Sie produziert Energie, aus un-

BEGRIFFSERKLÄRUNG:

Gamma- und Röntgenstrahlen bestehen aus hoch energetischen masselosen Photonen.

Betastrahlen bestehen aus negativ geladenen Elektronen.

Neutronenstrahlen bestehen aus elektrisch neutralen Neutronen.

Alphastrahlen bestehen aus positiv geladenen Helium-Atomkernen, die sich aus je 2 Protonen und 2 Neutronen zusammensetzen.

Bei der Explosion von *Kernwaffen*, den *Fissions-*, *Fusions-* und *Neutronenbomben*, entstehen (weitreichende) Gammastrahlen, sowie (kurzreichende) Beta- und Alphastrahlen; bei Neutronenbomben entstehen zusätzlich und vor allem Neutronenstrahlen (von mittlerer Reichweite).

Ein *Röntgen (R)* ist diejenige Strahlenmenge, die in 1,293 mg Luft Ionen der Ladung 3,3356 $x10^{-10}$ Coulomb erzeugt.

Ein *rad* (von ›radiation‹, bzw.

gefähr der gleichen Quelle wie die Sonne da oben. Und es ist, was wir im Kernwaffen-Handwerk eine saubere Waffe nennen; da sie die radioaktive Strahlung reduziert, die als schädlich betrachtet wird. Also, es ist eigentlich ein riesiger Röntgenapparat.

Das ist meine künstlerische Darstellung (zeichnet eine Reihe Häuser) von der Silhouette einer Stadt. Und hoch oben in der Luft, so 600 bis 900 Meter über der Stadt, lasse ich meine Neutronenbombe explodieren.

WIERING: Entwickeln Sie gerne Waffen?

COHEN: Ehrlich gesagt, ja. Es ist eine Herausforderung. Eine sehr faszinierende Beschäftigung.

WIERING: Was ist Ihnen das Liebste auf der Welt?

COHEN: Das Wesen, das mich hoffentlich gleich begrüßen kommt, mein Hund. Aber verraten Sie das um Himmels willen bloß nicht meiner Familie. (Er wendet sich wieder der Zeichnung zu.)

Aus dieser Explosion strömen all die Neutronen, strömt alle Strahlung in jede Richtung. Und dieses Areal wird dabei bestrahlt. (Im Hinter-

›radiation absorbed dosis‹) entspricht der Absorption jener Strahlungsmenge, die pro Gramm Absorptionsmasse 100 erg, bzw. 0,01 Joule pro Kilogramm Absorptionsmasse, freisetzt. In der Regel entspricht ein R einem rad.

Unter *Relativer Biologischer Wirksamkeit (RBW)* versteht man eine Zahl die angibt, um wieviel mal stärker oder schwächer eine Strahlenart auf Lebewesen wirkt als eine vergleichbare Dosis von Gammastrahlen.

Bisherige Untersuchungen zeigen, daß die RBW von Röntgenstrahlen möglicherweise größer ist als die von Gammastrahlen, daß der RBW-Wert von Neutronenstrahlen um ca. 10 variiert, und daß der RBW-Wert von Alphastrahlen noch etwas höher liegen dürfte.

ZITATE:

»Bei den direkten Strahlenwirkungen wird Energie punktförmig konzentriert auf Makromoleküle der Zelle übertragen. Dadurch kommt es zur Abspaltung bzw. zum Bruch von Molekülketten. Auch ge-

grund hört man sich nähernde Stimmen.)

WIERING: Wie denkt Ihre Frau über die Bombe?

COHEN: Über die Bombe? Meiner Frau ist die Bombe völlig gleichgültig. Sie beschäftigt sich mit Tennis und mit dem Haushalt und überhaupt nicht mit dieser Art schrecklicher Dinge.

In einer herkömmlichen Kriegssituation, z. B. dem Kampf um eine Stadt, bestrahlen wir nur die Soldaten in der Stadt. Aber der Luftdruck, der bei dieser Explosion hoch oben in der Luft entsteht, erreicht die Erdoberfläche nicht, weil er eingeschränkt wird. Die Bombe explodiert hoch in der Luft, dadurch wird die verwüstende Wirkung von Hitze und Luftdruck weit von der Erdoberfläche ferngehalten. Darum wird die Neutronenbombe als eine Bombe beschrieben, die Menschen tötet, aber Eigentum verschont. Wenn ich gefragt werde, ob es nicht unmoralisch sei, Menschen zu töten, aber Eigentum zu verschonen, dann sage ich immer: Die Menschen sind feindliche Soldaten, und nur darum geht der Krieg. Eigentum, Zivileigentum zu verschonen ist sicherlich moralisch.

wisse strukturelle Veränderungen können auftreten und sich schließlich in einer gestörten enzymatischen Funktion auswirken. Bei höheren Lebewesen überwiegen die indirekten Strahlenwirkungen.

Hierbei wird die Strahlenenergie in der Zellflüssigkeit absorbiert, wobei es zum Zerfall der Wassermoleküle mit Bildung freier Radikale kommt. Dies kann z. B. nach Durchlaufen einer Reihe kurzlebiger Zwischenprodukte zur Synthese von H_2O_2 und zu entsprechenden Funktionsstörungen in der Zelle führen.

Für den Mechanismus der Zellschädigung kommt den strahlenbedingten Veränderungen der Dexoxyribonukleinsäure (DNS) – von der in jeder Zelle jeweils ein Molekül vorhanden ist – eine besondere Bedeutung zu, da dieses Molekül für die Normalfunktion und vor allem für die Vermehrung der Zelle eine wichtige Rolle spielt.«[1])

»Beim Strahlentod höherer Tiere und des Menschen wirken sicherlich viele Faktoren zusammen. Je nach dem gewählten Dosisbereich kann der Strahlentod im einzelnen sehr verschiedene Ursachen haben und daher die RBW erheblich

Wollen Sie eine Cola?

Die Leute können zwei Dinge tun: Die Stadt verlassen, bevor die Schlacht beginnt, was meistens geschieht, wenn genügend Zeit verbleibt, oder Schutz unter der Erde suchen, in Schutzkellern. Die sind sehr einfach und auch billig herzustellen. Der Kampf wütet auf der Oberfläche, und sie sind vollkommen sicher.

Wenn die Nato beschließen würde, Neutronenwaffen in Europa zu stationieren, dann ist es für die Zivilbevölkerung einfach und billig, Schutzkeller zu bauen. Die Kosten liegen bei hundert Dollar pro Person. Das ist alles. Es ist so billig möglich, weil nur gegen die Strahlung geschützt wird. Schutz gegen Luftdruck ist nicht nötig. Dafür würde man große Mengen Stahl und Beton brauchen.

WIERING: Das Seltsame bei der Geschichte ist, daß Sie die ganze Zeit über Europa reden. Sie reden nicht über einen Krieg in Amerika, sondern in Europa. Ich komme aus Europa, und deshalb klingt die Geschichte ziemlich hart für mich.

COHEN: Alles, was ich dazu sagen kann, ist, daß sie unglücklicherweise Nachbarn des

von der gewählten Dosis abhängen. Als Testreaktion benutzt man entweder das Absterben von 50 % des bestrahlten Tierkollektivs 10 oder 30 Tage nach Bestrahlung – die zugehörige Dosis wird als Letaldosis 50 %, 10 Tage ($LD_{50/10}$) usw. bezeichnet – ...

Solche Untersuchungen erstreckten sich vor allem auf die verschiedenen Laboratoriumstiere: Mäuse, Ratten, Meerschweinchen, Kaninchen usw.«[2])

»Das lange Zeit – vorwiegend vom morphologischen Standpunkt aus – für sehr strahlenresistent angesehene ZNS (Zentralnervensystem) ist aus mehreren Gründen in den letzten Jahren stärker in den Vordergrund des strahlenbiologischen Interesses gerückt. Erstens zeigt sich bei genügend langer Beobachtung und mit neueren Untersuchungsmethoden, daß auch morphologische Schäden schon bei Einzeitdosen unter 2000 R auftreten, zweitens übernimmt das ZNS bei sehr hohen Strahlendosen die führende Rolle für den akuten Strahlentod, und drittens wurden in den letzten Jahren mehr und mehr funktionelle Störungen des Nervensystems aufge-

Sowjetblocks sind. Sie werden bedroht. Wir sind durch einen Ozean von ihnen getrennt.

(Das Fernsehgerät wird eingeschaltet, man hört die Stimme Ronald Reagens.)

Das ist mein Präsident.

WIERING: Er ist doch derjenige, der die Produktion der Bombe ermöglichen kann, oder?

COHEN: Ja, bei ihm liegt die Entscheidung.

WIERING: Denken Sie, daß er es tut?

COHEN: Ja, ich denke schon.

WIERING: Was passiert den Soldaten, über denen die Bombe explodiert?

COHEN: Sie werden durch die intensive Bestrahlung mit Neutronen schwere Traumata davontragen. Die meisten feindlichen Truppen innerhalb des Strahlungsgebietes sind in ein paar Minuten außer Gefecht gesetzt. Es ist im wesentlichen eine Wirkung auf das zentrale Nervensystem, sie werden gelähmt. Sie können einfach nicht mehr kämpfen. Bei größerem Abstand greift die Strahlung den Magen-Darm-Kanal an. Die Symptome sind: Übelkeit, Erbrechen, Durchfall und so weiter. Was sich dahingehend auswirkt, deckt, die z. T. schon bei sehr kleinen Strahlendosen und sehr frühzeitig – z. T. schon unter der Bestrahlung – einsetzen.«[3])

»Während bei kleinen Laboratoriumstieren der zentralnervöse Tod erst von 10 000 R an das Krankheitsbild beherrscht, erzielten KUHN und BROWN sowie RUST bei Eseln schon mit über 200 rad letale cerebrale Veränderungen (tödliche Veränderungen im Gehirn) und beobachteten eine starke Abhängigkeit von der zeitlichen Dosisverteilung. KUHN und BROWN schließen aus anderen und ihren eigenen Experimenten bei Kopfstrahlung an Eseln mit Neutronen-Gammastrahlung, daß der cerebrale Frühtod bei diesen Tieren durch relativ niedrige Gesamtdosen hervorgerufen werden kann, vorausgesetzt, daß die Dosisleistung genügend hoch ist …

RUGH und CLUGSTON beobachteten, daß unter einer Dosisleistung von 1500 R/min der Tod von Mäusen in etwa 85 min, also nach Erreichen einer Dosis von 125 000 R, eintritt, während die Tiere bei 365 R/min nach etwa 3 Std.

daß sie im wesentlichen funktionsuntüchtig werden.
WIERING: Sterben sie danach?
COHEN: Ja, die meisten Soldaten in diesen ersten beiden Kategorien sterben nach einiger Zeit. Je dichter sie dran sind, desto schneller sterben sie. Diejenigen, die am dichtesten beim Zentrum sind, bekommen wahrscheinlich einen so großen Schock, daß sie sehr schnell sterben.
WIERING: Ist das nicht eine schreckliche Art zu sterben?
COHEN: Jede Art zu sterben ist schrecklich, wenn es soweit ist. Wenn man die physiologischen Auswirkungen der Neutronenbombe mit denen von konventionellen Waffen vergleicht, dann wird man logischerweise zu dem Schluß kommen, daß, wenn man zwischen den beiden wählen müßte, man sich für die Neutronenbombe entscheiden würde.

Der moderne Krieg ist mechanisiert. Man drückt nur noch auf Knöpfe. Es gibt keinen Platz mehr für Helden. Der nächste Krieg wird keine Wiederholung der Grabenkämpfe und Sturmangriffe des Ersten Weltkrieges sein, auch nicht dessen Wiederholung im größeren Maßstab im Zweiten sterben, wenn erst eine Dosis von 66 000 R erreicht wurde. Wird diese Dosis mit der höheren Dosisleistung, also in etwa 44 min, verabreicht, so leben die Tiere etwa 7 Std. länger. Die Autoren schließen aus dieser Beobachtung, daß es hinsichtlich des akuten zentralnervösen Todes eine wirksamste Dosisleistung gibt, was vielleicht darauf hinweist, daß unter der Bestrahlung im Zentralnervensystem verschiedenartige pathologische Prozesse mit unterschiedlichen Zeitkonstanten ablaufen, von denen ein früher zum Tode führender bei geringerer Dosisleistung das Geschehen bestimmt.«[4])

»Die $LD_{50/30}$, d. h., die Strahlendosis, die innerhalb von 30 Tagen die Hälfte aller Tiere tötet, zeigt ausgeprägte Speziesunterschiede und schwankt bei Säugetieren zwischen 200 und 900 rad. Sie liegt für größere Tiere wie Schafe und Schweine bei 200 rad, für Hunde und Affen bei 300 rad, für kleine Nager wie Mäuse und Ratten bei 700–900 rad.«[5])

»Die Atrophie (Schwund) jener Zellsysteme, die sonst durch laufende Erneuerung im

Weltkrieg. In diesen zwei Kriegen gab es häufig die Möglichkeit, sich zu sagen: Ich bin tödlich verwundet, also werde ich wohl sterben, aber ich nehme noch einige Feinde mit. Im Dritten Weltkrieg wird das kaum mehr vorkommen.
WIERING: Wie reagieren Ihre Kinder auf Ihre Erfindung?
COHEN: Mit einer enormen Gleichgültigkeit. (Eine Frauenstimme sagt: Warum fragst du sie nicht selbst?)

Wie findest du es, daß dein Papa die Bombe erfunden hat?
TOCHTER: Enorme Gleichgültigkeit (lacht).
COHEN: Ich nehme an, daß Sie alles andere erwartet haben als völlige Gleichgültigkeit.
WIERING: Wie reagieren deine Mitschüler in der Schule? Sprechen sie darüber?
TOCHTER: Ja, die finden es merkwürdig. Sie wissen nicht, was sie davon halten sollen. Aber sie sehen meinen Vater anders als ich. Ich sehe ihn völlig getrennt von dem Monstrum Bombe. Er hat dich aufgezogen, und du siehst ihn auf andere Weise.
WIERING: Hast du eine Vorstellung, warum andere Schüler die Bombe ungeheuerlich finden?
TOCHTER: Weil sie Men-

Gleichgewicht bleiben, und eine direkte Schädigung anderer Gewebe erzeugen folgende klar definierte Symdrome:

1. Die *akuten Strahlensyndrome*, die – je nach Strahlendosis, betroffener Körperregion und nach der Exposition verstrichener Zeit – in zerebrale, gastrointestinale (den Magen-Darm betreffende) und hämatopoetische (die Blutbildung betreffende) unterteilt werden können.

Das *zerebrale Strahlensyndrom* wird durch extrem hohe Strahlendosen (über 300 rad) hervorgerufen, verläuft immer tödlich und zeigt 3 Phasen; ein Prodramalstadium (Frühstadium) mit Nausea (Übelkeit) und Erbrechen, gefolgt von Teilnahmslosigkeit und Benommenheit, die von Apathie bis zu hochgradiger Erschöpfung reicht (wahrscheinlich auf nichtbakterielle Entzündungsherde im Gehirn zurückzuführen), und schließlich ein generalisiertes Stadium, charakterisiert durch Tremor (Zittern), Krämpfe, Ataxie (Verwirrung) und Tod innerhalb weniger Stunden.

Das *gastrointestinale Strah-*

schen tötet. Alles was tötet, ist natürlich irgendwie ungeheuerlich.

COHEN: Ich würde gerne meiner Tochter eine Frage stellen. Stell dir vor, du hättest 1939 gelebt, als die Nazis fast ganz Europa besetzten. Wärst du damals auch gegen das Töten gewesen, auch wenn du die Nazis damit aus dem Lande gehalten hättest?

TOCHTER: Natürlich nicht. Aber ich finde die Bombe nicht ungeheuerlich, weil sie unser Land beschützt, sondern weil sie tötet. Genauso scheußlich wie eine Schußwaffe. Töten ist töten. Verteidigen ist eine andere Sache. Ich sage nicht, daß es keine nützliche Waffe wäre.

COHEN: Dann sind Menschen Monstren, weil sie sich gegenseitig umbringen.

TOCHTER: Da bin ich hundertprozentig mit dir einverstanden. Aber nicht alle Menschen. Die meisten Menschen. Ich finde du verallgemeinerst zu sehr.

COHEN: Ich halte alle Menschen für Monstren. Wer nicht tatsächlich tötet, hat solche Impulse.

TOCHTER: Woher willst du das wissen?

COHEN: Ich weiß es.

TOCHTER: Woher?

lensyndrom (600–3000 rad) tritt bei geringeren, aber noch hohen Strahlendosen auf. Es ist gekennzeichnet durch unbeeinflußbare Nausea, unstillbares Erbrechen und therapieresistente Diarrhoe (Durchfall). Diese führen zu schwerer Dehydration (Entwässerung), Verminderung des Plasmavolumens, Kreislaufkollaps und Tod. Das Syndrom resultiert aus der anfänglichen, durch die Gewebsnekrose (Absterben des Gewebes) bedingten »Toxämie« (Zersetzung des Blutes durch Giftstoffe) und wird durch die fortschreitende Atrophie der Schleimhaut im Magen-Darmtrakt unterhalten. Zuletzt sind die Darmzotten entblößt, und Plasma geht in reichlichen Mengen in den Darm verloren. Sofern nach den Strahlendosen eine Regeneration noch möglich ist, hält massiver Ersatz von Plasma während der ersten 4–6 Tage den Patienten am Leben, bis sich das gastrointestinale Epithel (Zellschicht) regeneriert hat. Es handelt sich jedoch nur um einen zeitweiligen Aufschub, denn in der 2. oder 3. Woche folgt der Zusammenbruch der Hämatopoese (Blutbildung).

Das *hämatopoetische Strah-*

COHEN: Ich lese. Und die Menschen sprechen.
TOCHTER: Also, du hältst alle Menschen für Monstren? Schließt du dich dann auch ein?
COHEN: Natürlich.
WIERING: Mister Cohen, Sie haben einen Sohn bei der Marine. Wie fänden Sie es, wenn er Opfer einer Neutronenbombe würde?
COHEN: Oh, nein, nein, nicht in der Marine. Die Neutronenbombe wird auf dem Land eingesetzt. Wenn mein Sohn jemals in eine Kriegszone kommt, gehört die Neutronenbombe nicht zu den Gefahren, die ihn bedrohen. Wohl Torpedos und ferngesteuerte Raketen.
WIERING: Was würden Sie in einer solchen Situation für ihn vorziehen, einen Torpedo oder eine Neutronenbombe?
COHEN: Eigentlich lieber einen Torpedo. Denn ein Torpedo, den ich eine umgekehrte Neutronenbombe nenne, vernichtet Material, aber kein Leben. Ein Torpedo soll das Schiff zum Sinken bringen, und mein Sohn kann auf einem Floß oder einem Rettungsboot entkommen und am Leben bleiben. Mir wäre es also lieber, wenn sein Schiff mit Torpedos

lensyndrom (200–1000 rad), das mit Appetitlosigkeit, Apathie, Nausea und Erbrechen einhergeht, kann seinen Höhepunkt innerhalb 6–12 h erreichen. Die Beschwerden vergehen dann wieder, so daß der Patient innerhalb 24–36 h nach Exposition beschwerdefrei wird. Während dieser Periode relativen Wohlbefindens beginnt die Atrophie der Lymphknoten, Milz und Knochenmark und führt zur Panzytopenie (Schwund von Blutzellen aller Art). Diese Atrophie ist wiederum das Ergebnis zweier verschiedener Prozesse – der direkten Vernichtung strahlenempfindlicher Zellen und der Hemmung der Bildung neuer Zellen. Im peripheren Blut setzt die Lymphopenie (Schwund der Lymphozyten) sofort ein; sie erreicht in 24–36 h das Maximum. Die Neutropenie (Schwund weißer Blutkörperchen) entwickelt sich langsamer. Die Thrombopenie (Schwund der Thrombozyten [Blutplättchen]) kann innerhalb 3–4 Wochen deutlich werden.

...

Bei Strahlendosen über 600 rad wirken die hämatopoetischen oder gastrointestinalen Symptome tödlich. Bei Dosen un-

angegriffen würde, die Neutronenbombe würde alle töten und das Schiff unversehrt lassen.
WIERING: Wenn wir davon ausgehen, haben Sie dann in den letzten 20 Jahren jemals gedacht: O Gott, was hab' ich da erfunden?
COHEN: Nein, niemals. Es ist die mit Abstand wirksamste Selektivwaffe, die jemals erfunden worden ist. Das klingt sehr angeberisch, aber es ist tatsächlich so. So etwas hat es noch niemals gegeben.
WIERING: Wer ist das auf jenem Foto?
COHEN: Kardinal Casaroli. Er ist Staatssekretär im Vatikan. Ich war vor knapp zwei Jahren sein Gast im Vatikan. Der Höhepunkt des Besuchs war, als er mich dem Papst vorgestellt hat.
WIERING: Dem Papst?
COHEN: Keinem Geringeren.
WIERING: Und wie lief das ab?
COHEN: Ich wurde vorgestellt als der Vater der Neutronenbombe.
WIERING: Wie reagierte der Papst?
COHEN: Der Papst reagierte bemerkenswerterweise sehr ruhig, während andere Geistliche

ter 600 rad verhält sich die Überlebenswahrscheinlichkeit umgekehrt proportional zur Gesamtdosis.«[6])

»Die LD_{50} des Menschen liegt vermutlich bei 300–350 rad. Erste Todesfälle sind schon nach Dosen von 100 bis 200 rad möglich. Nach einer Ganzkörperbestrahlung mit 800–1000 rad besteht ohne eingreifende Therapie ... keine Überlebenschance.«[7])

»Aus Tierexperimenten ergibt sich, daß die Art der Schädigung der Leibesfrucht von ihrem Entwicklungsstadium zum Zeitpunkt der Strahlenexposition abhängt.

In der *Präimplantationsphase* (beim Menschen ca. bis zum 10. Tag) kommt es mit einer dosisabhängigen Häufigkeit zur Abtötung des Keimes.

Während der *Organogenesis* (beim Menschen bis einschließlich 6. Woche) können Mißbildungen hervorgerufen werden, wobei innerhalb dieser Zeit jeweils besonders empfindliche Phasen für die Mißbildung einzelner Organe bestehen. Beim Menschen wurden praktisch ausschließlich Mißbildungen des Zentralnervensystems und seiner Anhanggebilde beobachtet.

oder Kardinäle im Vatikan recht schockiert waren, als ich mit diesem Titel vorgestellt wurde. Nicht so der Papst, er reagierte sehr ruhig und fragte mich, ob ich für den Frieden arbeite. Ich versicherte ihm, so gut ich es konnte, daß ich es täte und daß ich durch sein Vorbild inspiriert gewesen sei. Wir redeten eine Zeitlang, dann wurde unser Gespräch beendet, und mit ihm mein Besuch im Vatikan.
WIERING: Glauben Sie, daß es Krieg geben wird?
COHEN: Ja. Es ist schrecklich, das zu sagen. Ja, ich denke schon. Ich glaube, daß es einfach in der Natur des Menschen liegt zu kämpfen. Es hat schon immer Kriege gegeben, vor allem in Europa. Das ist, gelinde gesagt, immer ein sehr kriegerischer Kontinent gewesen. In jedem Krieg haben die Gegner stets alle Waffen eingesetzt, die zu ihrer Verfügung standen. Ich befürchte also nicht nur, daß es wieder Krieg in Europa gibt, wenn auch niemand sagen kann, wann, sondern daß dann auch Kernwaffen eingesetzt werden.

Im Moment arbeite ich intensiv an einem Verteidigungsplan, in dem Kernwaffen – also auch Neutronenbomben – ge-

Während der *Fetalperiode* nimmt die Wahrscheinlichkeit für Mißbildungen ab, und es überwiegen allgemeine oder lokale Wachstumsstörungen und insbesondere die Induktion maligner (bösartiger) Erkrankungen, die sich meist innerhalb der ersten 10 Lebensjahre manifestieren.

. . .

Eine quantitative Abschätzung des *Risikos* bei Bestrahlung in utero (in der Gebärmutter) steht noch aus. In Tierexperimenten wurden schon bei Dosen von 20 rad Mißbildungen beobachtet. Mit abnehmender Dosis nimmt die Häufigkeit und die Schwere der Mißbildungen ab. Eine eindeutige Dosisschwelle für die Abtötung der Frucht oder die Erzeugung von Mißbildungen kann nicht angegeben werden. Bestünde, was nicht erwiesen ist, eine lineare Dosiswirkungsbeziehung bis herab zu den kleinsten Dosen, so wäre zu befürchten, daß bereits eine Dosis von 1 rad, in der kritischen Phase der Entwicklung gegeben, bei einigen Promille der exponierten Kinder Mißbildungen oder geistige Störungen hervorrufen könnte.

Spontan tragen etwa 5 % aller geborenen Kinder irgend-

braucht werden, um sehr große Armeen von der Besetzung solcher Länder abzuhalten, die defensiv eingestellt sind. Dieser Plan umfaßt auch eine Kernwaffenbatterie. Ich will sie der Einfachheit halber mal als eine Art Maginot-Linie, eine Verteidigungslinie entlang der Grenzen, beschreiben. Dabei wird von der einen oder anderen Form der Kernenergie Gebrauch gemacht, um hoffentlich zu garantieren, daß der Feind nicht einfällt.

WIERING: Und diese Linie ist in Europa.

COHEN: Ich denke da in erster Linie an Europa. Ein derartiges System sollte logischerweise sehr gut für die Grenze zwischen Ost- und West-Deutschland geeignet sein; der Eiserne Vorhang. Aber die Deutschen wehren sich sehr heftig gegen derartige Dinge.

WIERING: Sehen Sie sich selbst als Wissenschaftler?

COHEN: Nicht mehr. Nicht wirklich. Wenn wir die Psychoanalyse und das Unbewußte hierbei ins Spiel bringen, mag es sehr seltsam klingen, daß der erste Gedanke der mir kam, in Art der Freien Assoziation – es wird Ihnen sicherlich eigenartig erscheinen –, daß der erste Gedanke war, daß welche Formen angeborener Defekte.«[8])

»Zu den schwerwiegendsten Strahlenspätschäden gehört der Strahlenkrebs. Auch für die Auslösung des Strahlenkrebses ergibt sich eine RBW schneller Neutronen, verglichen mit Gamma-Strahlung bzw. konventioneller Röntgenstrahlung, über 1. Für die Auslösung einer Mäuseleukämie ergab sich biologische Gleichwertigkeit von 500–700 R Gamma-Strahlung und 48 bis 167 rad Neutronenstrahlung (HENSHAW et al. 1947).«[9])

»*Somatische und genetische Spätschäden:* Ionisierende Strahlung ändert das ›Informationssystem‹ profilierender (wachsender) Körper- und Keimzellen. Bei Körperzellen kann sich dies »schließlich in organischen Erkrankungen manifestieren, so z. B. Krebs (Schilddrüse, Haut und Knochen, Leukämie), Katarakten (Trübungen der Augenlinse), degenerativen Erkrankungen, oder unspezifisch in einer Verkürzung des Lebens. Die Häufigkeit der Leukämie infolge Bestrahlung beim Menschen wurde geschätzt. Es wird behauptet, ist aber nicht bewie-

ich mich selbst als einen Humanisten betrachte.
WIERING: Als einen Humanisten?
COHEN: Ja. Ist das nicht merkwürdig?
WIERING: Ja, sehr merkwürdig.
COHEN: Aber ich war wohl ehrlich, als ich das aus meinem Unterbewußtsein hervorholte und es Ihnen sagte.
WIERING: Wie kann man eigentlich kreativ sein, wenn man an zerstörerischen Dingen arbeitet?
COHEN: Verzeihung, mein Herr! Die Neutronenbombe ist keine zerstörerische Waffe. Deshalb kann ich diese Frage nicht beantworten. Sie ist falsch gestellt.
WIERING: Aber sie tötet Menschen.
COHEN: Sie tötet feindliche Soldaten. Noch einmal, das gehört nun mal leider zum Krieg. Und so ist es immer gewesen. Entschuldigen Sie mich, ich muß zur Arbeit.

sen, daß keine Schwellendosis existiert und daß die Häufigkeit mit der Dosis zunimmt.

Mit der Exposition von Keimzellen steigt die Zahl der Mutationen. Wenn die Mutationen durch Fortpflanzung über Generationen hindurch erhalten bleiben, drückt sich das in einer steigenden Zahl von genetischen Defekten aus. Diese Bedrohung stellt uns vor schwerwiegendste medizinische, ethische und philosophische Probleme im Hinblick auf zukünftige Generationen.«[10])

»Wenn in 1000 m Höhe eine Neutronenbombe über einem Panzerbataillon zur Explosion gebracht wird, passiert folgendes: Innerhalb 300 m vom Explosionszentrum wird die Panzerbesatzung als Folge der Strahlung innerhalb von 2 min gelähmt und stirbt innerhalb von 2 Tagen. Im Umkreis von 600 m dauert die Lähmung zwischen 5 und 45 min an. Der Tod tritt nach einer Woche ein. Im Umkreis von 1000 m kann die Panzerbesatzung noch weiterkämpfen und stirbt innerhalb einiger Wochen.«[11])

QUELLEN:

1) NIKLAS: Biologische Wirkungen ionisierender Strahlung; Zahnärztliche Praxis, Heft 17, 27. Jahr, 1976.

2) W. DITTRICH: Einfluß der Strahlenqualität auf die Strahlenwirkung; in: Handbuch der Medizinischen Radiologie (Hrsg. A. ZUPPINGER), Vol. II, Springer-Verlag, Berlin, 1966, S. 255.

3), 4) O. HUG et al.: Der Zeitfaktor, in: Handbuch der Medizinischen Radiologie, (s. 2), S. 302 und 304.

5) J. LISSNER, O. HUG: Radiologie, Kompendium für den 1. Klin. Studienabschnitt; Enke-Verlag, Stuttgart, 1975, S. 52.

6) MSD-Manual der Diagnostik und Therapie (Hrsg. Sharp & Dohme GmbH München), 2. Aufl., Urban & Schwarzenberg, München, 1975, S. 1513.

7), 8) J. LISSNER, O. HUG (s. 3), S. 53 und 55 f.

9) W. DITTRICH (s. 2), S. 259.

10) MSD-Manual (s. 6), S. 1514 f.

11) F. WIERING: Kommentar im abgedruckten Interview.

Der Mensch ist das Maß aller Dinge.« Dieser Ausspruch, der anscheinend schon lange vor den Sophisten von Pythagoras gebraucht worden sein soll, ist häufig als Selbstüberschätzung des Menschen mißverstanden worden. Dabei sollte er wohl das genaue Gegenteil, nämlich die Beschränktheit unserer Erkenntnismöglichkeiten zum Ausdruck bringen.

Der Einfluß von Ideologien und Religionen auf unsere Sicht der Dinge war das Hauptmotiv für die Entstehung der folgenden »Geschichte«. Ihr konkreter Rahmen entwickelte sich aus zwei Artikeln des Buches WORLD OF MATHEMATICS von J. R. Newman, sowie den politischen Entwicklungen im Iran nach dem Sturz des Schahs.

Im Namen Allahs

Wie die Welt wirklich ist, wissen wir nicht; zumindest erscheint sie keinen zwei Menschen völlig gleich. Die Unterschiede werden jedoch meist als unwesentlich empfunden, weil Menschen dazu tendieren, sich mit Menschen gleicher »Weltanschauung« zusammenzuschließen und sich von jenen mit anderen Anschauungen abzugrenzen. Letztlich ist jedoch jede Sicht, auch jede wissenschaftliche »Ansicht« weltanschaulich gefärbt.

Die folgende Eröffnungsrede eines wissenschaftlichen Kongresses ist ein (vielleicht nicht einmal überzogener) Versuch, die Beeinflussung auch wissenschaftlicher Ansichten durch Ideologien, durch reine Glaubensüberzeugungen zu karikieren.

Leider ist es immer leichter, auf Kosten anderer zu lachen. Aber vielleicht führt dieser Umweg zum eigentlichen Ziel, unsere eigenen Überzeugungen häufiger zu hinterfragen und, falls er sich ergibt, auch mal gehörig über uns selbst zu lachen.

»Im Namen ALLAHs, des Allgütigen, Allmächtigen und Allwissenden, haben wir uns in der Heiligen Stadt Mekka zusammengefunden, zum Ruhme und zur Ehre jenes Mannes, dessen Todestag sich nach dem Kalender der Ungläubigen heute zum dreihundertsten Male jährt. Ich weigere mich jedoch, verehrte Brüder und Schwestern im wahren Glauben, unser Zusammenfinden als ›Gegenkongreß‹ zu bezeichnen; es sei denn im Sinne eines Kongresses gegen die Unterdrückung der Wahrheit, gegen Irrtum und selbstgerechte Verblendung.

ALLAH ist groß, und groß ist Seine Güte, und ich bete zu ihm, daß er auch die Ungläubigen erleuchten möge; denn er ist der Weg, das Licht und die Gnade, ohne die wir der Unwissenheit und der ewigen Verdammnis anheimfallen.

Die Ungläubigen unter den Anwesenden bitte ich, mir ob meiner hart klingenden Worte nicht zu zürnen; denn jeder Suchende ist uns im Namen des Allgütigen willkommen. Die Wahrheit jedoch darf nicht zu Wachs werden in unseren Händen.

So möchte ich denn an den Anfang dieses Kongresses einige Sätze aus der Rede eines Ungläubigen stellen, die anläßlich des zweihundertsten Geburtstages jenes Mannes, den wir hier und heute ehren wollen, gehalten worden ist. Es sind Sätze, die mich zutiefst beeindruckt haben, weil sich in ihnen die erste Vorahnung unserer heutigen Erkenntnisse finden läßt. Ich zitiere:

> ›Warum nenne ich ihn einen Magier? Weil er das gesamte Universum und alles in ihm als ein Rätsel, als ein Geheimnis erachtete, das gelesen werden konnte, indem man das reine Denken auf Gewißheiten richtete, auf gewisse mystische Hinweise, die Gott in die Welt gelegt hat ... Er glaubte, daß diese Hinweise zum Teil in der Erkenntnis der Bewegungen der Gestirne und in der Zusammensetzung der Elemente zu finden seien (und dies war es, was zu dem falschen Eindruck führte, er sei ein experimentell orientierter Naturphilosoph), aber zum Teil auch in gewissen Schriften und Traditionen, die von den Brüdern in ungebrochener Linie weitergereicht worden waren, die bis zurück zu den ursprünglichen geheimen Schriften von Babylon reicht. Er betrachtete das Universum als Geheimschrift des Allmächtigen – ... Durch reines Denken, durch die Konzentration des Geistes, glaubte er, daß sich das Geheimnis dem Eingeweihten enthüllt.‹ (Ende des Zitats.)

Ich darf noch einmal wiederholen: ›und dies war es, was zu dem *falschen* Eindruck führte, er sei ein experimentell orientierter Naturphilosoph‹. Beeindruckende Sätze, wie ich meine, Sätze eines englischen Physikers namens John Maynard Keynes; und ein überzeugender Beweis für ALLAHs Gnade auch jenen gegenüber, die nicht im Lichte des wahren Glaubens wandeln, aber sich dennoch um die Wahrheit bemühen.

Es war jedoch ALLAHs weiser Ratschluß, den Gläubigen nicht die ganze Wahrheit zu erschließen, mehr noch, er schlug die Augen mit Blindheit, weil er erst jetzt die Zeit für gekommen hielt, die volle Wahrheit, durch diesen Kongreß der Gläubigen zu verkünden.

ALLAH ist groß, und gepriesen sei sein Name, heute und in alle Ewigkeit.

Wer war also jener Mann wirklich, zu dessen Ruhme wir uns versammelt haben? War er jener, den die Ungläubigen aus seinen veröffentlichten Schriften zu kennen glauben, oder jener, der sich uns in seinen unveröffentlichten, ja unterdrückten Schriften offenbart?

Dieser Kongreß soll und wird letzteres beweisen; und ich habe die große Ehre, die lange Beweiskette zu eröffnen, da es auch mir vergönnt war, den größten Teil seiner unveröffentlichten Schriften zu lesen, die leider noch immer in alle Welt verstreut sind. Die, in diesen Aufzeichnungen behandelten Themen sind äußerst vielfältig. Die meisten lassen sich jedoch drei großen Bereichen zuordnen, und somit in die theologischen, die historischen und die alchemistischen Schriften aufteilen.

Seine Ahnung von den tieferen Geheimnissen dieser Welt läßt sich bereits in seinen alchemistischen Schriften finden, was in einem der folgenden Referate noch ausführlich belegt werden wird. An dieser Stelle mögen folgende Zeilen genügen, die er im Zusammenhang mit der Herstellung von Gold schrieb. Ich zitiere:

> ›... Die Art, Quecksilber auf diese Weise zu imprägnieren, ist von jenen, die sie erkannt haben, vor anderen geheim gehalten worden und stellt deshalb möglicherweise einen Zugang zu etwas Höherem dar ...‹, und einige Zeilen weiter heißt es: ›... Es gibt andere Dinge als die Umwandlung von

Metallen (...), die niemand außer ihnen kennt.‹ (Zitatende).

Er wußte also um die Wissenden, um jene, die mehr wußten als er, aber er wagte nicht, öffentlich darüber zu sprechen, da er befürchten mußte, ausgelacht, ja verachtet zu werden.

Alles, was er je über seine jahrzehntelangen Laboratoriumsversuche der Öffentlichkeit preisgegeben hat, war ein kurzer Artikel mit dem Titel ›De Natura Acidorum‹, der keinen einzigen Satz, ja nicht einmal ein einziges Wort über seine tieferen Vermutungen und Ahnungen enthält.

Von seinen historischen Arbeiten veröffentlichte er nur eine ›Berichtigte Geschichte der alten Königreiche‹, die jedoch spürbar von der Überzeugung des Wirkens eines allmächtigen Gottes getragen ist.

Von dem umfangreichsten Teil seiner Schriften, den theologischen, ist ebenfalls nur eine Arbeit erschienen, und dies bezeichnenderweise erst gegen Ende seines Lebens, als in ihm der Wunsch zum Bekenntnis übermächtig wurde. Es war die Schrift ›Beobachtungen zu Daniels Prophezeihungen und zur Apokalypse des heiligen Johannes‹.

Jeder, der die Möglichkeit hat, diese und vor allem seine noch immer unveröffentlichten theologischen Schriften zu lesen, und dessen Augen nicht gehalten sind, ist es unmöglich zu leugnen, daß sie von nichts anderem künden als der Existenz und dem Wirken ALLAHs, des EINZIGEN.

Nur Ungläubige vermöchten hier einzuwenden, daß in keiner seiner Schriften, der Name des Allmächtigen zu finden ist. Seinen Namen zu kennen, ist nach ALLAHs weisem Ratschluß nur den Gläubigen vorbehalten. Seine Gnade ermöglicht es jedoch auch den Ungläubigen, sein Wirken zu erkennen. Haben nicht der Prophet Abraham, und sein Sohn Ismail, die erste Ka'ba hier in Mekka erbaut zur Verehrung ALLAHs des EINZIGEN? Jener Prophet, der auch von den Christen anerkannt und letztlich doch verkannt wird, weil der Allmächtige auf MUHAMMAD, den größten seiner Propheten, wartete, um seinen Namen zu offenbaren?!

Das Wunder besteht also nicht darin, daß jener Mann, den wir hier sind zu ehren, den Namen ALLAHs nicht erkannte, sondern darin, daß er trotz seiner Erziehung im falschen Glauben, trotz ständiger Repressionen seitens seiner im Unglauben verhafteten Umwelt, den Weg zur wahren und einzigen Gottheit gefunden hat!

Wie kam es, daß das wahre Wesen, das wahre Streben dieser eindrucksvollen Persönlichkeit so lange unentdeckt bleiben konnte?

Die ersten 23 Jahre seines Lebens waren angefüllt mit jenen wissenschaftlichen und theologischen Indoktrinationen, die seine Zeit und Umwelt für die richtigen erachtete. Und so war es ein sichtbares Zeichen ALLAHs, das dieser Zeit durch eine schreckliche Pestepidemie, die zwei Jahre andauerte, ein Ende setzte. Es war ein furchtbares Zeichen für alle Ungläubigen, doch sie haben ihre Augen verschlossen; nur er, den wir heute ehren, scheint es erkannt zu haben. Wie ließe es sich sonst erklären, daß er, der die meisten seiner großartigen Entdeckungen und die Grundlagen seiner späteren, in den folgenden Jahren in stiller Einkehr und Abkehr von der Welt gefunden hat, so gut wie nichts der Öffentlichkeit preisgab?

Heute wissen wir, daß sein eigentliches Streben stets der Suche nach dem Allmächtigen galt, und daß er in seinen mathematischen und physikalischen Untersuchungen nichts weiter als bloße Mittel sah – ungeeignete Mittel, wie er bald erkennen sollte –, um das Wirken des Allgütigen zu erkennen.

Als ihn Jahre später sein vormaliger Lehrer und Förderer bat, seine Vorlesungen über das Licht durchzusehen, damit sie ohne Fehler veröffentlicht werden konnten, erfüllte er ihm den Wunsch, jedoch *ohne* den Lehrer über seine eigenen bahnbrechenden Untersuchungen auf diesem Gebiet zu informieren. Er unterließ es nicht, weil er befürchten mußte, von seinem Lehrer und Freund hintergangen zu werden, sondern, weil er ALLAHs Zeichen erkannt hatte, nicht nach der oberflächlichen Erkenntnis der Dinge zu streben, sondern nach ihrem tieferen Sinn.

Es ist nämlich nachweisbar, daß der von uns heute Geehrte, nicht nur neue Erkenntnisse im Bereich der Optik *vor* diesem Ereignis gefunden hat, sondern auch jene Theorie, die ihn später so berühmt machte und die zu dem großen Mißverständnis führte, das es hier und heute zu beseitigen gilt.

Sein überragendes mathematisches und physikalisches Verständnis konnte natürlich nicht verborgen bleiben, und so drängten ihn seine Freunde und Bewunderer ständig, diese, von ihm selbst als nebensächlich erachteten Einsichten zu veröffentlichen.

Diese meine Einschätzung ist nicht bloße Vermutung, sondern läßt sich anhand zahlloser Aussprüche und Briefstellen beweisen. Im Alter von 37 Jahren – noch immer war es ihm gelungen, die Publikation seiner vielfältigen Untersuchungen auf ein Minimum zu beschränken, schrieb er zum Beispiel, ich zitiere:

> ›Meine Zuneigung zur Wissenschaft ist ausgebrannt ..., ich muß bekennen, daß ich keine Zeit mehr mit Schreiben (über wissenschaftliche Dinge) verbringen will, die ich besser für meine eigene Zufriedenheit und das Wohl anderer verbringen kann; und ich hoffe, daß weder Sie noch sonst jemand Anstoß an meiner Abneigung nimmt.‹ (Zitatende.)

Seine Hoffnung erwies sich jedoch als trügerisch; denn immer stärker drang man in ihn, insbesondere jener Edmund Halley – der selbst von einem christlichen Bischof als ›Ungläubiger Mathematiker‹ bezeichnet wurde. Schließlich gab er nach und begann seine berühmte ›Principia‹ zu schreiben. Das Werk besteht bekanntlich aus drei Teilen, die ihm Halley Stück für Stück abringen mußte. Und beinahe wäre es dem von ALLAH Erleuchteten doch noch gelungen, das Werk der Öffentlichkeit vorzuenthalten; denn noch kurz vor der Publikation schrieb er in einem Brief an Halley, ich darf zitieren:

> ›Die Wissenschaft ist ein unverschämtes streitsüchtiges Frauenzimmer, so daß ein Mann genausogut mit Rechtsstreitigkeiten befaßt sein kann, als sich mit ihr einzulassen. Ich habe das schon früher erkannt; und nun will ich nichts mehr mit ihr zu schaffen haben ...‹. (Ende des Zitats.)

Doch Halley und seine Freunde drängten ihn so lange bis das Buch doch noch erschien.

Kurz darauf erkrankte seine von ihm über alles geliebte Mutter und starb, trotz seiner aufopfernden Pflege.

Auch ungläubige Historiker bezeugen, daß ihn daraufhin eine tiefe Depression erfaßte, und er sich fast nur noch mit theologischen Fragen beschäftigte. Einige glauben, daß er kurzfristig sogar wahnsinnig geworden sei, andere hingegen sprechen nur von einem Nervenzusammenbruch. Ich hingegen bin der festen Überzeugung, daß es eine Phase innerer Erleuchtung war, die sich für seine ungläubige Umwelt als Krisis darstellte. ALLAH hatte ihm seine geliebte Mutter genommen, nachdem er trotz ALLAHs Zeichen seine ›Principia‹ veröffentlicht hatte, und der Geschlagene erkannte den Willen des Allmächtigen und bemühte sich fortan, ihn zu erfüllen. Den ungläubigen Wissenschaftlern mußte es daher unverständlich bleiben, warum er nach dem Tode seiner Mutter so gut wie keine neuen Arbeiten veröffentlichte. Wider besseres Wissen versuchte man seine Wissenschaftsabstinenz durch den Verlust seiner überragenden geistigen Fähigkeiten zu erklären. Ich sage: *wider besseres Wissen*, denn es war allgemein bekannt, daß er mindestens noch zweimal seine unübertroffenen Fähigkeiten bewiesen hat. Das erste Mal im Jahre 1696 der gregorianischen Zeitrechnung, als er ein schwieriges mathematisches Problem, das ihm Bernoulli gestellt hatte, innerhalb weniger Stunden löste; und zehn Jahre später, als er in ebenso kurzer Zeit ein ebenso schwieriges Problem löste, das ihm Leibniz stellte!

Man hat auch nicht verstanden, warum er schwieg, als sein Lehrstuhl-Nachfolger Whiston, seines Lehramtes enthoben wurde, weil er sich öffentlich zur Glaubensüberzeugung der Unitarianer bekannte. Die Verwunderung darüber ist deshalb so groß, weil man davon überzeugt war, daß der Geehrte auch Unitarianer gewesen sei, zumindest einer arianisch gefärbten Glaubensrichtung anhing. Ich bin nicht der einzige, der diese Ansicht nicht teilt. Zu Anfang mögen derartige Einflüsse bei ihm eine Rolle gespielt haben, da auch die Unitarianer den verkappten Polytheismus in Form eines in sich widersprüchlichen einzigen und dennoch dreieinigen Gottesbildes ablehnten.

So glaubten und glauben denn auch einige meiner ungläubigen Kollegen, daß wir den Geehrten eher als einen Monotheisten judaischer Prägung; denn als Unitarianer sehen sollten. Ich glaube, daß die Ungläubigen damit der Wahrheit nur ein Stück näherkommen. Die ganze Wahrheit ist – wie dieser Kongreß noch ausführlich belegen wird –, daß er über den judaischen Monotheismus noch hinausging, bis zu einer von jeglicher Färbung weitgehend gereinigten Gottesauffassung, die überraschend viele Übereinstimmungen mit ALLAH, dem EINZIGEN aufweist, wie er sich uns durch MUHAMMAD, seinen Propheten, geoffenbart hat.

Auf diesem Hintergrund läßt sich sein Verhalten in der Whiston-Affäre sehr wohl verstehen. Wäre er wirklich noch Unitarianer, im Sinne dieser Sekte, gewesen, so hätte sein Bekenntnis Whiston, zumindest in moralischer Hinsicht, gestützt. Er war jedoch längst tiefer in das Wesen des Allmächtigen eingedrungen, so daß bei meinen ungläubigen Kollegen unklar bleiben mußte, ob er nun einer arianisch unitaristischen Gottesauffassung oder einer judaisch maimonidischer Prägung zuneigte. Ein öffentliches Bekenntnis seiner tiefgehenden Gotteserkenntnis hätte somit nur Verwirrung gestiftet und ihm zweifellos nur geschadet und Whiston sowie den Unitarianern nicht nur nicht geholfen, sondern höchstwahrscheinlich ebenfalls zum Schaden gereicht.

Ich konnte in dieser meiner Eröffnungsrede verständlicherweise nur Grundgedanken unseres Kongresses, Grundgedanken jener radikal neuen Sicht, aufzeigen, die notwendig ist, um dem wahren Streben, der wahren Persönlichkeit und vor allem der wahren Leistung dieses Mannes, zu dessen Ruhm und Ehre wir uns hier und heute versammelt haben, gerecht zu werden.

Kurz vor seinem Tode soll er gesagt haben:

> ›Ich weiß nicht, als was ich in der Welt nach meinem Tode erscheinen werde. Ich selbst komme mir vor wie ein Junge, der am Meeresstrand spielt und sich ablenkt, indem er ab und zu einen glatteren Kieselstein oder eine schönere Muschel findet als gewöhnlich, während der große Ozean der Wahrheit in seiner Unermeßlichkeit unentdeckt vor ihm liegt.‹ (Zitatende).

Interessanterweise werden in den meisten Übersetzungen dieses Zitats die Worte ›und sich ablenkt‹ unterschlagen. Was den Sinn des Zitats dahingehend verfälscht, als wollte er sagen, daß er nur einige glatte Steine und schöne Muscheln, sprich wissenschaftliche Erkenntnisse, finden konnte, während er sich als unfähig erachtete, den Ozean der Wahrheit, sprich die Weltformel, wie sie heute oft genannt wird, zu entdecken.

Diese, auf den ersten Blick so unwichtig erscheinende Unterschlagung dreier Worte ist jedoch kennzeichnend für das ungeheuere Mißverständnis, das sich noch zu seinen Lebzeiten entwickelte und sich über Jahrhunderte verfestigt hat. Im Lichte der erleuchteten islamischen Forschung ist es nun erstmals möglich, den wahren Sinn dieser Worte zu verstehen; der aus heutiger Sicht kaum offensichtlicher sein könnte.

Die glatten Steine und schönen Muscheln, die wissenschaftlichen Erkenntnisse also, waren bloße Ablenkung, oberflächliche Zerstreuung, waren sozusagen Zeitverschwendung, die ihn davon abhielt, den großen Ozean der Wahrheit, nämlich den Allmächtigen, das Wesen und Wirken ALLAHs, des EINZIGEN zu entdecken und zu erkennen!

Nicht nur bei meinen verehrten ungläubigen Kollegen, sondern vielleicht auch bei einigen meiner Brüder und Schwestern im rechten Glauben werden noch Zweifel vorhanden sein oder gar vorherrschen, ob denn das von mir gezeichnete neue Bild des Mannes, zu dessen Ehre wir uns zusammengefunden haben, wirklich das wahre ist. Gerade diese Zweifelnden möchte ich um Geduld bitten; denn ich bin sicher, daß sich ihre Zweifel, falls sie weder ihr Ohr noch ihr Herz verschließen, im Laufe dieses Kongresses unter der überwältigenden Beweislast verflüchtigen werden.

Und ich erbitte ALLAHs Wohlwollen für uns alle, ohne den wir weniger sind als ein Staubkorn in den unermeßlichen Weiten des Alls, und ohne den wir niemals die Wahrheit über jenen Mann finden können, zu dessen Ruhm und Ehre wir uns hier in der heiligen Stadt Mekka versammelt haben; die Wahrheit über jenen Mann, den man Isaac Newton nannte.«

Anfang des Jahres 1982, schrieb der Ueberreuter Verlag einen Autorenwettbewerb aus. Da ich jedoch weder eine geeignete Geschichte vorrätig hatte, noch genügend Zeit, um eine zu schreiben, entschloß ich mich, eine SF-Miniatur einzureichen. Außerdem schwelte in mir schon des längeren der Wunsch, mal etwas Humorvolles zu schreiben.

Der 1972 verstorbene amerikanische SF-Autor Fredric Brown hatte sich vor vielen Jahren den Spaß erlaubt, folgende »Story«, mit weniger als 200 Anschlägen, zu verfassen:

»Nach dem letzten atomaren Krieg war die Erde ein toter Stern;
nichts wuchs mehr, kein Tier hatte überlebt.
Der letzte Mensch saß allein in einem Zimmer.
Da klopfte es an der Tür ...«

Mittlerweile wird sie in diversen SF-Lexika und -Enzyklopädien häufig als »die kürzeste SF-Story aller Zeiten« zitiert. Was lag also näher, als eine noch kürzere SF-Miniatur zu verfassen. Auf diese Weise entstand meine erste Miniatur DER ZERSTREUTE PROFESSOR, die ich aus Jux als »kürzeste SF-Story der Welt« einsandte. Wie zu erwarten, erhielt ich weder den 1. noch den x. Preis; doch der Jury gefiel mein Spaß so gut, daß er dennoch in die Anthologie der Preisträger aufgenommen wurde.

Die Folge meiner Idee war allerdings, daß ich danach versuchte, immer kürzere SF-Miniaturen zu verfassen, mit dem letztlichen Ziel, die wirklich kürzeste SF-Story aller Zeiten zu produzieren.

Im folgenden habe ich eine kleine Auswahl meiner diesbezüglichen Versuche zusammengestellt.

4 SF-Miniaturen

DER ZERSTREUTE PROFESSOR*

»Diese Kugel«, rief der Professor,
während er spontan die Hand auf sie legte,
»vermag jedes Lebewesen, das ihr zu nahe kommt,
innerhalb weniger Sekunden aufzulös ...«

DER WASSERPLANET

Endlich hatten sie einen Planeten gefunden, setzten mit den letzten Energiereserven zur Landung an, fanden jedoch nur Wasser – und versanken.

DIE BOMBE

Seine kurze denkwürdige Rede
begann mit den Worten:
»Dies ist eine absolut sichere Bom ...«

DIE ANTIDEMATERIALISATIONSMASCHINE

Seit heute
bin ich stolzer Besitzer
einer Antidematerialisationsmaschi ...

---

* Erschienen in: DER PLANET DER PLATTEN: die 39 besten Geschichten aus dem Ueberreuter-Science Fiction-Wettbewerb. – Wien; Heidelberg: Ueberreuter, 1983. Mit freundlicher Genehmigung des Ueberreuter-Verlags.

Dieses Kurzhörspiel entstand quasi als Metamorphose aus der Rohfassung einer Zeitreisegeschichte. Um die Natürlichkeit des Selbstgesprächs besser prüfen zu können, sprach ich es auf Band, und erst beim Abhören kam mir die Idee, die Geschichte in ein Kurzhörspiel umzuwandeln.

Nimm reichlich Butter, damit sie schön braun werden

PERSONEN:

TAXIFAHRER (männlich; Alter: ca. 45 Jahre)
FAHRGAST (weiblich); Alter: ca. 60 Jahre)

Kurze Einleitungsmusik (eventuell nur Schlagzeug, aber nicht zu bedrohlich). In die Musik Verkehrslärm einblenden (Ort: München-Schwabing, Elisabethstraße). Musik ausblenden.

Fahrgast: *(Am Straßenrand stehend, rufend)* Taxi, hallo Taxi!
(Taxi hält, Motor läuft im Stand, Verkehrsgeräusche. Öffnen der Autotür.)

Fahrgast: Sind Sie frei?

Taxifahrer: Bin ich, gnä' Frau.
(Die vordere Tür wird zugeschlagen, eine der hinteren geöffnet. Die Frau steigt ein. Die Tür wird zugeschlagen.)

Fahrgast: Könnten Sie mich zum Flughafen bringen?

Taxifahrer: *(leicht erstaunt)* Zum Flughafen. Wie Sie wünschen.
(Der Wagen fährt an. Beschleunigt langsam bis auf normale Stadtgeschwindigkeit.
Das folgende Selbstgespräch mit leicht gedämpftem Fahrgeräusch und stark gedämpftem Verkehrslärm – wenig Verkehr – unterlegen.)

Taxifahrer: *(Selbstgespräch)* Angenehm solche Fahrgäste, die

nicht ständig mit einem quasseln wollen. Sagen, wohin man will, notfalls noch'n paar freundliche Sätze und mich für den Rest der Fahrt in Ruhe lassen. So mag ich das. Aber ausgerechnet zum Flughafen. Ich kann machen, was ich will, jedesmal muß ich wieder dran denken. Beißen könnt' ich mich. Immer noch, sonst wohin beißen. Letzte Woche 25jähriges Jubiläum. Aussteigen hätte ich können. Nichts mehr von wegen ›bitte schön‹ hinten und ›danke schön‹ vorne, ›wie die Dame wünschen‹ und selbstverständlich den sauschweren Koffer ins vierte Stockwerk asten. Gespottet ham se die jungen Spunde, ›Kavalier der alten Schule‹. Und recht ham se, wer dankt es einem heute schon, wenn man sich um den Fahrgast bemüht.
Aufhören hätte ich können, alles hinschmeißen, oder gar ein eigenes Taxiunternehmen aufbauen. Ach was, eigenes Unternehmen, Faulenzen, reisen, wohin ich wollte. Alles hätte ich gekonnt. Alles.
Hätte ich nur die richtige Frage gestellt, eine einzige richtige Frage. Nicht mal zugehört hab' ich, total abgeschaltet. Laß ihn ruhig quatschen, hab' ich mir gesagt, jeder spinnt auf seine Weise, und der ganz besonders. In die Klapsmühle sollte man ihn fahren, hab' ich noch gedacht, und nicht zum Flughafen.
Elisabeth Ecke Teng hat er mich angehalten. War gerade auf dem Rückweg zu meinem Standplatz. Wenn er mir gleich gesagt hätte, daß er kein Geld bei sich hat, hätte ich ihn gar nicht erst mitgenommen. Dabei sah er ganz normal aus. Vielleicht sogar noch einige Jährchen älter als ich. Kein Gepäck, nicht mal 'ne Aktentasche. Will wohl jemanden abholen, dachte ich mir und hatte nichts dagegen, daß er vorne einstieg. Komisch fand ich nur, wie er sich dafür bedankte, daß ich ihn freundlicherweise zum Flughafen brächte. Keine Ursache, hab' ich gesagt, dafür ist unsereins ja schließlich da. Als nächstes hat er mich doch glatt nach meinem Alter gefragt. »Beneidenswert« oder so was ähnliches hat er gesagt. Wieso?,

hab' ich ihn gefragt. *(Ironisch)* Weil ich noch so jung wäre. Ich laß mich doch nicht verscheißern, und wie alt sind Sie? hab' ich ihn gefragt. *(Preziös)* Das wisse er nicht mehr, hat er gesagt; nein, was anderes, *(preziös)* er könne das aufgrund irgendeiner Raum-Zeit-Dingens äh nicht sagen. Irgendeiner Raum-Zeit-äh-Dings, ja.

Wenn er bloß nicht dauernd so verquastes Zeug geredet hätte. Für mich hat's jedenfalls so geklungen. Wahre Löcher hat mir Gitti in den Bauch gefragt. Ganz genau wollte sie alles wissen. Wär' ich aufs Gymnasium gegangen, hätte ich sicherlich auch kapiert, was er da erzählte. Gitti wird's jedenfalls mal besser haben als ich. In drei Jahren macht sie ihr Abitur.

(Quietschende Bremsen.)

(laut) Mann-oh-Mann, keine Ahnung vom Autofahren, aber im Porsche sitzen. So was hab' ich gern. Ich hoffe es ist nichts passiert, gnä' Frau.

Fahrgast: Puuh, das war aber ganz schön knapp.

Taxifahrer: Is' noch mal gut gegangen. Hoffentlich kommt uns nicht noch so'n Verrückter in die Quere.

Fahrgast: Hoffentlich.

(kleine Pause)

Taxifahrer: *(Selbstgespräch)* Damals wär' uns auch einer beinah' reingefahren. Das war, als er von seinen Reisen erzählte, *(preziös)*, daß er soviel herumreisen müsse. Und wohin? hab' ich ihn gefragt. *(Preziös)* Sein Ressort sei die Vergangenheit, hat er gesagt. Komische Antwort, dachte ich damals, vielleicht besucht er nur alte Bekannte. *(Preziös zitierend)* »Sie glauben ja gar nicht wieviele Irrtümer die geschichtlichen Überlieferungen bergen.« An den Satz kann ich mich noch ganz genau erinnern. Altertumsforscher also, hab' ich mir gedacht. Und dann war er nicht mehr zu bremsen. Mein Gott, was hat der nicht alles erzählt. Irgendwas von Alexander dem Großen, von Cäsar, daß Nero Rom gar nicht angezündet hätte. Die meisten Namen hab' ich gar nicht gekannt. Aber ärgerlich war er, das weiß ich noch genau, *(preziös)* weil man sich immer nur für das Leben hervorstechender Persönlichkeiten interessiere, obwohl die wahren Ursachen großer Veränderungen meist ganz woanders lägen. Richtig echauffiert hat er sich, *(preziös)* »als ob es so wichtig wäre was X oder Y auf ihrem Totenbett gesagt hätten. Wissen Sie was Einsteins letzte Worte wahren?« Als ob mich das interessiert hätte. Aber er hat's trotzdem erzählt. Nur eine Krankenschwester soll dabei gewesen sein, als er gestorben ist, irgendwo in Amerika, in Princeton, wie mir Gitti erklärt hat, aber die Schwester hat nun mal kein Wort deutsch verstanden. »Wissen Sie, was Einsteins letzte Worte waren?« Genau so hat er gefragt. Ich hab' nur mit den Schultern gezuckt. »›Mir ist kalt‹, waren seine letzten Worte und nicht etwa, ›nun werde ich sehen ob Gott würfelt‹, oder ›Niels hat doch nicht recht gehabt‹.« Was für'n Niels? hab' ich Gitti gefragt. Irgend so'n Physiker; schon erstaunlich was die so alles lernen heutzutage.

Kein Wort hab' ich ihm geglaubt, aber fleißig genickt und mich aufs Fahren konzentriert. Dabei war die Strecke fast frei, alle auf Urlaub. Aber Zeitschinden gibt's bei mir nicht.

(Bremsgeräusch, Wagen hält.)

Prinzregenten, hier ist doch immer Rot.

Fahrgast: Ziemlich wenig Verkehr, oder täusche ich mich?

Taxifahrer: Ganz recht, gnä' Frau. Halb München ist auf Urlaub.

Fahrgast: Ah ja.

(Wagen fährt weiter.)

Taxifahrer: Hier war es gewesen, genau hier, als er mich nach dem Franzosen gefragt hat. ›Ferma‹ wird er nur gesprochen, aber ›Fermat‹ geschrieben, hat mir Gitti erklärt. *(Preziös)* Ich hätte doch sicherlich schon von Fermats Letztem Theorem gehört, jawoll, Fermats Letztem The-o-rem. Nur angeschaut hab' ich ihn,

und null Ahnung gehabt, wovon er redete. Gitti wußte es natürlich. Ein französischer Mathematiker soll das gewesen sein. Ganz genau hat sie's mir erklärt. »Du kennst doch den Pythagoras, Vati, a-Quadrat plus b-Quadrat ist c-Quadrat.« Natürlich, hab' ich gesagt, hat irgendwas mit Dreiecken zu tun, mit rechtwinkligen. Ganz stolz bin ich gewesen, obwohl das schon alles war, was ich noch wußte. Schlaues Kerlchen der Pythagoras, aber der Fermat soll sogar noch schlauer gewesen sein. Das Theorem selbst hab' ich zwar nicht so ganz kapiert, aber immerhin soviel, daß der Fermat es auf einen Buchrand gekritzelt haben soll und drunter hat er geschrieben, daß er es auch beweisen kann, aber daß der Platz nicht mehr ausreicht, um den Beweis hinzuschreiben. Der Platz hat ihm nicht gereicht, und seit über 300 Jahren versuchen Tausende von Mathematikern so'n Beweis zu finden, und ihm hat der Platz nicht gereicht. Wenn ich das doch nur vorher gewußt hätte. Nicht auszudenken, was der Beweis wert gewesen wäre. Unsummen hätte ich dafür bekommen.
(Zitierend) »Sie werden es vielleicht nicht glauben«, hat er gesagt, »aber Fermat hat den Beweis tatsächlich gefunden, und zum Dank für Ihre Freundlichkeit will ich Ihnen den Beweis aufschreiben.« Und ich? – Fast ärgerlich bin ich geworden, weil er noch immer auf seinem Notizblock rumkritzelte, als ich längst vor der Abflughalle gehalten hatte. Macht 22 Mark 50, hab' ich gesagt; und er hat immer noch geschrieben. Und dann der Knüller, daß er kein Geld bei sich hätte. Weiß auch nicht, warum ich nicht gleich die Polizei gerufen habe. Bin eben zu gutmütig. Enttäuscht war er sogar, daß ich ihn nicht aus Freundlichkeit, sondern *(preziös)* in Erwartung einer Bezahlung mitgenommen hätte. »In Erwartung einer Bezahlung«, genau das hat er gesagt. Er hoffe jedoch, daß er mich durch die Aushändigung des Beweises für meinen Dienst mehr als entschädigen würde.

Mit Verrückten soll man nicht streiten, hab' ich mir gesagt, aber zeigen wollt' ich ihm doch, was ich von ihm und seiner ›Entschädigung‹ hielt.
Es ist zum wahnsinnig werden. *(Leicht weinerlich)* Freundlich lächelnd hab' ich das Blatt mit den vielen Zahlen vor seinen Augen zusammengedreht. Zusammengedreht hab' ich es und mir damit eine Zigarre angesteckt. Vor seinen Augen, eine Zigarre angesteckt! Und er? Dagesessen ist er, kein Wort hat er gesagt, bis das Blatt zu Asche verbrannt war. Richtig enttäuscht hat er ausgesehen. *(Zitierend, langsam und ernst)* »Nicht wahr, Sie haben mir nicht geglaubt, kein einziges Wort geglaubt«, und dann: »Mein Freund, Sie haben einen großen Fehler gemacht, aber ich werde Ihnen noch eine letzte Chance geben. Sagen Sie mir, was Sie gerne wissen würden, etwas, das in die Vergangenheit gehört.« Und ich hab' nichts begriffen, geärgert hab' ich mich, eins auswischen wollt' ich ihm für seine Unverschämtheit.
Alles hätt' ich ihn fragen können. Alles. Ich hab' zwar nicht viel gelernt, und ich weiß auch nicht viel, aber ein paar gute Fragen hätte ich bestimmt gewußt: Zum Beispiel wo der Schatz der Nibelungen liegt, oder wo das Nazigold versteckt ist, auf welchen Dachböden noch unerkannte Meisterwerke herumliegen, wo es noch unentdeckte Erdölvorkommen gibt, oder andere Bodenschätze. Alles hätte ich fragen können.
Und was hab' ich hirnverbrannter Idiot getan? *(Leicht weinerlich)* Nach meiner Großmutter hab' ich ihn gefragt, nach ihren letzten Worten, bevor sie gestorben ist. Weil ich ganz sicher war, daß er sie nicht wissen könnte. Nur ich war damals mit ihr in der Küche gewesen. Sie war im Lehnstuhl gesessen und hatte mir erklärt, wie man gefüllte Pfannkuchen macht. Ich hab' nie darüber geredet, warum auch. Aber ich erinnere mich noch ganz genau.

»Nimm reichlich Butter, damit sie schön braun werden«, hat sie gesagt. Ich glaubte, sie sei dann eingenickt, aber als wir sie zum Essen wecken wollten, war sie tot.

Ich wollte ihm ordentlich eins auswischen, freute mich schon auf sein verdutztes Gesicht.

Verdutzt hat er weiß Gott dreingeschaut. Und dann sagte er: »Nimm reichlich Butter, damit sie schön braun werden.«

Nachlaufen hätt' ich ihm müssen. Dagesessen bin ich wie erschlagen. Als ich wieder einen klaren Gedanken fassen konnte, war er weg. Spurlos verschwunden. Über eine Stunde bin ich rumgelaufen, an allen Schaltern hab' ich nach ihm gefragt, sogar die Polizei hab' ich bemüht.

(Hörbares Ausatmen) Alles umsonst.

Gitti hab' ich verboten, jemals wieder die Geschichte zu erwähnen. Mich selbst hab' ich gezwungen, nicht mehr an sie zu denken. Aber jedesmal wenn ich hier rausfahre, muß ich wieder dran denken. Ich sollte überhaupt nicht mehr zum Flughafen fahren. Schluß damit, aus und vorbei. – Gott sei dank, wir sind da.

(Wagen hält, laufender Motor)

Fahrgast: Wieviel macht es bitte?

Taxifahrer: Genau 20 Mark, gnä' Frau.

(Öffnen der Handtasche, Herausnehmen der Geldbörse, Öffnen der Geldbörse, Entnehmen eines Scheins.)

Fahrgast: Bitte behalten Sie den Rest.

Taxifahrer: *(erstaunt)* Aber das sind hundert Mark?

Fahrgast: *(Beim Aussteigen)* Ist schon in Ordnung. Bitte bemühen Sie sich nicht.

Übrigens – beim letzten Mal ist mir ein kleiner Fehler unterlaufen, ihre Großmutter sagte nämlich: »Nimm reichlich Butter, damit sie schön braun werden, Schnubbelchen.«

(Zuschlagen der Autotür, sich entfernende Frauenschritte.)

Haben auch Sie als Kind jene kitschigen »Schneemärchen« fasziniert? Jene halbkugelförmigen, durchsichtigen Gebilde in die Schneewittchen mit den sieben Zwergen, Rotkäppchen und der Wolf oder auch Dornröschen und ihr Prinz eingeschlossen waren, und in denen durch kräftiges Schütteln die heftigsten Schneestürme entfacht werden konnten?

Da ich meine verbliebene Schwäche für diese Schneewelten nicht verhehlen konnte, bekam ich zu meinem 40. Geburtstag eines dieser selten gewordenen Kinderspielzeuge als Geschenk. Kurz darauf entstand der Wunsch, einmal eine Geschichte zu schreiben, in der so ein Spielzeug eine Rolle spielen sollte. Es blieb lange bei dem gestaltlosen Vorhaben, bis ich mich eines Tages im letzten Winter an die Maschine setzte, um eine Geschichte über einen Textcomputer zu schreiben.

Ich schrieb spontan drauf los und folgte auch scheinbar abweichenden Assoziationen, bis sich zu meiner eigenen Überraschung das ›Dornröschen im Schnee‹ als entscheidender Kristallisationspunkt entpuppte, um die losen Fäden doch noch zu einem sinnvollen Ganzen zu verknüpfen.

Dornröschen im Schnee oder Den Seinen gibt's der Herr im Schlaf

Ich weiß gar nicht so recht, wo ich beginnen soll. Vielleicht mit jenem Morgen, an dem ich wieder einmal vor einem leeren Blatt saß, das heißt, es war gar kein leeres Blatt, aber das Gefühl war das gleiche. Man setzt den langersehnten Schlußpunkt hinter einen Roman, oder auch nur hinter eine Kurzgeschichte, freut sich auf eine wohlverdiente Ruhepause und möchte alles, nur keine leeren Blätter sehen.

Und worüber stolpert man?

Über leere Blätter.

Sie verfolgen einen geradezu, und wenn es nur in den Träumen ist, dort jedoch am hartnäckigsten. Ich träume noch immer von leeren Blättern, obwohl sie sich mittlerweile zunehmend in leere Bildschirme und unbedruckte Papierfahnen verwandeln. Auch bei mir.

Da macht man das Idiotischste, was man machen kann, man schreibt und schreibt, um Bücher zu füllen, die kaum jemand Zeit hat zu lesen.

Bald sitzen wir den ganzen Tag vor den Bildschirmen; es beginnt schon im Kindergarten, setzt sich fort in der Schule, im Studium, in der Ausbildung, am Arbeitsplatz. Am Abend will man sich berieseln lassen, nicht mehr denken müssen, sitzt wieder vor dem Schirm, kommt nicht einmal mit dem Anschauen der gespeicherten Sendungen nach.

Bücher sind anachronistische Relikte, Antiquitäten mit Dekorationsfunktion. Was zählt, ist die Aufmachung, am besten Leder mit Platinprägung und sündteuer.

Sicher, einige lesen noch, ich meine erfundene Geschichten. Der Haken ist nur, es gibt bald weniger Leser als Autoren. Zum Glück spezialisieren sich die meisten auf das Schreiben von Drehbüchern fürs Fernsehen.

Ich kann das nicht, der ständige Trott auf vorgeschriebenen Trampelpfaden würde mich derart deprimieren, daß ich zu einem Psychotherapeuten gehen müßte, und den könnte ich nur bezahlen, wenn ich weiterhin die Sachen schriebe, die mich krank machen. Also erfinde ich weiterhin Geschichten, schlage mich mit den verbliebenen Verlegern herum und träume vom Untergang der Bildschirme und natürlich von leeren Blättern. Und ich bleibe bei Blättern, obwohl auch ich meine gute alte elektronische Schreibmaschine längst durch einen Textcomputer ersetzt habe, nicht zuletzt deshalb, weil er viel billiger ist.

Wie gesagt, an jenem Morgen, von dem ich erzählen möchte, saß ich wieder einmal vor einem leeren Blatt, auch noch vor jenem, das ich mit der ersten Seite einer neuen Geschichte zu füllen gedachte. Natürlich saß ich vor einem öden Bildschirm, aber es klingt nun einmal schöner, von leeren Blättern zu schreiben. Wie bereits zu bemerken war, weiß ich nie so recht, wie ich eine Erzählung beginnen soll. Da schwebt einem eine tolle Idee vor, zumindest hält man sie anfänglich für toll, dann versucht man sie zu fassen, in Worte zu fassen, doch wohin man auch faßt, man faßt ins Leere. Zumindest geht es mir so, manchmal füllen meine Greifversuche eine ganze Seite, bevor ich den geeigneten Einleitungssatz gefunden habe. Noch schlimmer ist die Zeit vor den ersten Fehlversuchen.

So war es auch an jenem Morgen. Ich saß vor der Maschine, unfähig, auch nur das erste Wort zu finden. Als nächstes klingelte das Telefon, dann kam die Post. Nur Rechnungen. Dann saß ich wieder vor der Maschine und begann mich zu fragen, ob meine Idee denn wirklich so toll sei, und je öfter ich mich fragte ... In solchen Fällen hilft meist nur körperliche Betätigung, wie Staubsaugen oder Geschirrspülen, was mir wenigstens die Anschaffung eines teuren Hausandroiden erspart. Staubsaugen geht immer, schlecht ist nur, wenn kein schmutziges Geschirr vorhanden ist. Ich lebe zum Glück allein, zumindest in der Zeit, in der ich schreibe, was nicht nur mir, sondern auch meiner Umwelt zugute kommt. Schriftsteller scheinen ziemlich anstrengend zu sein, vor allem, wenn sie schreiben.

Ich hatte also ausgiebig telefoniert, mich über die Rechnungen geärgert, abgewaschen und staubgesaugt und so den halben Vormittag verbracht, ohne auch nur eine Zeile geschrieben zu haben. Um es kurz zu machen: als ich schließlich zu Bett ging, hatte der Bildschirm noch immer nichts von seiner Jungfräulichkeit verloren.

Um mich abzulenken, las ich noch ein wenig. Und was las ich? Science Fiction natürlich, genauer gesagt, ich blätterte in den Kurzbiographien eines uralten SF-Lexikons, übersprang die Berühmtheiten und blieb bei BROWN hängen, bei Fredric BROWN, unter anderem Verfasser der kürzesten SF-Story aller Zeiten:

> »Nach dem letzten atomaren Krieg war die Erde ein toter Stern, nichts wuchs mehr, kein Tier hatte überlebt. Der letzte Mensch saß allein in einem Zimmer. Da klopfte es an der Tür ...«

Es klopfte noch immer, als ich bereits eingeschlafen war. Am nächsten Morgen wollte ich nach dem Erwachen nicht gleich aufstehen und rollte mich auf die andere Seite.

Ein schwaches, grünliches Leuchten auf dem Schreibtisch. Ich hatte doch glatt vergessen, den Teco abzuschalten. Etwas verwunderte mich. Ich setzte die Brille auf. Der grüne Fleck bekam scharfe Ränder und tatsächlich, noch grüner und noch heller, einige Zeilen auf dem Schirm. Ich mußte aufstehen, um sie zu entziffern:

... DAS KUERZESTE SF-HOERSPIEL ALLER ZEITEN ..
... TITEL: ES WAR EINMAL ....
.... EIN SCIENCE FICTION-AUTOR ....
... VERMIETER: HIER WOHNTE EINST EIN ....
.... SCIENCE FICTION-AUTOR ....
.... DER VOR NEUEN IDEEN ....
.... SCHIER PLATZTE ....
... MIETER: WAS SIND DENN DAS FÜR ....
.... HAESSLICHE FLECKEN ....
.... AN DER TAPETE? ....
... VERMIETER: DAS IST DER ....
.... SCIENCE FICTION-AUTOR! ....

Mir fehlten die Worte. Hatte sich jemand mit mir einen Scherz erlaubt, aber es gab niemanden, der einen Schlüssel zur Wohnung besaß? Ich fand nur eine Erklärung: ich mußte, ohne davon zu wissen, nachts aufgestanden sein und die Zeilen selbst geschrieben haben. Mein Blick fiel auf das am Boden liegende Lexikon. Browns kürzeste SF-Story aller Zeiten, ich erinnerte mich, sie mußte mich bis in meine Träume verfolgt haben; und dann ...

Den Seinen gibt's der Herr im Schlaf!

Bevor ich die Zeilen löschte, ließ ich sie vorsorglich ausdrucken, man konnte ja nie wissen. Und wie Sie sehen, hatte ich gut daran getan.

Nach dem allmorgendlichen Müsli wieder die übliche Tortur: sich an den Schreibtisch setzen und auf eine göttliche Eingebung warten. Dabei jedoch ständig das an chronischer Auszehrung leidende Bankkonto im Hinterkopf.

»Schicken Sie mir so eine richtig schnurrige Geschichte, mit Pfiff und Pepp, und wir werden sie gerne abdrucken.«

»Und was meinen Sie mit schnurrig, pfiffig und peppig?«

»Na, so was wie DER LIEBESDIENER.«

»Der war doch gar nicht von mir.«

»Das ist es ja eben, so was sollten Sie schreiben.«

Es blieb mir nichts anderes übrig, wollte ich zu einem schnellen Scheck kommen, mußte etwas Schnurriges her. Am späten Nachmittag habe ich aufgegeben und war zu Freunden gegangen, in der Absicht, eine kuriose Idee, eine halb verzweifelte würde vielleicht besser passen, zu verdrängen.

Sonja wollte mich sicherlich trösten. Erreichte das Ziel aber nur zum Teil mit ihrer bemerkenswerten Kochkunst und zerstörte das Erreichte ungewollt, indem sie mir aus ihrer neuesten Arbeit vorlas. Ich hatte nur eingewilligt, weil auch sie sehr unzufrieden schien. Und was folgte! Eine Kaskade blank polierter, kunstvoll gedrechselter Sätze, überreich mit funkelnden Wortgebilden bedacht, die mich vor Neid erblassen ließen. Ich muß richtig krank ausgesehen haben; anders kann ich mir ihre rührende Fürsorge gar nicht erklären.

Noch ein wenig deprimierter, als ich die Wohnung verlassen hatte, kehrte ich abends wieder in sie zurück. So absurd meine Idee vom Nachmittag auch war, ich wollte es wenigstens versuchen. Vorsichtshalber schaltete ich meinen Teco ein und legte mich ins Bett. Mit geschlossenen Augen wiederholte ich immer wieder ein und denselben Satz: *Mir wird heute nacht eine wunderbar schnurrige Geschichte einfallen, und ich werde im Schlaf aufstehen und sie eintippen.* Ich kann mich nicht erinnern, wie oft ich ihn wiederholt habe, nur daran, daß es weiß Gott anstrengender war, als Schafe zu zählen. Und dann jenes geradezu peinliche Ergebnis meiner Bemühungen. Sie glauben vielleicht, es wäre nichts weiter geschehen, und ich hätte den Bildschirm nach durchschlafener Nacht in der gleichen Verfassung vorgefunden wie am abend zuvor. Viel schlimmer. Ich war erneut zum Schlafwandler geworden und hatte folgendes in die Computerkonsole getippt:

... BITTE UEBERWEISEN SIE DAS VEREINBARTE ....
... HONORAR AUF DAS ....
... ANGEGEBENE BANKKONTO ....

Also setzte ich mich nach dem Frühstück wieder an die Maschine und hoffte auf die ersehnte Eingebung. Alles mögliche fiel mir ein: welche Briefe längst geschrieben sein sollten, was ich mir zum Mittagessen genehmigen könnte, welche Rechnungen noch offen waren, nur nicht der Beginn der neuen Geschichte. Da alles abgewaschen war, blieb mir nur das Staubsaugen. Und dann saß ich wieder vor der wartenden Maschine, sprachlos, im wahrsten Sinne des Wortes.

Sonnenstrahlen drangen durch die Scheiben, brachen sich in der gläsernen Halbkugel eines, auf der Fensterbank stehenden, Kinderspielzeugs, malten einen winzigen Regenbogen auf die eingeschlossene Welt: Im Hintergrund, ein mächtiger Felsen unter blauem Glashimmel. Auf dem Felsen das Schloß mit dem schlafenden Dornröschen. Im Vordergrund der Prinz mit seinem Schimmel, zwischen ihm und der Prinzessin eine gewaltige Hecke. Auf dem Boden ein weißer Flockenteppich. Alle Einzelheiten der Szene gut erkennbar hinter der ungefärbten Vorderseite der Glaskuppel. Zwei, drei schnelle Drehungen in entgegengesetzten Richtungen, und das wildeste Schneetreiben wirbelt durch die kleine Welt, entzieht sie für einen kurzen Moment dem Blick des Betrachters, bis der Sturm sich wieder legt, und schließlich auch die letzten Flocken gemächlich zu Boden sinken oder weiße Häubchen auf der Hecke oder gar auf dem armen Prinzen und seinem Schimmel bilden.

Ich weiß nicht, was mich an diesen kleinen Schneelandschaften so fasziniert, weiß nur, daß sie mich schon immer fasziniert haben, insbesondere mein Dornröschen im Schnee. Immer wieder ließ ich die Flocken tanzen, bis ich plötzlich Hunger verspürte.

All dies mag für das, wovon ich Ihnen erzählen möchte, höchst nebensächlich, vielleicht sogar überflüssig erscheinen, doch es scheint nur so.

Jedenfalls zog ich mir den Mantel an und verließ die Wohnung, um mir etwas Eßbares zu besorgen. Mit deutlich gebesserter Stimmung wollte ich mich danach erneut an die Arbeit machen. Mein Teco war noch immer eingeschaltet, und dann das:

... JETZT MUESSTE ICH ABER GUT ....
... ZU VERSTEHEN SEIN ....
... ICH WERDE ES IN EIN PAAR TAGEN ....
... NOCHMAL VERSUCHEN ....

Eins war so sicher wie das Amen in der Kirche. Ich hatte diese Zeilen nicht geschrieben!

Stammten womöglich auch die übrigen gar nicht von mir? Von

wem aber dann? Die Maschine konnte sie doch unmöglich selbst fabrizieren!

Ich wußte nichts Besseres zu tun, als alle Türen und Fenster in der kommenden Nacht besonders zu sichern und mich ans Bett zu fesseln. Natürlich nur so, daß ich mich im Schlaf nicht befreien konnte. Ich kettete einen Fuß an die Heizung, was mich noch am wenigsten störte und legte den Schlüssel zum Kettenschloß in eine Timerkassette, die sich erst wieder am kommenden Morgen öffnen ließ.

Zur Hälfte erleichtert und zur anderen verwirrt, entdeckte ich nach dem Erwachen keine neuen Zeilen auf dem Schirm. Obwohl die ganze Angelegenheit nach wie vor höchst mysteriös blieb, versuchte ich, jedwedes Nachdenken über sie zu unterlassen und mich auf den längst fälligen Beginn einer neuen Geschichte zu konzentrieren. Nach den sattsam bekannten Intermezzi, endlich der ersehnte Anfang am späten Vormittag. Zwanzig Zeilen vielleicht. Am Nachmittag zunehmende Unzufriedenheit, ständiges Überarbeiten und Zusammenstreichen der kurzen Passage; am Abend die bange Frage, ob überhaupt eine Zeile zu retten sei. Urteilen Sie selbst.

> *Es war bereits Herbst geworden. Alles strahlte Vergänglichkeit aus, wohin er auch blickte. Er hatte sich hierher zurückgezogen, in der Hoffnung, daß ihm niemand besondere Beachtung schenken würde. Den völlig verwilderten Garten hatte er wieder hergerichtet, doch die meisten alten Bäume waren längst abgestorben; und die trügerische Farbenpracht des Herbstes war nur täuschender Vorbote der nahenden Trostlosigkeit des bevorstehenden Winters.*

So ging ich denn schlecht gelaunt zu Bett, wiedermal das Abschalten des Teco vergessend, nicht jedoch, ohne die Fußfessel anzulegen.

Am Morgen, die Krönung der unerklärlichen Ereignisse. Leuchtende, Aufmerksamkeit heischende Zeilenbänder, erheblich zahlreicher als die vorhergehenden Male, ohne den geringsten Hinweis auf ihr Zustandekommen. Und ihr verblüffender Inhalt:

DER GARTEN LAG IM STERBEN. NICHT DAS HERBSTLICHE STERBEN BEKÜMMERTE IHN, SONDERN DAS ENDGÜLTIGE. SEINE LIEBLINGSBÄUME, DIE LÄRCHEN, RECKTEN SCHON SEIT LANGEM IHRE TOTEN ÄSTE INS WECHSELNDE BLAU DES HIMMELS, WAREN SCHON VOR JAHREN GESTORBEN, EBENSO WIE DIE BLAUTANNE, DEREN KÜMMERLICHES SKELETT ER LÄNGST AUS SEINEN AUGEN UND SEINER ERINNERUNG VERBANNT HATTE. DIE LÄRCHEN STANDEN NOCH IMMER, VERKRÜPPELTE MAHNMALE FORTSCHREITENDEN VERDERBENS, ZERFRESSEN VON WITTERUNG UND UNGEZIEFER; DOCH ER BRACHTE ES NICHT ÜBERS HERZ, AUCH SIE ZU BESEITIGEN. AUCH NICHT, ALS DIE LETZTE HOFFNUNG GESCHWUNDEN WAR, DASS SIE JEMALS WIEDER IHR WEICHFIEDRIGES GEWAND TRAGEN WÜRDEN. VERBLIEBEN WAREN DIE SYKOMOREN, EINIGE ZYPRESSEN, DIE BIRKEN UND DIE ALLE ÜBERRAGENDE SILBERPAPPEL, DAS BERUHIGENDE LISPELN IHRER GIFTGESCHWÄNGERTEN BLÄTTER, DIE ILLUSION UNGESTÖRTEN LEBENS.

Das klang nicht nur erheblich besser als was ich geschrieben hatte, sondern drückte auch viel besser aus, was ich sagen wollte. Ich war perplex, mein Textcomputer war in Wirklichkeit Schriftsteller und konnte – wenn man es objektiv betrachtete – besser schreiben als ich. Nur, wie sollte das möglich sein? Zunächst einmal habe ich einen Blick in sein Innenleben geworfen. Nichts als Elektronik wie in jedem Computer. Dennoch schrieb er selbständig, das schien mittlerweile außer Frage zu stehen, allerdings nur Sachen, die irgendwie mit mir zu tun hatten, sieht man einmal von dem letzten eigenartigen Selbstgespräch ab. So unglaublich es auch klingt, ich fand nur die eine Erklärung: mein Teco war so etwas wie ein Telepath, der in der Lage war, meine Gedanken und Gefühle zu empfangen und sie in Worte zu fassen. Da ich jedoch von Natur aus eher ein praktisch veranlagter Träumer und kein unpraktisch veranlagter Theoretiker bin, spürte ich den Ursachen des höchst eigenwilligen Verhaltens meines Computers nicht weiter nach, sondern malte mir die Möglichkeiten meiner Entdeckung in den rosigsten Farben aus. Bislang hatte der Teco nur mit der Bildschirmkapazität gearbeitet. Würde ich ihn jedoch so programmieren, daß er jeden gefüllten Schirm sofort ausdruckte, so könnte er Schirm um Schirm, beziehungsweise Seite um Seite füllen, und dies in atemberaubender Geschwindigkeit, vorausgesetzt ihm fiele genug ein.

Nur – wie konnte ich ihn zum Schreiben bewegen?

Ich setzte mich vor ihn hin, redete ihm gut zu, tippte entsprechende Bitten und Befehle ein, polierte ihn auf Hochglanz, stellte Blumen in seine Nähe, besprühte ihn in wachsender Verzweiflung sogar mit Duftspray. Zwei Worte waren schließlich der ganze Erfolg meiner Bemühungen:

... VERDAMMTER MIST ....

Und ich wußte nicht einmal, ob er dabei mir oder sich selbst aus der Seele gesprochen hatte. Kurz, ich war ratlos, ließ den Computer Computer sein und versuchte, mich für den Rest des Tages auf die dringend zu schreibende Geschichte zu konzentrieren. Sie werden es nicht für möglich halten, mit Erfolg. Urplötzlich entfaltete sich die Ausgangsidee vor meinem geistigen Auge, verzweigte sich in immer neuen Wendungen, um in einer überraschenden Schlußpointe zu kulminieren. Optimistisch machte ich mich an die Arbeit und brachte es bis zum Abend auf sage und schreibe runde 8500 brauchbar erscheinende Anschläge.

Verleger zählen Seiten, Autoren Anschläge; denn Seiten können höchst unterschiedlich gefüllt sein, werden aber so bezahlt, als enthielten sie die gleiche Menge Text. Also rechnet man, wenn man schon sein Geld mit Schreiben verdienen muß, in Anschlägen, die in der Regel pro Stück nur einen Pfennig einbringen. Nehmen wir zum Beispiel den Satz ›Nehmen wir zum Beispiel den Satz‹, so könnte ich mit ihm bereits 32 Pfennige verdienen, aber nun erfinden Sie erst einmal eine Geschichte in die der Satz ›Nehmen wir zum Beispiel den Satz‹ hineinpaßt. Versierte Schriftsteller benützen deshalb häufig den Gesprächstrick, bei dem sich die Anschlagsoptimierung in ausgezeichneter Weise als Ausdrucksoptimierung kaschieren läßt. Besonders gut eignen sich hierfür Streitgespräche; das sieht dann in etwa so aus:

»Du hast es gesagt.«
»Wer hat was gesagt?«
»Du.«
»Ich?«
»Ja, du.«
»Was hab' ich gesagt?«
»Du hast es gesagt und geschrieben.«
»Was denn?«
»Du weißt es ganz genau.«
»Ich weiß es nicht.«
»Doch.«
»Nein.«
»Du hast es sogar mehrmals gesagt.«
»Um Himmels willen, was denn?!«
»Schrei mich nicht an!«
»Ich schreie nicht.«
»Und ob du schreist.«
»Sag mir endlich, was du willst!«
»Das weißt du ganz genau.«
»Ich weiß es wirklich nicht!«
usw. usw.

Ich hatte, wie gesagt, passable 8500 Anschläge zustandegebracht und ging wohlgemut zu Bett, nachdem ich den Teco so vorprogrammiert hatte, daß er seine Eigenproduktionen auch selbständig ausdruckte. Ein Anketten hielt ich diesmal für überflüssig.

Ich träumte von herbstlichen Gärten, von Sykomoren und weichfiedrigen Lärchen (wie sich der Teco auszudrücken beliebte), von Schachspielern und Spaziergängen am Strand; doch als der Traum in meiner Begegnung mit der schönen Gilian seinem Höhepunkt zustrebte, zerstörten, völlig unmotiviert einsetzende Maschinengewehrsalven die verheißungsvolle Entwicklung.

Es war natürlich kein Maschinengewehr, sondern der Drucker; ein preiswertes und daher nicht gerade geräuscharmes Modell. Kaum daß ich aus dem Bett gesprungen war, erstarb das fleißige Gehämmere. Zu schade, denn der Computer war gerade im Begriff, meine Geschichte weiterzuschreiben. Andererseits war ich froh, weil ich nun den offensichtlichen Zusammenhang zwischen seiner Aktivität und meinem Traum feststellen konnte.

Heureka! rief ich in Erinnerung an eine Situation mit entfernter Ähnlichkeit vor über 2000 Jahren und entschloß mich, um die Ähnlichkeit ein wenig zu fördern, ebenfalls ein Bad zu nehmen. Gibt es einen besseren Ort des geruhsamen Nachdenkens, als in einer Badewanne liegend, eingetaucht bis zum Kinn in die wohltuende Wärme, des, im doppelten Sinne des Wortes, Auftrieb verleihenden nassen Elements. Ich denke nicht – und dachte nach. Sollten meine Überlegungen richtig sein, und nichts sprach dagegen, so brauchte ich in Zukunft nichts weiter zu tun, als fleißig zu träumen und den Rest meinem telepathischen Textcomputer zu überlassen.

Schon am nächsten Morgen brachte ich meinen lauten Drukker in das Geschäft, in dem ich ihn erstanden hatte, und tauschte ihn, zuzüglich eines vertretbaren Aufpreises, gegen einen fast völlig lautlosen Superthermodrucker. Eine äußerst lohnende Investition, wie sich bereits in der folgenden Nacht zeigen sollte. Offensichtlich mußte ich wie ein Wilder geträumt haben, obwohl ich mich an nichts erinnerte; denn am nächsten Morgen war die Geschichte fix und fertig ausgedruckt. Was sage ich Geschichte? Es war eine ausgewachsene Erzählung von über 80 000 Anschlägen; abzüglich einiger unzüchtiger Passagen, verblieben immerhin noch über 70 000 Anschläge. Nichts schien meiner gesicherten Zukunft mehr im Wege zu stehen, außer es würde mir an geeigneten Träumen ermangeln.

Ein, zwei Tage später besuchte mich unaufgefordert ein Anlageberater, den ich jedoch bitten mußte, in einigen Monaten wieder vorzusprechen.

Wie Sie sich denken können, erwies sich eine drastische Änderung meines Lebenswandels als unausweichlich.

Um die nötige Bettschwere zu gewährleisten, sah ich mich gezwungen, täglich ein umfangreiches Bewegungsprogramm zu absolvieren. Leichte Gymnastik nach dem Aufstehen, nach dem Frühstück, mindestens eine Stunde Trimm-Trab; Radfahren oder Schwimmen, nach dem Mittagessen und ausgiebiges Aerobic Dancing oder Body Caring am abend. Am Wochenende: Bergwandern, Skifahren und so weiter, und so weiter. Dabei hasse ich nichts mehr, als sportliche Betätigungen – und leere Blätter, natürlich.

Unerfreulicherweise träumte ich bald nur noch Sportgeschichten; woraufhin ich Kurse in kreativer Traumgestaltung, mentalem Training und Selbsthypnose besuchte. Mit dem Effekt, daß ich schließlich nur noch Kursgeschichten träumte.

Innerhalb der folgenden drei Monate waren auf diese Weise zwar fast 900 000 Anschläge, beziehungsweise fast 500 Manuskriptseiten, zusammengekommen. Das meiste davon jedoch war Schrott, nur Wiedergekäutes, unverwertbare Wiederholungen ähnlicher Ideen. Was blieb, war ein schlecht bezahltes »Trimm Dich«-Bändchen, ein kurzer »Leitfaden zur positiven Traumgestaltung« und drei mickrige Kurzgeschichten. Alles in allem nur an die 150 brauchbare Seiten, mit einem Gesamterlös von lächerlichen DM 6000,—. Ehrlich gesagt, hatte ich mir meine Zukunft ein wenig anders vorgestellt, und ich fragte mich ernsthaft, ob ich nicht unverzüglich zu meinem geruhsameren, wenn auch ungesünderen Lebenswandel vor drei Monaten zurückkehren sollte.

So hatte ich denn auch an jenem Tag, an dem der Anlageberater erneut bei mir vorsprach, den Trimm-Trab ausfallen lassen und entfachte statt dessen ungeniert einen Schneesturm nach dem anderen über dem schlafenden Dornröschen und ihrem unentschlossen vor der Hecke stehenden Prinzen. Er ahnte nicht einmal, daß er genau zum rechten Zeitpunkt erschienen war; ein wenig früher, und auch er wäre in der todbringenden Hecke umgekommen; ein wenig später, und ein anderer hätte ihm die Prinzessin weggeschnappt.

»Sehen Sie«, sagte ich zu dem verdutzten Vertreter, »so ist das mit dem Dornröschen-Effekt, es kommt nur auf den richtigen Zeitpunkt an.«

»Wie bitte?« fragte mein noch immer verdutzter Besucher.

»Möglicherweise«, verdeutlichte ich ihm, »sind Sie bei mir an der richtigen Stelle, aber mit Sicherheit zum falschen Zeitpunkt.«

»Sie meinen, ich sollte ein anderes Mal wiederkommen?«

Genau das meinte ich und da ich bezüglich voreiliger Zukunftsprognosen vorsichtig geworden war, schlug ich ihm vor, mich selbst zu melden, wenn ich den geeigneten Zeitpunkt für gekommen hielt. Er war ein guter Vertreter, erkannte, daß momentan kein Blumentopf bei mir zu gewinnen war, ging pro forma auf meinen Vorschlag ein und ließ sich dennoch die Möglichkeit einer erneuten Kontaktaufnahme offen, indem er mir versprach, mich auch fürderhin über besonders interessante Objekte zu informieren.

So unwichtig auch diese Begegnung für den Fortgang meiner Geschichte erscheinen mag, sie war es ganz und gar nicht. Ich hatte nämlich, kurz bevor er bei mir klingelte, Teewasser aufgesetzt, und in dem Moment, als er seinen Aktenkoffer öffnete, um mir seine Visitenkarte zu hinterlassen, begann der Kessel zu pfeifen. Um ein Anschwellen des Geräuschs zu einem ohrenbetäubenden Dreiklang zu verhindern, entschuldigte ich mich, um den Tee aufzugießen. Er blieb inzwischen sitzen. Erst als ich wieder auf ihn zutrat, stand er auf, überreichte mir seine Karte und verabschiedete sich. Ich weiß nicht mehr, weshalb ich einen Blick auf den mittlerweile fast ständig eingeschalteten Textcomputer warf; es war jedenfalls unmittelbar nachdem der Berater gegangen war. Es stand etwas auf dem Schirm, obwohl er vor dem Besuch leer gewesen war, und weder ich noch mein Gast etwas eingetippt hatten. Selbst während ich den Tee aufbrühte, wäre es mir auf keinen Fall entgangen, wenn mein Besucher den Tisch verlassen hätte. Kein Zweifel, der Teco hatte die Zeilen selbst geschrieben:

... KURZINFORMATION VON A7: 10 UHR 22 ....
... MACHE MICH AUF DEN WEG ZUM NAECHSTEN KLIENTEN ....
... ERBITTE BESTAETIGUNG ....

Erkenntnisse scheinen es zu lieben, sich überraschend einzustellen wie kalte Regengüsse aus heiterem Himmel, oder Schlußpointen schmutziger Witze, am liebsten treffen sie einen gänzlich unvorbereitet und, wenn möglich, mit einer Wucht, die einem Pferdetritt zur Ehre gereichen würde:

Nur Androiden können mit eingebauten Sende- und Empfangsanlagen ausgestattet werden, und mein Teco war offensichtlich in der Lage, deren elektromagnetische Sendungen aufzuzeichnen! Eine ganz natürliche Erklärung also, und nichts, von wegen Telepathie!

Dann erst in Wellen, die Details zur Zementierung der plötzlichen Einsicht:

Der Teco empfängt jedoch nur energiestarke Ausstahlungen wie im Falle des künstlichen Anlageberaters, der, während er am Tisch saß, eine Nachricht an seine Einsatzzentrale absetzte, oder wie sie unwillkürlich in Androidenträumen entstehen! Daher also jenes Kürzeste SF-Hörspiel aller Zeiten, bis hin zu den letzten selbständigen Aufzeichnungen!

Selbst jenes mysteriöse »JETZT MÜSSTE ICH ABER GUT ZU VERSTEHEN SEIN – ICH WERDE ES IN EIN PAAR TAGEN NOCHMAL VERSUCHEN« war auf einmal gar nicht mehr mysteriös. Der Vertreter hatte mich bei seinem allerersten Besuch nicht angetroffen und ebenfalls eine Nachricht an seine Einsatzzentrale abgesetzt. Weil er anscheinend schlecht zu verstehen gewesen war, mußte er die Sendeleistung verstärken. Der Rest der Nachricht war stark genug, um selbst durch die verschlossene Wohnungstür von meinem Textcomputer empfangen zu werden.

Ich wählte die Hauptnummer der Visitenkarte. Man bestätigte mir, daß mich der Vertreter zwei Tage vor seinem Besuch nicht angetroffen hätte, und fragte, warum ich denn das wissen wolle.

Warum ich das wissen wolle!

Warum ich das wissen wolle!!

Ich brüllte allerdings erst, nachdem ich den Hörer wieder aufgelegt hatte und mich wutentbrannt der Ursache meines Ausbruches näherte. Was ich zu sehen bekam, gab mir dann den Rest.

... WARUM ICH DAS WISSEN WOLLE ....
... WARUM ICH DAS WISSEN WOLLE ....

Fast in der gleichen Geschwindigkeit, wie ich die Worte herausschrie, erschienen sie auf dem Bildschirm.

... DU VERDAMMTER IDIOT, HOER ENDLICH ....
... AUF, MICH NACHZUAEFFEN! ....
... ICH SCHLAG DICH KURZ UND KLEIN, ...
... WENN DU NICHT GLEICH AUFHOERST! ....
... DU SOLLST AUFHOEREN! ....
... AUFHOEREN, SAGE ICH! ....
... AUF - HOE - REN! ....

Und bei jeder Silbe schlug ich mit der geballten Faust auf sein

Gehäuse. Es war ein enorm robustes Gerät, so daß ich schließlich einen Stuhl zu Hilfe nahm und mich erst wieder beruhigte, als nur mehr ein Haufen Schrott übrig war.

Die Katastrophe schien perfekt. Mein Teco war im Eimer, und ich hatte mich als eine bloße Imitation entpuppt und – wie es den Anschein hatte – als eine höchst überflüssige, obendrein.

Aber wie schon so oft in dieser Geschichte, schien es nur so. Aber alles schön der Reihe nach.

Zunächst geschah etwas ziemlich Paradoxes, es war vor allem die Erkenntnis, daß ich keine Seele besaß, die mir in der Seele weh tat. So dauerte es geraume Zeit, bis ich wieder klar denken konnte. Ich war also kein mittelmäßiger menschlicher Schriftsteller, sondern ein mittelmäßiger künstlicher. Irgendwie hatte bereits dieser Gedanke etwas immens Tröstliches an sich. Ich war zwar nicht aus Fleisch und Blut, sondern aus Plastik und Elektronik, aber abgesehen von der Geschichte mit der Seele, über die nicht einmal unter den Menschen Einigkeit besteht ...?!

Wenn man also die ganze Angelegenheit in Ruhe betrachtete ...

Und während ich dies tat, griff ich unwillkürlich nach meinem Dornröschen im Schnee und ließ, ohne es so recht zu bemerken, neue Schneestürme über die kleine Welt hereinbrechen.

Warum sollte ich eigentlich nicht so weiterleben wie bisher und mich darüber freuen, auch in Zukunft die Arztrechnungen sparen zu können?

Der dumme Prinz stand noch immer unentschlossen vor der Hecke, nichtsahnend ließ er die Schneetreiben über sich ergehen, anstatt sein Glück mit beiden Händen zu greifen. Da sah ich mir das Gesicht des Prinzen zum erstenmal genauer an, und es war mir, als hätten wir die Rollen getauscht. Er lächelte, und, wie mir schien, über mich! Sollten auch meine Augen mit Blindheit geschlagen sein? Meine Welt war, wie die seine, gehörig durcheinandergeschüttelt worden; aber lag es nicht an mir, das Beste daraus zu machen!

Noch am selben Tag habe ich mir den neuesten Textcomputer mit allen Schikanen geleast, zum Kauf reichte mein Geld natürlich nicht, installierte ihn unmittelbar neben meinem Bett, machte tagsüber, wozu ich Lust hatte, und ging am Abend, den Kopf voller neuer Ideen, erwartungsvoll zu Bett. Und am kommenden Morgen – nichts.

Kein einziges Wort, nicht einmal die Nummer meines Kontos, absolut nichts.

Weitere Tage und Nächte vergingen, doch der Bildschirm blieb leer.

Immer wildere Schneestürme ließ ich über die Dornröschenwelt mit ihrem hämisch grinsenden Prinzen hereinbrechen, bis sie mir zu guter Letzt aus der Hand flog und mit einem lauten Knall an der Wand zerbrach. Die Kuppel war geborsten, das Wasser mit den winzigen Schneeflocken ausgeflossen. Der Prinz hatte sich selbständig gemacht, war aber, wie alles übrige, unversehrt geblieben. Er lächelte noch immer, aber nicht hämisch, wie ich geglaubt hatte, vielmehr war es Freude und Erwartung, die aus seinen glänzenden Augen strahlten. Ich brachte es nicht fertig, ihn und die restlichen Stücke wegzuwerfen, legte sie in ein Schälchen, das ich auf der Fensterbank deponierte. Nun hatte der kleine Prinz doch noch sein Ziel erreicht. Ganz dicht neben das schlafende Dornröschen, hatte ich ihn gelegt.

Unverwandt sah er mich an, geduldig, bis ich mich schließlich des Eindrucks nicht mehr erwehren konnte, daß seine großen Augen mehr als Dankbarkeit ausdrücken wollten.

»Siehst du«, schienen sie zu sagen, »manchmal bedarf es sogar einer scheinbaren Katastrophe, um ans Ziel seiner Wünsche zu gelangen.«

Der neue Teco! fuhr es mir durch den Kopf, vielleicht war er ungeeignet, um meine Traumwellen aufzuzeichnen!

Ich weiß nicht, was ohne mein Dornröschen im Schnee aus mir geworden wäre, so jedenfalls wendete sich das Blatt im letzten Moment, und damit auch alles weitere, zum Guten. Tatsächlich besaß nur das Modell meines alten Teco jenes spezielle elektronische Innenleben, das in der Lage war, mein Denken aufzuzeichnen. Und es waren die letzten beiden Exemplare dieses ausgelaufenen Modells, die ich gerade noch ergattern konnte. Alle übrigen waren von der Herstellerfirma bereits eingezogen und ausgeschlachtet worden.

Seitdem führe ich ein herrliches Leben, um das mich die meisten Menschen beneiden würden, verdiene, wovon Menschen nur träumen können, meinen Lebensunterhalt im Schlaf und bin zu einem leidenschaftlichen Sammler von Märchenwelten im Schnee geworden. Am liebsten betrachte ich jedoch das neue Zuhause, das ich für mein Dornröschen und ihren Prinzen habe anfertigen lassen: Eine ausladende Glaskuppel über einem prächtigen Schloß, auf dem Balkon Prinz und Prinzessin, vor dem Schloß das Gesinde, zwischen Wasserspielen, Blumenrabatten und Volieren. Im Hintergrund, abgetrennt durch eine unsichtbare Glaswand, Berge und Wälder, damit das Schloß und seine Bewohner im ewigen Frühling lebten, unbehelligt von den gelegentlichen Schneetreiben in den Bergen.

All dies klingt wie ein Märchen, und das soll es auch, so brauche ich mein Geheimnis nicht zu hüten; denn Märchen liest man vielleicht auch noch als Erwachsener ganz gerne, aber man glaubt mir doch hoffentlich kein Wort!

Einige Tage, nachdem ich vor drei Jahren aus meinem Sommerurlaub zurückgekehrt war, den ich mit Freunden in Amerika verbracht hatte, begannen meine Knöchel fürchterlich zu jucken. Bald bildeten sich Pusteln und Quaddeln, die, ausgehend von meinen Füßen, langsam aber sicher, meinen ganzen Körper zu übersäen drohten. Die Ursache schienen Stiche irgendwelcher Insekten zu sein, die ich mir während des Urlaubs zugezogen hatte und auf die ich, nach Meinung des Dermatologen, hochgradig allergisch reagierte. Erst eine Behandlung mit hochkarätigen Kortisonpräparaten brachte den Ausschlag zum Stillstand und schließlich zum Verschwinden.

Bei meinem nächsten Besuch, im folgenden Jahr, fragte mein Freund, ob ich nach dem letzten Urlaub ebenfalls einen Ausschlag bekommen hätte?

»Und was für einen«, begann ich die Schilderung meines Leidensweges.

»Poison ivy«, meinte er lakonisch. Und ich erinnerte mich wieder, wie er mir damals eine kleinwüchsige Pflanze gezeigt hatte, vor deren Berührung ich mich hüten sollte. Eines Nachmittags, als ein kurzer, aber äußerst heftiger Sturm seinen am Strand liegenden Katamaran wie eine Feder Purzelbäume schlagen ließ, waren wir hinunter gerannt, um das Boot festzubinden. Bei dieser Gelegenheit – wir hatten nur Turnschuhe an – muß es wohl gewesen sein, daß unsere Fußknöchel mit den Blättern der Giftpflanze in Berührung gekommen waren.

Endlich kannte ich die Ursache des mysteriösen Ausschlags und notierte sie mir, um sie vielleicht einmal in einer Geschichte zu verwenden.

Monate später las ich einen Artikel über die Wirkung menschlicher Duftstoffe, sogenannter Pheromone, und die Idee zu der folgenden Erzählung war geboren, in der auch die Giftpflanze »poison ivy« oder »rhus radicans«, wie ihre lateinische Bezeichnung lautet, eine Rolle spielen sollte.

Teufelskreise

Der Garten lag im Sterben. Nicht das herbstliche Sterben bekümmerte ihn, sondern das endgültige. Seine Lieblingsbäume, die Lärchen, reckten schon seit langem ihre toten Äste ins wechselnde Blau des Himmels, waren schon vor Jahren gestorben, ebenso wie die Blautanne, deren kümmerliches Skelett er längst aus seinen Augen und seiner Erinnerung verbannt hatte. Die Lärchen standen noch immer, verkrüppelte Mahnmale fortschreitenden Verderbens, zerfressen von Witterung und Ungeziefer; doch er brachte es nicht übers Herz, auch sie zu beseitigen. Auch nicht, als die letzte Hoffnung geschwunden war, daß sie jemals wieder ihr weichfiedriges Gewand tragen würden. Verblieben waren die Sykomoren, einige Zypressen, die Birken und die alle überragende Silberpappel, das beruhigende Lispeln ihrer giftgeschwängerten Blätter, die Illusion ungestörten Lebens.

Es war ein großer Garten, der zum kleinen Haus gehörte. Hierher hatte er sich zurückgezogen, geflüchtet, für den Rest seines Lebens, sich selbst gehörend, weit abseits aller hektischer Betriebsamkeit. Immer seltener war sein Name in den Listen der großen Turniere erschienen, und schließlich war er gänzlich verschwunden. Einen Vollbart hatte er sich wachsen lassen und seinen Namen geändert, Richardson nannte er sich jetzt. Er hatte einfach Schluß gemacht, und niemand hatte es bemerkt. Als man es bemerkte, waren seine Spuren bereits verwischt, sein Name in Schachkreisen eine Legende.

Hier wußte niemand um seine Vergangenheit, hier nahm man ihn, wie er war, als einsamen Mann, der von irgendwoher gekommen war, den Rest seines Lebens in Ruhe verbringen wollte.

Zwei kleine, auf Pfählen stehende Strandhäuschen waren es, die von der kleinen Anhöhe auf das nahe gelegene Dorf hinuntersahen und andrerseits den unverstellten Blick aufs Meer gewährten. Eines der beiden Häuschen hatte er vor gut zehn Jahren erstanden, das andere hatte erst kürzlich einen neuen Käufer gefunden. John Brown, hieß der andere, der nur am Wochenende rauskam. Vor wenigen Wochen hatte sich Brown als sein Nachbar vorgestellt. Richardson konnte sich vom ersten Moment an nicht des Eindrucks erwehren, daß er den anderen von irgendwoher kannte, doch er behielt seine Vermutung für sich und hatte, neugierig geworden, den anderen zu einem Drink ins Haus gebeten.

»Sie können nur am Wochenende rauskommen?«

»Und im Urlaub natürlich.«

Richardson holte den Bourbon aus der Vitrine, sowie zwei Gläser. Er war sich mittlerweile ganz sicher, er kannte Brown, auch wenn er sich nur dunkel an dessen Gesicht erinnerte, aber diese äußerst selbstsichere, vielleicht sogar ein wenig überheblich klingende Stimme, die hatte er nicht vergessen.

Wie Schuppen fiel es ihm von den Augen, und seine Hände zitterten ein wenig, als er die Gläser einschenkte. »Ich werde langsam alt«, entschuldigte er sich.

»Der Bart macht Sie älter, aber ich schätze Sie sind erst 50.«

»Gut geschätzt«, wich Richardson aus und prostete seinem Gast zu, gespannt, ob auch dieser ihn erkennen würde. Kein Zeichen, Brown plauderte höflich über das Wetter und erzählte freimütig, daß er alleinstehend sei, geschieden.

Er sei ebenfalls alleinstehend, sagte Richardson, weil er die Frau, die er liebte, nicht bekommen hätte; und dann wollte er es wissen, »Gilian hieß sie«, sagte er.

»So ein Zufall«, staunte Brown, »auch meine Frau hieß Gilian«, und er glaubte tatsächlich an einen Zufall.

Ob Brown Kinder habe, wollte Richardson wissen.

Brown verneinte die Frage und gab sie zurück.

Richardson wollte »leider nein« antworten, beließ es jedoch bei einem wortlosen Kopfschütteln.

»Gut«, sagte Brown, ohne sich der Taktlosigkeit seiner Reaktion gewahr zu werden, »dann möchte ich Sie nicht länger stören und mich für den Drink bedanken.«

Auch Richardson war aufgestanden, da offensichtlich war, daß Brown gehen wollte; dennoch wollte Richardson ganz sicher gehen. »Ich hoffe, daß Sie bald wieder mal bei mir vorbeischauen, vielleicht zu einem Schach?«

»Sind Sie ein guter Spieler?«

Richardson zögerte bewußt mit der Antwort, um seinem Gegenüber Zeit zu geben, sein Gesicht zu studieren. »Jetzt nicht mehr.« Brown musterte ihn mit angestrengten Augen.

»Jetzt nicht mehr«, wiederholte Richardson, »früher einmal, war ich ganz gut, als ich noch im Verein spielte.«

Browns Gesicht glättete sich. »Schach war eine meiner Leidenschaften, müssen Sie wissen. Das nächstemal treffen wir uns aber bei mir, wie wär's gleich mit morgen abend, so gegen sieben?«

»Einverstanden«, nickte Richardson, zurecht davon überzeugt, daß ihn der andere nicht erkannt hatte. Welch ein seltsamer Zufall, dachte er, während er dem sich eilig entfernenden Gast nachblickte.

Der Weltmeisterschaftskampf hatte vor zwölf Jahren stattgefunden. Zwölf Jahre sind eine lange Zeit, aber nicht lang genug, um sich nicht mehr zu erinnern. Auch Brown war älter geworden, wie alt mochte er jetzt sein, 47 vielleicht, er hatte sich jedoch kaum verändert, nur ein wenig im Gesicht, die Figur war nach wie vor schlank, sicher und kraftausstrahlend die Bewegungen. Es mußte am Vollbart liegen und vielleicht auch an den gelichteten Haaren, daß Brown ihn nicht erkannt hatte. Warum hab' ich ihm nicht gesagt, wer ich bin, fragte sich Richardson; unfähig, die tieferen Gründe seines Verhaltens aufzuspüren, erregte ihn der Gedanke an das morgige Spiel, er konnte jedoch nicht ahnen, um was für ein Spiel es sich letztlich handeln würde.

Brown war froh, das Häuschen durch Zufall gefunden zu haben. Eigentlich war er der Anzeige ohne ernste Absichten nachgegangen, aber nun war er glücklich, es gekauft zu haben. Geträumt hatte er schon seit langem davon, sich völlig aus dem Berufsleben zurückzuziehen, auf eine Insel natürlich, irgendwo im Pazifik, aber er hatte auch gewußt, daß es letztlich nur ein Hirngespinst bleiben würde, eine unreflektierte Fluchtreaktion, wenn die Probleme wieder einmal übermächtig zu werden drohten. Dabei brauchte er Probleme, das bestätigende Gefühl, sie meistern zu können, mehr noch, das Gefühl von Macht, mächtiger zu sein als andere, Dingen und vor allem Menschen, seinen Willen aufzwingen zu können. Macht verliert sich in der Erinnerung, das Gefühl zumindest verebbt ohne ständig neue Herausforderung. Obwohl er um die letztendliche Vergeblichkeit seiner Anstrengungen wußte, hatte er es bislang nicht geschafft, sich seiner Abhängigkeit zu entledigen. Und so lange er es nicht schaffte, mußte

er weiterkämpfen, weiterhin siegen, bis er selbst zum Verlierer wurde, werden mußte. Es gab nur einen Ausweg, das Bedürfnis zu besiegen, sich selbst zu besiegen und nicht andere. Noch war er nicht soweit, aber das Häuschen sollte ein wichtiger Schritt in diese Richtung sein. Hier draußen wollte er nicht kämpfen, hier konnte er sich besinnen, um den Weg ins Freisein, in die Unabhängigkeit von sich selbst zu finden. Doch was hatte er getan? Die erstbeste Gelegenheit hatte er wahrgenommen, die erstbeste Herausforderung, die sich ihm geboten hat. Gewiß, es handelte sich nur um ein Spiel, ein völlig unwichtiges Schachspiel, aber er war ehrlich genug, sich die, wenn auch nur geringfügige Abweichung von seinem Vorhaben einzugestehen. Dennoch glaubte er, sie sich ohne größere Selbstvorwürfe leisten zu dürfen; denn auch er konnte nicht voraussehen, um was es letztlich gehen würde, und so freute er sich auf das Spiel.

Am kommenden Tag zog sich der Himmel zu. Am Nachmittag begann es zu regnen, endlich wieder einmal nach langen, trokkenen Sommerwochen. Die Pflanzen streckten sich, selbst die Bäume schienen sich noch ein wenig höher aufzurichten; nur die toten Lärchenstrünke dunkelten gleichgültig unter dem lebensspendendem Naß. Wind kam auf, kräftiger, salziger Wind von der See, dem Richardson nicht widerstehen konnte, dem er sich mit ungeschütztem Kopf und geblähten Nasenflügeln hingeben mußte.

Nicht so Brown. Während Richardson mit zerzaustem Haar Richtung Strand stakste, brühte er sich ein Kännchen Tee und besah sich die aufgeregte Natur durchs geschlossene Fenster. Er fühlte sich wohler in schützender Distanz zu den Dingen und den Menschen, bei denen jedoch ein innerer Abstand völlig genügte. Nur einmal hatte er ihn aufgegeben, nicht als Kind, nicht gegenüber dem gleichgültigen, stets auf Reisen befindlichen Vater; und auch nicht gegenüber der in ständigem Selbstmitleid verhafteten Mutter. Nur einmal hatte er die Schilde gesenkt, sich verwundbar gemacht. Gilian war anfangs nur eine Figur in dem Spiel, das es zu gewinnen galt, in jenem Spiel hinter dem Spiel, das er unbedingt gewinnen wollte. Gilian war die Frau von Sretlow, so gut wie seine Frau. Nach dem Wettkampf wollten sie heiraten. Nach dem gewonnenen Wettkampf, versteht sich; denn niemand räumte dem Herausforderer ernstzunehmende Chancen ein. Wie sollte man auch. Dawson war nur als knapper Sieger aus den Ausscheidungskämpfen hervorgegangen, als große Überraschung überdies, weil all seine Gegner unter Wert spielten. Schon damals hörte man den Vergleich mit dem legendären Dr. Lasker, nicht was seine Spielstärke betraf, sondern die mysteriöse Fähigkeit den Gegner zu lähmen, ihn selbst in aussichtsreichen Positionen noch verlieren zu lassen. Dennoch wagte niemand, auf Dawson zu setzen; denn wann immer er mit Sretlow zusammengetroffen war, hatte es einen überlegenen Sieger gegeben, Isaac Sretlow, den seit Jahren ungeschlagenen Weltmeister. Er war, wie Dawson, Amerikaner. Sretlows Eltern, russische Juden, waren lange vor seiner Geburt in den USA eingewandert. Schon in jungen Jahren erinnerte er an den unvergessenen Bobby Fisher, gewann bereits mit 14 die USA-Meisterschaft, wiederholte seinen Erfolg Jahr für Jahr, griff aber erst im Alter von 25 Jahren nach der höchsten Krone, die er ebenfalls alle zwei Jahre erfolgreich verteidigte. Er war bereits 37, als er gegen Dawson antrat. Zwei Jahre zuvor hatte er Gilian kennengelernt. Ihr zuliebe verzichtete Sretlow fast auf jegliche Turnierteilnahme. Gilian hatte früher selbst gespielt, ziemlich gut sogar, bis sie es, lange bevor sie Sretlow traf, von einem Tag auf den anderen aufgab. Den eigentlichen Grund dafür hatte sie Brown nie erzählt. Sie haßte Schach, soviel wußte er, das heißt, es war die Zeit und Energie, die es einen guten Spieler kostet, vergeudete Zeit, wie sie fand. Obwohl Sretlow kaum mehr auf Turnieren anzutreffen war, verbrachte er dennoch seine meiste Zeit mit Schach, mit langwierigen Positions- und Strategieanalysen; sogar am Wochenende saß er fast ununterbrochen vor seinem sündteuren Spezialcomputer. Gilian fand sich schließlich damit ab, glaubte es zumindest; denn sie liebte Sretlow.

Brown stand unvermittelt auf, nahm die Tasse in die Hand und ging ans Fenster. Er wollte nicht mehr an Gilian denken, doch der Anblick der windbewegten Landschaft reichte nicht aus, um ihn davon abzuhalten. Er versuchte an Dawson zu denken. Dieser war bereits 38, als er Sretlow herausforderte, ebenfalls ein Schachveteran, sogar noch ein wenig älter als der Weltmeister. Robert Dawson war sein Meisterstück, erinnerte sich Brown.

Dawson war Großmeister, dafür hatte es gerade noch gereicht. Ins Kandidatenturnier war er nur hineingerutscht, weil Gawrilov verrückt geworden war, Kuzawa Opfer eines Flugzeugabsturzes wurde und Ramirez sich umgebracht hatte. In Bahia, er hatte dort gerade geschäftlich zu tun, besuchte er Dawsons ersten Qualifikationskampf. Dessen Gegner war Schnabel gewesen, DDR-Meister und siebter der Weltrangliste. Dawson spielte schlecht und je weiter er zurücklag, desto schlechter spielte er, obwohl Schnabel weiß Gott nicht in Hochform war. Browns Geschäfte liefen gut, zu gut, er sehnte sich nach Abwechslung, nach Risiko, nach einer Herausforderung, die alles Bisherige in seinem Leben in den Schatten stellen sollte; und Dawson brachte ihn auf eine Idee. Beim Stande von 5 zu 1 für Schnabel ließ er sich bei Dawson anmelden. Dieser hatte nicht einmal einen Manager, geschweige den Geld. Die kostenlos offerierten Dienste eines angeblich selbstlosen Bewunderers kamen dem angeschlagenen Matador nicht ungelegen. Brown mußte alles auf eine Karte setzen. Er hatte es selbst so gewollt, den aussichtslosesten der Kandidaten hatte er sich ausgesucht, bewußt den schwächsten gewählt, um das Unmögliche möglich zu machen. Die Qualifikationskämpfe waren auf sechs Gewinnspiele festgelegt. In Anbetracht des Spielstandes blieben somit nur zwei Möglichkeiten: Schnabel zu beseitigen oder zu bestechen. Mord schied von vornherein aus, nicht nur aus moralischen Gründen, das Risiko war einfach zu hoch. Also Bestechung. Unglaublich, wie glatt alles lief. Ein paar Telefonate und noch am gleichen Abend das geheime Treffen mit Schnabel. Der wußte sofort, was gespielt wurde, und versuchte erst gar nicht herauszufinden, wer sich hinter der Maske verbarg. Das Angebot war ausreichend attraktiv: Einwanderungserlaubnis für Brasilien oder Argentinien, keinerlei Spielbeschränkungen, eine attraktive Villa und 200 000 Dollar cash. Schnabel bat pro forma um Bedenkzeit, wollte indes nur sichergehen und versprach, vorerst nur zu remisieren. Dawson wußte von all dem nichts, und das war Schnabel auch sehr recht. Am Ende sprachen alle nur vom »Wunder von Bahia«.

»Sie haben mir Glück gebracht«, hatte Dawson gesagt und ihn gebeten, weiterhin sein Manager zu bleiben, gegen Bezahlung natürlich. Da hatte Brown seine Bedingungen auf den Tisch gelegt.

Die wichtigsten Punkte: Er bleibt Manager bis Abschluß des Weltmeisterschaftskampfes und erhält 20 % Gewinnbeteiligung bei den Ausscheidungskämpfen, aber 75 % bei einem WM-Sieg. Dawson, beeindruckt von soviel Optimismus seines vermeintlichen Bewunderers, unterschrieb ohne Vorbehalt; denn er selbst glaubte nicht, das Finale erreichen zu können, geschweige denn gegen Sretlow zu gewinnen, und falls doch, wollte er sich gerne mit einem Viertel der Gewinnsumme begnügen. Brown schien ihm Glück zu bringen, davon war Dawson überzeugt, felsenfest sogar, als er zu seiner eigenen Verblüffung und der aller Schachexperten auch aus den restlichen Qualifikationskämpfen als Sieger hervorging. Dabei hatte er nicht einmal besonders gut gespielt, einige gräßliche Fehler waren ihm unterlaufen, aber am Ende waren die anderen noch ein wenig schlechter gewesen als er, und weit schlechter, als sie sonst spielten. Dawsons einfache Herkunft, und seine nicht allzu rosige Finanzlage waren mittlerweile allgemein bekannt. Erst die überraschenden Siege hatten sie deutlich aufgebessert, aber nicht soweit, daß jemand ernstlich den Gedanken an Bestechung in Erwägung gezogen hätte, jedenfalls nicht von Dawsons Seite, dessen Integrität und Fairneß von jedermann, auch von seinen Gegnern, anerkannt wurde. Da man auch sonst keinerlei Hinweise auf irgendwelche Manipulationsversuche fand, an Brown dachte eigenartigerweise niemand, mußte Dawsons Geheimnis in ihm selbst liegen, eine mysteriöse Kraft, welche die Gegner geradezu lähmte, ähnlich jener des legendären Lasker, gegen den zu gewinnen stets schier unmöglich schien. Hierfür sprachen natürlich auch all die exotischen Gestalten, die Brown von Fall zu Fall engagierte, und deren Hokuspokus sich Dawson, wenn auch widerwillig aussetzte, da der Erfolg Brown recht zu geben schien. Mentaltrainer, Astrologen, Zen-Meister, indische Gurus, Schamanen und wer weiß was noch alles hatte er besorgt. Nicht nur wegen der Reporter, vor allem wegen Dawson selbst, dem sein unerklärlicher Erfolg ansonsten noch unerklärlicher erschienen wäre.

Brown mußte unwillkürlich lachen; was war Dawson doch für ein gutgläubiges Schaf gewesen. Nichts, aber auch gar nichts hatte er bemerkt, nicht einmal Verdacht geschöpft hatte er. Und ehe er es so recht fassen konnte, war er zum Herausforderer anvanciert und hatte obendrein noch runde 500 000 Dollar an Preisgeldern eingestrichen. Browns Bilanz sah natürlich ein wenig anders aus, 100 000 waren für ihn dabei abgefallen, ein Pappenstil verglichen mit seinen Unkosten. Insgesamt hatte er bereits über zwei Millionen investiert, aber was war das schon angesichts des Spaßes, den er dabei gehabt hatte, und der Aussicht auf ein gutes Geschäft. Vier bis fünf Millionen würde der neue Weltmeister erhalten. Doch der Weltmeisterschaftskampf, darüber war sich Brown völlig im klaren gewesen, würde ein ganz anderes Kapitel werden, nicht vergleichbar mit den Spielereien bei den Ausscheidungskämpfen. Aber das war es ja gerade, was ihn an der ganzen Geschichte so gereizt hatte.

Regenschleier klatschten gegen das Fenster, Weichzeichner, die den Eindruck des Unwirklichen noch verstärkten. Brown sah auf die Uhr.

Welch ein Geschenk für die Fischer, dachte Richardson, während er den Rücken in den Wind drehte, der Gedanke kam ihm seltsamerweise zum ersten Mal, daß überall auf der Welt die Winde morgens seewärts wehen und erst am Abend wieder zum Land zurückkehren. Und dann dachte er unvermittelt an Gilian, und er ließ ihr Bild nicht mehr los, bis er vom Wind geschoben wieder vor der Haustür stand. Ohne sich noch einmal umzusehen, ganz gegen seine sonstige Art, trat er ins Haus, nachdenklich und voll ungewisser Spannung auf das Treffen mit Brown.

Bevor Richardson auf den Klingelknopf drückte, fragte er sich, wie wohl Browns Schachspiel aussehen würde, ob die Figuren aus Holz oder aus Stein wären, teuer würde es auf alle Fälle sein.

Sie waren aus Metall, auf einem Brett aus Onyx, das in einen mit kunstvollen Intarsien versehenen Ebenholztisch eingelassen war. Havanna 1921, stand auf einer Seite zu lesen.

»Ein wunderschönes Spiel«, sagte Richardson.

»Aus Bahia«, nickte Brown, »es gehörte einst Capablanca, sagt man. Er soll es nach seinem Sieg über Lasker in Auftrag gegeben haben.«

»Wunderschön«, widerholte Richardson.

Brown lächelte. »Was wollen Sie trinken?«

»Bitte keinen Alkohol«, antwortete Richardson, ohne den Blick zu heben.

»Vielleicht eine Tasse Tee?«

Richardson berührte fast zärtlich die weiße Königin. »Tee? Sehr gerne.«

Brown stellte alles Nötige auf den Servierwagen, schob ihn neben den Schachtisch. »Wie wollen wir spielen?«

»Wenn es Ihnen recht ist, ohne Rücknahme von Zügen und dergleichen.«

»Mit Uhr?«

»Meinetwegen nicht.«

Brown nahm einen weißen und einen schwarzen Bauern vom Brett, versteckte sie in seinen geschlossenen Händen und ließ seinen Gast wählen. Die berührte Hand öffnete sich, die Farbe des Bauern war schwarz.

»J'adoube«, sagte Brown und rückte einige seiner Figuren zurecht, überlegend, wie er eröffnen sollte. Am besten klassisch, entschied er und bewegte seinen Königsbauern zwei Schritte nach vorne. Sein Gegner reagierte lehrbuchmäßig, jedenfalls soweit es Brown beurteilen konnte.

Die ersten Züge wurden von beiden verhältnismäßig schnell gespielt und mündeten in eine spanische Partie. Im siebten Zug, schien Schwarz ein Fehler zu unterlaufen, der nach einem kurzen aber heftigen Scharmützel mit Abtausch der Damen und einiger weiterer Figuren, Weiß einen Mehrbauern einbrachte. Weite Strecken konnte Weiß seinen Vorteil wahren, doch dann gewann Schwarz durch eine Springergabel nicht nur die Qualität, sondern auch noch den verlorenen Bauern zurück. Dies war die Wende. Kurze Zeit später gab Weiß auf, drei Züge vor dem unabwendbaren Matt. Richardson hatte sein Ziel erreicht, er wollte gewinnen, ohne dabei einen zu überlegenen Eindruck zu hinterlassen.

»Gratuliere«, sagte Brown, »Sie spielen ziemlich gut.«

Richardson schüttelte bedächtig den Kopf. »Ich finde, wir haben beide nicht besonders gut gespielt. Meine verfrühte Rochade, und bei Ihnen die Springergabel, sind Dinge, die einfach nicht passieren dürfen.«

»Die aber immer wieder passieren, sogar bei Weltmeistern.«

»Da haben Sie zweifellos recht«, Richardson mußte unwillkürlich lächeln, »aber die können sich derartige Ausrutscher nur höchst selten leisten.«

»Wer sagt das?« Obwohl in Browns Stimme keinerlei Aggression mitzuschwingen schien, lag etwas immens Herausforderndes in seiner Frage.

»Es ist doch offensichtlich ...«

»Daß der Bessere gewinnt?«

»Auch das.«

»Und wer ist der Bessere?«

»Worauf wollen Sie hinaus?« Richardson fühlte sich durch Browns schulmeisterliche Art eher amüsiert als verärgert.

»Eigentlich auf etwas ganz Triviales.« Brown sagte es auf eine Art, als handle es sich um das genaue Gegenteil. »Gewinner ist der, der das Spiel gewinnt.« Und erst nach einer kleinen Pause fügte er hinzu, »und das muß nicht immer der Bessere sein.«

»Ich glaube, wir reden aneinander vorbei. Ich bezeichne eben den Gewinner eines Spiels als den besseren Spieler, als den in diesem Spiel besseren Spieler, was nichts damit zu tun hat, daß er meinetwegen die restlichen neun von zehn Spielen verloren hat.«

»Reine Ansichtssache also?«

»Eine Definitionsfrage, wenn Sie so wollen.«

»Wobei Sie Ihre Definition allerdings als die bessere erachten?«

»Ich finde es allerdings sinnvoll, im Gewinner eines Spiels, auch den besseren Spieler zu sehen.«

»Auch wenn ihm sein Gegner ansonsten überlegen ist?«

»Was heißt ›ansonsten‹? Letztlich gehen nämlich auch Sie von meiner Auffassung aus. Nehmen wir an, A schlägt B sechs zu eins. Somit ist auch für Sie A nur deshalb der bessere Spieler, weil er eben sechsmal gewonnen hat, und B nur einmal.«

»Und wenn B absichtlich verloren hätte?«

»Wieso sollte jemand absichtlich verlieren?«

Brown grinste süffisant. »Zum Beispiel aus Mitleid.«

»Glauben Sie im Ernst, daß jemand aus Mitleid in einem Turnier auch nur einen Sieg verschenkt?«

Brown grinste noch immer. »Aus Mitleid bestimmt nicht, da muß ich Ihnen recht geben.«

Richardson tat so, als würde ihm die Antwort genügen, als entginge ihm der versteckte Hinweis, doch er spürte ein wachsendes Unbehagen, spürte, daß Brown etwas sagen wollte, das von großer Wichtigkeit sein könnte. Aber er wußte nicht, wie er Brown zum Sprechen bewegen konnte.

»Sie haben sicherlich schon häufig an Turnieren teilgenommen.« Es klang mehr nach einer Feststellung denn nach einer Frage.

»Nur ein paarmal«, log Richardson, »als ich noch im Verein spielte; und Sie?«

»Ich spielte auch in einem Verein, aber nur kurz, auf Turnieren jedoch nie. An denen habe ich«, er zögerte kurz, »bloß als Beobachter teilgenommen.«

Warum sagt er nicht, fragte sich Richardson, daß er einen der bekanntesten Schachspieler gemanagt hatte, es bereitet ihm doch sichtlich Freude, mich zu beeindrucken. Wie konnte er ihn nur aus der Reserve locken. »Hatten Sie dabei jemals den Eindruck, daß ein Spieler nicht versuchte, zu gewinnen?«

Brown sah seinen Gast lange an, dann schien er sich einen Ruck zu geben. »Ich hab' mir so meine Gedanken gemacht, reine Spekulation natürlich, aber ich möchte Sie nicht langweilen ...«

»Ganz im Gegenteil! Ihre Meinung würde mich sehr interessieren.« Was nicht einmal gelogen war.

»Was halten Sie beispielsweise von Dawson?«

»Aber der spielt doch längst nicht mehr.«

»Ich meine, als er noch spielte.«

»Ein Phänomen«, sagte Richardson.

»Und wie erklären Sie sich seinen kometenhaften Aufstieg? Wie war es möglich, daß er, der schwächste der Kandidaten, damals die Ausscheidungskämpfe gewinnen konnte?«

»Vielleicht war er nicht der schwächste.«

»Hätte auch nur einer seiner Gegner in Normalform gespielt, wäre Dawson niemals zum Herausforderer aufgestiegen.«

»Aber er hat nun mal all seine Gegner besiegt.«

»Wegen seines hypnotischen Laskerblicks, ich weiß. Haben Sie Dawson schon einmal gesehen, ich meine live?«

»O ja«, sagte Richardson.

»Und haben Sie irgend etwas Unheimliches oder gar Hypnotisches an ihm bemerkt?«

»Eigentlich nicht.«

»Ich will Ihnen sagen, warum er die Qualifikationskämpfe gewonnen hat.« Brown lehnte sich zurück. »Seine Gegner sind ganz einfach bestochen worden.«

»Unmöglich«, entfuhr es Richardson, »Dawson hätte so etwas nie zugelassen, geschweige denn selbst in die Wege geleitet.«

»Wer sagt denn, daß Dawson davon wußte?«

»Man hat nie auch nur den geringsten Hinweis auf derartige Machenschaften gefunden; außerdem würde sich kein Großmeister so leicht bestechen lassen.«

»Wirklich nicht? Wußten Sie zum Beispiel, daß Schnabel, sein erster Gegner, kurz nach dem verlorenen Match eine Villa in Argentinien bezog? Woher, glauben Sie, hatte er das Geld dafür und die Einwanderungserlaubnis? Sein nächster Rivale wußte plötzlich mit einer größeren Erbschaft aufzuwarten, ein anderer wollte gar immense Beträge in Spielbanken gewonnen haben. Und wie's der Zufall will, erfolgten all diese Geldregen mehr oder weniger kurz nach den verlorenen Wettkämpfen.«

»Woher wissen Sie das alles so genau?«

»Ich sagte Ihnen schon, daß ich mich nun mal für derartige Dinge interessiere. Und ein wenig Nachforschung ...« Brown beendete den abgebrochenen Satz mit einem vieldeutigen Achselzucken. Richardson bereitete es zunehmend Mühe, nach außen hin gelassen zu erscheinen, interessiert, doch in keiner Weise irritiert. »Und wer steckt Ihrer Meinung nach hinter der ganzen Geschichte?«

»Keine Ahnung, aber sicherlich jemand, dem Dawsons Karriere sehr am Herzen lag.«

Richardson konnte es noch immer nicht glauben, aber nur, weil sich ein ungeheuerlicher Verdacht in ihm formierte, den er nie und nimmer für möglich gehalten hätte. Er wollte Gewißheit haben, und zwar auf der Stelle. »Halten Sie es für möglich, daß selbst der Weltmeisterschaftskampf ...«

»Ich halte es nicht nur für möglich«, unterbrach ihn Brown, »ich bin sogar davon überzeugt.« Er öffnete den Zigarrenkasten und hielt ihn seinem Gast entgegen. Der winkte jedoch ab. Dann entnahm er eine der silbrig glänzenden Hülsen mit der Aufschrift ›Romeo y Julieta‹, schraubte den Verschluß auf, schnitt bedächtig eine Kerbe ins Mundende der Havanna und entzündete sie genüßlich mit einem langen Streichholz. »Meine Lieblingszigarre«, sagte er schließlich. Und nach einigen weiteren Zügen: »Wenn Sie meine Spekulationen wirklich interessieren, will ich Sie Ihnen gerne erzählen.« Richardson nickte ihm auffordernd zu. »Wie gesagt, es handelt sich nur um Spekulationen, und überdies ist die Geschichte schon ziemlich lange her ...«

»Genau zwölf Jahre.«

»Sie haben ein gutes Gedächtnis.«

»Für jeden Schachspieler ist dieser WM-Kampf unvergeßlich.«

»David gegen Goliath, ich weiß. Waren Sie damals auch in Sydney?«

Richardson schüttelte verneinend den Kopf und vermied es, Brown dabei anzusehen.

»Ich war dabei. Sretlow begann traumhaft. Dawson hatte nicht den Funken einer Chance. Es ging nur auf sechs Gewinnspiele und Dawson lag nach den ersten beiden Spielen mit 0 zu 2 zurück.«

»Dawson hatte in beiden Spielen ziemliches Pech. Beide Spiele waren lange Zeit ausgeglichen.«

»Aber im entscheidenden Moment war Sretlow einfach der Bessere. Dawson brauchte somit als erstes eine Erholungspause, um sich von dem Anfangsdesaster zu erholen ...«

»Sie meinen, daß Sretlows Magenverstimmung ...?«

»Genau das, meine ich nicht. Sretlows Magenverstimmung war nur ein glücklicher Zufall, ich meine für Dawson.«

»Aber Dawson verlor auch das dritte Spiel.«

»Das Entscheidende war nicht, daß Dawson auch das dritte Spiel verlor, sondern daß Sretlow nicht mehr ganz so gut wie am Anfang spielte.«

»Kein Wunder, seine Magengeschichte war noch nicht auskuriert.«

»Richtig, und warum war sie nicht auskuriert?«

»Weil das Kampfgericht bereits nach einem Tag auf einer Wiederaufnahme der Spiele bestand.«

»Genau«, schmunzelte Brown.

Richardson begriff. Brown war es also gewesen, der eine längere Unterbrechnung verhindert hatte. Wenn er das wirklich geschafft haben sollte, waren ihm auch noch ganz andere Dinge zuzutrauen.

»Glauben Sie denn wirklich, jemand hat das Kampfgericht ...?«

»Ich glaube sogar noch viel mehr. Sretlow remisierte im vierten Spiel, ebenso im fünften und verlor das erstemal im sechsten Spiel. Warum wohl?«

»Dawson war stärker geworden?«

»Dawson witterte Morgenluft, das stimmt. Er glaubte schließlich selbst an seine geheimnisvolle Ausstrahlung und spielte dadurch tatsächlich ein wenig besser.« Brown sprach zunehmend schneller und lauter. »Aber warum spielte Sretlow zunehmend schlechter? Warum, frage ich Sie? Dawsons Spielweise hatte damit weiß Gott nichts zu tun?«

»Aber wer dann?«

»Wer dann? *Was* dann? müssen Sie fragen!« Brown holte tief Luft, zog einige Male an der Zigarre, um sie am Ausgehen zu hindern. »Haben Sie sich schon einmal gefragt«, er hatte sich wieder völlig unter Kontrolle, »was man mit einem Schachspieler alles anstellen könnte, wenn man wollte?«

Richardson schüttelte den Kopf, Übelkeit stieg in ihm hoch.

»Schon seit jeher versuchten Schachspieler, ihre Gegner mit psychologischen Kinkerlitzchen zu irritieren. Zuspätkommen, mit den Fingern auf den Tisch trommeln, dem anderen auf die Nasenwurzeln starren oder überhaupt nicht ansehen, zu rauchen und dem anderen möglichst den Rauch ins Gesicht zu blasen, und so weiter. Erinnern Sie sich noch an die Wettkämpfe zwischen Karpow und Kortschnoj? Welch ein Zirkus. Pressekampagnen, Denunziationen, Beschwerden am laufenden Band über Nichtigkeiten, persönliche Beschimpfungen, am Ende erschien Kortschnoj gar mit Spiegelgläsern in seiner Brille. Aber derartige Kindereien reichen nicht aus, um eine einigermaßen stabile Persönlichkeit, wie zum Beispiel Karpow oder gar Sretlow, entscheidend zu beeinflussen.«

»Was würde ausreichen, Mister Brown?« Es zischte bedrohlich in der Frage, doch der Gefragte wollte oder konnte sich nicht mehr bremsen.

»Vieles, Mister Richardson, vieles. Man braucht nur ein wenig Phantasie, mehr nicht. Sie glauben gar nicht, wieviele Möglichkeiten es gibt. Da sitzen die an ihrem Tisch und merken nicht, was um sie herum vorgeht. Die merken überhaupt nichts mehr, alles, was die sehen, ist ein Brett mit Figuren und alles, was sie denken können, sind Spielzüge. Denaturierte Ersatzbefriedigung, stupides Hin- und Hergeschiebe gedrechselter Holzstückchen. Wie Spinnen sitzen sie an ihrem Tisch, lauernd, gierig, als ob sie einander auffressen wollten. Sie regen sich auf, verlieren an Gewicht und strengen sich an, als ginge es um ihr Leben. Dabei sind sie nichts anderes als Puppen, die mit Puppen spielen. Marionetten, Mister Richardson, ahnungslose, ungeschützte Marionetten.«

Die Augen des Angesprochenen verengten sich. »Ungeschützt wovor, Mister Brown?«

»Vor Einflußnahmen, Mister Richardson. Einflußnahmen jeder erdenklichen Art. Ich sagte es bereits, alles, was man benötigt, ist ein wenig Phantasie ...«

»Welche Einflußnahmen, Mister Brown?!« War die Frage zu scharf gesprochen, zu drängend? Brown stutzte, schien ihn zumindest intensiv zu betrachten. Richardson hielt dem Blick stand. »Welche Einflußnahmen halten Sie für möglich?« Er versuchte, es so ruhig wie möglich zu sagen.

Browns Gesicht entspannte sich. »Zum Beispiel Drogen. Zugegeben ein alter Hut, aber immer wieder sehr wirkungsvoll, wenn jemand mit ihnen umzugehen weiß. Ihre Wirkung muß genau kalkulierbar sein, sie sollten in Nahrungsmitteln verabreichbar sein, sollten überhaupt nicht oder nur sehr kurz nachweisbar sein. Nur einmal eingesetzt, besteht kaum Entdeckungsgefahr, vor allem, wenn die Betroffenen diese Möglichkeit zu spät in Erwägung ziehen. Sie erinnern sich vielleicht noch an das sechste Spiel und an den groben Fehler, durch den Sretlow das sichere Remis verschenkte?«

»Sehr gut sogar ...«

»Später hat man die Nahrungsmittel einer ständigen Kontrolle unterzogen und natürlich nie etwas gefunden.«

»Man mußte sich also etwas Neues einfallen lassen.«

Brown schien den unterdrückten Sarkasmus zu überhören.

»Genau.« Er lehnte sich nach vorn. »Wissen Sie was Pheromone sind?«

»Irgendwelche Hormone?«

»Nicht ganz. Während Hormone nur in einer Person wirksam werden, wirken Pheromone zwischen Personen. Es sind artspezifische Duftstoffe, Botschaften, wenn Sie so wollen, die wir mit unseren Nasen empfangen und auf die wir höchst empfindlich reagieren. Zurecht sagt man von Menschen, die sich nicht ausstehen können, daß sie sich nicht riechen könnten. Vorteil und zugleich Nachteil der Pheromone ist, daß sie höchst unterschiedlich auf verschiedene Personen wirken. Der Nachteil zeigt sich vor allem darin, daß man zumeist eine Weile experimentieren muß, um das geeignete Pheromon und die richtige Dosierung für die gewünschte Wirkung herauszufinden. Der Vorteil liegt in ihrer problemlosen Anwendung und spezifischen Wirkung. Nur ein winziges Tröpfchen auf der Stuhllehne oder der Tischseite des Gegners reicht aus ...«

»Aber Sretlow gewann doch das siebte Spiel?«

»Und führte 4 zu 1, richtig. Ich sagte ja, es ist nicht leicht, das geeignete Pheromon und die richtige Dosierung zu ermitteln. Doch im achten und neunten Spiel erreichte er nur ein Remis und im zehnten verlor er zum zweitenmal. Aber, was Sie vielleicht nicht wissen, er soll sich beim Kampfgericht über den unerträglichen Gestank auf dem Podium beklagt haben; was beinahe zu Mißverständnissen geführt hätte. Einer der Kampfrichter pflichtete ihm jedoch bei, und so wurde eine gründliche Reinigung des ganzen Saals und insbesondere des Podiums vor Beginn des elften Spiels angeordnet. Daraufhin blieb der Geruch, der Gestank, wie ihn Sretlow bezeichnete, verschwunden, und keiner hatte auch nur die blasseste Ahnung, woher er gekommen sein könnte.«

»Nur Sie«, konnte Richardson sich nicht verkneifen zu sagen.

»Reine Spekulation«, lächelte Brown.

»Und wie erklären Sie sich, daß Dawson auch im zwölften Spiel gewinnen konnte?«

Brown nahm sich für die Antwort bewußt Zeit. »Es war zweifellos Dawsons beste Partie, und um Ihre Definition zu gebrauchen, halte ich es nicht für ausgeschlossen, daß in diesem Spiel tatsächlich der Bessere gewonnen hat.«

»Sie halten es tatsächlich nicht für ganz ausgeschlossen ...« Richardson kochte innerlich.

»Ich sagte es bereits; denn Sretlow schien mir auch in diesem Spiel gehandicapt.«

»Und wodurch, wenn ich fragen darf?«

»Strahlung.«

»Was denn für eine Strahlung?«

»Elektromagnetische, natürlich. Laser, zum Beispiel, Miniaturlaser. So dünne Strahlendurchmesser, daß sie praktisch unsichtbar sind. Außerdem werden sie nur kurzfristig aktiviert. Es wirkt wie ein Mückenstich, nur schmerzhafter.«

»Sretlow war aber nicht der einzige, der sich über die Mückenplage beklagte?«

»Sehr richtig; auch einige Zuschauer wurden ›gestochen‹, aber die weitaus meisten ›Stiche‹, scheint doch wohl Sretlow abbekommen zu haben. Man fand sogar winzige Einstiche in seiner Haut und entzündliche Stellen, die jedoch von Insekten zu stammen schienen, die bislang noch gar nicht bekannt waren, und die eigenartigerweise auch niemand zu Gesicht bekam. Überdies sahen die Hautirritationen nicht wie durch Insektengift hervorgerufen aus, sondern wirkten eher wie Mikroverbrennungen, die man sich allerdings nicht zu erklären wußte, da nach Meinung der Ärzte nur ein Insekt als Ursache in Frage kam. Wie Sie wissen, endeten das zwölfte und dreizehnte Spiel wiederum remis, und zum vierzehnten weigerte sich Sretlow anzutreten, jedenfalls so lange bis die ›Mückenplage‹ beseitigt wäre. Eine Mückenplage – und das mitten im Herzen Sydneys!« Brown begann es zu schütteln und dann begann er lauthals zu lachen. »Eine Mückenplage«, sein Lachen wurde noch heftiger, »mitten in Sydney.« Er schien sich nicht mehr einzukriegen. »Mücken, lieber Freund, die sich auf Herrn Sretlow spezialisiert haben.« Brown lachte, bis ihm die Tränen kamen, und Richardson lachte mit, obwohl er nicht wußte, warum. Anschließend fühlte er sich jedoch eigenartig erleichtert und befreit von all den Emotionen, die er während des Gesprächs angestaut hatte, als hätte Brown die ganze Zeit nichts anderes als alberne Witze erzählt. Auch Brown beruhigte sich langsam wieder. »Kiloweise haben sie Vernichtungsmittel versprüht. Und siehe da, die Mücken waren und blieben verschwunden. Kein Wunder, daß niemand mehr an der Existenz der geheimnisvollen Tierchen zweifelte. Nur schade, daß die ganze Aktion vorerst keine Früchte trug.«

Richardsons Magen krampfte sich erneut zusammen. »Was meinen Sie mit ›vorerst‹?«

»Sretlow führte noch immer 4 zu 3 – vorerst. Wissen Sie, wie's weiter ging?«

»Ich glaube, Sretlow ging es wieder schlechter, er litt zunehmend unter Übelkeit und Erbrechen.« Richardson mußte unwillkürlich schlucken, als er sich daran erinnerte.

»Und wissen Sie auch, wieso?«

Richardson schüttelte mit aufgerissenen Augen den Kopf.

»Dann will ich es Ihnen verraten. Da jedermann an die Mükkenplage glaubte, konnte die Strahlenwaffe auch weiterhin eingesetzt werden. Natürlich nicht auf die gleiche Weise wie zuvor. Alles, was man tun mußte, war, die Strahlungsfrequenz in den Gammabereich zu erhöhen und die richtige Energiedosis zu ermitteln. Das klingt zwar sehr einfach, war technisch aber gar nicht so leicht zu bewerkstelligen. Doch der Aufwand sollte sich lohnen ...«

»Wie wirken solche Strahlen?« Obwohl Richardson sehr leise gesprochen hatte, unterbrach Brown seinen Redefluß.

»Wie solche Strahlen wirken, wollen Sie wissen? So genau, kann ich Ihnen das auch nicht sagen. Jedenfalls sind sie noch kurzwelliger und härter als Röntgenstrahlen, so daß sie mühelos die Schädelknochen durchdringen und auf das Gehirn einwirken.«

»Und die Folgen?«

»Ständiges Gefühl von Übelkeit und häufiges Erbrechen.«

»Ich meine die Folgen für das Gehirn?«

Brown zuckte mit den Schultern. »Soweit mir bekannt, keine, zumindest keine dauerhaften.« Ihm wurde das Gespräch sichtlich unangenehm. »Außerdem bestand Sretlow sowieso kurze Zeit später darauf, nurmehr unter Ausschluß der Öffentlichkeit weiterzuspielen ...«

»Weil er sich schämte.«

»Aber, daß Dawson gleichziehen konnte, wäre doch kein Grund ...«

»Er schämte sich nicht, weil er sein viertes Spiel verlor, sondern wegen seiner Verfassung. Einmal mußte er sich sogar am Spieltisch übergeben, vor allen Leuten im Saal, vor der Fernsehkamera. Das war der Grund, nicht, weil er ein weiteres Spiel verloren hatte!«

»Sie mögen ja recht haben«, versuchte Brown leicht verärgert seinen Gast zu beschwichtigen, »aber ich dachte, Sie wären daran interessiert zu erfahren, wie sich alles abgespielt hat, ich meine, aus meiner Sicht abgespielt haben könnte«, korrigierte er sich.

Richardson brachte es fertig, sich zu entschuldigen und Brown zu bitten, weiterzuerzählen.

»Vielleicht sollten wir doch besser das Thema wechseln«, bemerkte Brown, noch immer ein wenig verstimmt.

»Bitte, erzählen Sie weiter!« drängte Richardson.

»Na schön, der Rest ist ohnehin schnell erzählt. Da durch den Ausschluß der Öffentlichkeit eine Einflußnahme während des Spiels erheblich erschwert war, mußte man sich etwas anderes einfallen lassen. Wußten Sie zum Beispiel, daß Sretlow Arachnophobiker war?«

Richardson wäre beinahe zusammengezuckt. »Was heißt das?«

»Er hatte panische Angst vor Spinnen.«

»Ja glauben Sie denn im Ernst ...«

»Tatsache ist, daß Sretlow sich zunehmend erholte, und sein Sieg nur eine Frage der Zeit zu sein schien; bis ihn das Auftauchen der Vogelspinne in seinem Schlafzimmer völlig außer Fassung brachte, so sehr, daß er das nächste Spiel beinahe verloren hätte.«

»Das muß Zufall gewesen sein, wie die Schlange in Dawsons Zimmer. Die übrigens sehr giftig gewesen sein soll, während der Biß einer Vogelspinne, wenn ich recht informiert bin, nicht lebensgefährlich ist.«

Brown konnte nicht umhin, wieder einmal süffisant zu lächeln. »Die Schlange war ein Krait; dessen Biß ist tatsächlich lebensgefährlich, während der einer Vogelspinne harmlos ist. Die Sache hat nur zwei kleine Haken. Der Krait kommt so gut wie ausschließlich in Südasien vor, hauptsächlich in Indien. In Australien gibt es ihn nicht, jedenfalls nicht in freier Wildbahn.«

»Und der zweite Haken?«

»Dawson fand die Schlange am frühen Nachmittag!«

»Und?«

Brown lächelte noch immer. »Der Krait ist ein Nachttier. Tagsüber greift er nie an, selbst wenn er überrascht wird, rollt er sich nur zusammen und läßt sich sogar gefahrlos wie ein Ball fortstoßen.«

»Dennoch könnte es ein Zufall gewesen sein.«

»Nach Zufall sollte es ja auch aussehen.«

»Dann haben Sie sicherlich auch eine Erklärung für Sretlows eigenartigen Ausschlag?«

»Ich sagte bereits, daß durch den Ausschluß der Öffentlichkeit die Möglichkeiten einer Einflußnahme erheblich erschwert wurden, aber ausgeschlossen waren sie dadurch keineswegs. Zum Beispiel wäre ein Präparieren der Schachfiguren durchaus möglich gewesen.«

»Der Schachfiguren? Aber davon wären doch beide Spieler betroffen gewesen?«

»Es ist in der Tat nicht auszuschließen, daß beide Spieler alle gegnerischen Figuren berühren, bis auf eine!«

»Den König.«

»So ist es.« Brown ergötzte sich geradezu am Erstaunen seines Zuhörers. »Nehmen wir an, Sretlows König wäre mit einem Kontaktgift versehen worden, so konnte nur er damit in Berührung kommen, und zwar mit an Sicherheit grenzender Wahrscheinlichkeit, da es höchst unwahrscheinlich ist, daß ein Spieler seinen König kein einziges Mal bewegt.«

»Was für ein Gift?«

»Das Gift einer Pflanze. Rhus radicans, poison ivy nennen sie die Amerikaner. Wenn man mit ihr in Berührung kommt, bilden sich ständig juckende Quaddeln, die sich durch Kratzen immer weiter ausbreiten. Alles, was man tun muß, ist, den König mit einer winzigen Menge des Giftöls zu versehen und die restlichen Figuren mit einem Gegenmittel zu besprühen, damit nichts auf sie übertragen werden kann. Eine Angelegenheit, die innerhalb einer Minute erledigt werden kann.«

»Daher also Sretlows Ausschlag.« Richardsons Fingernägel gruben sich unter dem Tisch ins eigene Fleisch.

»Der Sretlows Spielstärke erheblich beeinträchtigte und schließlich zum 5 zu 4 für Dawson führte. Damit schien alles gelaufen, hätte Sretlow nicht Glück gehabt, oder besser Pech«, korrigierte sich Brown. »Jedenfalls brachte die Kortisonbehandlung den Ausschlag schnell zum Abklingen und stoppte vor allem den lästigen Juckreiz. Es sah fast so aus, als könnte Sretlow das Ruder doch noch herumreißen. All die vorangegangenen Beeinträchtigungen hatten verständlicherweise ihre Spuren hinterlassen, und so konnte er zwangsläufig nicht mehr zu seiner Normalform gelangen. Aber auch ein schlecht disponierter Sretlow war stark genug, den erneuten Ausgleich zu schaffen.«

»Wieso sagen Sie, Sretlow hätte Pech gehabt?«

Browns Gesicht zeigte deutlich, was er von der Frage hielt. »Durch den Ausgleich wurden weitere Maßnahmen erforderlich.«

Richardson fühlte sich leer, wie ausgebrannt, fast gleichgültig stellte er seine nächste Frage. »Welche Maßnahmen, Mister Brown?«

Plötzlich schien Brown irritiert. »Was weiß ich, vielleicht Nervengas. Es soll ein Gas geben, das einen dazu verleitet, seine eigenen Möglichkeiten enorm zu überschätzen. Wie ein Kamikaze ist Sretlow im letzten Spiel ins offene Messer gelaufen.«

»Und Dawson war Weltmeister.« Richardson ließ sein Gegenüber nicht aus den Augen. »Nervengas also?«

»Oder etwas anderes.«

»Ja?«

»Was weiß ich!« Brown war unvermittelt aufgestanden und starrte seinen Gast mit großen Augen an.

Jetzt hat er mich erkannt, dachte Richardson und stand ebenfalls auf. »Ich würde mich freuen, wenn wir bald wieder einmal miteinander spielten.«

Brown nickte abwesend.

»Wie wär's am kommenden Samstag, bei mir?«

»Vielleicht am Sonntag.«

»So gegen sieben?«

»Gut«, sagte Brown und brachte seinen Gast bis vor die Tür. Richardson ging, ohne ein weiteres Wort zu verlieren und ohne sich noch einmal umzudrehen.

Brown kehrte ins Haus zurück, schwerfällig wie ein alter Mann wankte er durchs Zimmer und ließ sich in den Kaminsessel fallen.

Wie konnte er nur so blind gewesen sein. Zu genau konnte sich Richardson an alles erinnern, viel zu genau. Trotz des veränderten Aussehens, hätte er es bemerken müssen; spätestens zu Beginn ihres Gesprächs.

Richardson war Sretlow.

Von seinem Ausschlag hatte niemand gewußt, nur die Spieler und deren engste Betreuer. Brown konnte es einfach nicht fassen, wie blind er gewesen war, wie dumm und eitel. Im Unterbewußtsein hatte er es freilich geahnt, irgend etwas hatte ihn davon abgehalten, auch noch die Sache mit Gilian zu erzählen. Brown erinnerte sich nur noch allzu gut. 5 zu 5 stand das Match, und er hatte all seine Munition verschossen. Sretlows Sieg schien unausweichlich. Sicher, das Nervengas stand bereit, aber die Einsatzprobleme waren längst nicht alle gelöst. Das Risiko einer Entdeckung wäre noch immer viel zu hoch gewesen. Da war er auf die Idee verfallen, sich an Gilian heranzumachen. Er wußte, daß Sretlows zukünftige Frau in New York geblieben war, und er konnte sich auch den rechten Reim darauf machen. Daß Sretlow wegen Gilian kaum mehr an Turnieren teilnahm, war ja allgemein bekannt.

Dawson gegenüber hatte er den Enttäuschten gespielt und gesagt, daß er wegen dringlicher Geschäfte übers Wochenende unbedingt nach New York müsse, da sich das Match viel länger als erwartet hingezogen hätte. Er versprach jedoch, am Montag, noch vor Beginn des nächsten Spiels, wieder zurück zu sein.

Er hatte Glück, Gilian ließ sich sprechen und war bereit, sich mit ihm am Samstagabend zu treffen. Während des langen Fluges hatte er genügend Zeit gehabt, sich sein Vorgehen genauestens zu überlegen. Dennoch war es erstaunlich, wie glatt alles lief, alles, bis auf jene ›Kleinigkeit‹, an die er nicht einmal im Traum gedacht hätte.

Er holte sie mit dem Taxi ab und schlug ihr vor, ins Plaza zu fahren, aber Gilian wollte lieber ins Nirwana, ein gemütliches indisches Restaurant, das auch er kannte. Wer er war, hatte er bereits am Telefon offengelegt, aber was er von ihr wollte, darüber hatte er sich ausgeschwiegen. Beim Essen sprach er über alles mögliche, beantwortete ihre Fragen nach Sretlow, allerdings nur soweit es ihm sinnvoll erschien, und erwähnte mit keinem Wort den eigentlichen Grund der Verabredung, bis Gilian schließlich selbst danach fragte. Dies war der entscheidende Moment seines ganzen Manövers. Sie schien mit allem gerechnet zu haben, mit Bestechung oder gar mit Erpressung, nur nicht mit dem, was er machte.

Es hätte sich erledigt, hatte er vorgegeben; und sie, neugierig geworden, wollte natürlich den Grund hierfür wissen. »Ich will Ihnen die Wahrheit sagen«, log er, nachdem er sie lange und höchst bedeutsam angesehen hatte, »ich wollte tatsächlich versuchen, Sie zu bestechen. Ich wollte, daß Sie Sretlow erpressen. Sie sollten ihm mitteilen, daß Sie sich von ihm trennen würden, falls er den Titel erfolgreich verteidigte.«

Gilian war in keiner Weise schockiert und wollte nur wissen, warum er es sich plötzlich anders überlegt hätte.

Herumgestottert hatte er, so getan, als ob er nicht darüber reden wollte, und sie gebeten, nicht weiter in ihn zu dringen.

Gilian glaubte ihm vorerst kein Wort, schien nicht einmal geschmeichelt; aber auch das hatte er einkalkuliert.

Geschickt wechselte er das Thema, um schließlich doch wieder auf seine Person zurückzukommen.

Gilian wurde neugierig und wollte wissen, wie er Dawsons Manager geworden sei.

Er erzählte es ihr, wahrheitsgetreu, und erzählte auch von seinem Bedürfnis nach Macht und sogar, wie er Dawson zum Herausforderer aufsteigen ließ.

Warum er ihr das alles erzähle, hatte sie ihn gefragt.

Weil er es endlich einmal los werden müßte, hatte er gesagt, und das war nicht einmal die Unwahrheit gewesen.

»Und auf die gleiche Weise, wollten Sie Dawson zum Weltmeister machen?« Ihre Frage klang mehr wie eine Feststellung.

Er hatte es zugegeben, und endlich schien sie ihm Glauben zu schenken.

»Und das alles nur, um sich selbst zu bestätigen?«

Darum ginge es nicht, nicht mehr, hatte er geantwortet. Seine Worte lagen richtig, lagen genau auf der Linie, die er sich ausgeklügelt hatte, doch sie trugen mehr, eine Bedeutung, die er nicht wahrhaben wollte.

»Worum geht es dann?«

Auf einmal widerstrebte es ihm, sie anzulügen. »Reden wir nicht mehr davon«, hatte er versucht abzulenken und erreichte dennoch, daß sie sein Lügengebäude selbst zu Ende baute.

»Sie haben sich durch ihre kostspieligen Bestechungen übernommen und hofften, sich durch ihren Anteil an Dawsons Gewinn wieder zu sanieren?«

Er hatte den Blick gesenkt, was sie als Zustimmung deutete. Er müsse verrückt sein, ihr das alles zu erzählen, hat sie noch gesagt und darauf bestanden, ihren Teil der Zeche selbst zu bezahlen. Er bestand jedoch seinerseits darauf, sie nach Hause zu bringen. Während der Fahrt hatten sie geschwiegen, und es waren nur wenige Sätze gewesen, die sie zum Abschied wechselten.

»Nun haben Sie die weite Reise ganz umsonst gemacht.«

»Ich habe Sie getroffen.«

»Haben Sie keine Angst, daß ich Sretlow alles erzählen werde?«

»Ich wünschte, Ihnen schon früher begegnet zu sein.«

»Sie sind ein sonderbarer Mensch«, war das letzte, was sie sagte.

Er hatte das Taxi weggeschickt und war zu Fuß die weite Strecke zum Hotel zurückgegangen. Alles glaubte er bedacht zu haben, alle möglichen Wendungen hatte er durchgespielt, nur diese eine nicht. Das Spiel war vorüber, er hatte sich selbst übertölpelt, und das Kurioseste war, es störte ihn nicht im geringsten. Sretlow würde wieder Weltmeister werden, wie es ihm gebührte; Dawson würde nur knapp verlieren, was ihm zu gönnen war, und er selbst würde der eigentliche Verlierer sein. All das bedeutete ihm nichts mehr, nur das eine, daß er Gilian nie wiedersehen würde, und daß sie ihn möglicherweise verachtete. So fühlte er jedenfalls, als er New York wieder verließ.

Am Montag war er wieder in Sydney gewesen. Die Hintergründe dessen, was dann geschah, sollte er allerdings erst viel später erfahren.

Fast auf den Tag genau drei Jahre waren seit jenem denkwürdigen Match vergangen, in dem Dawson Sretlow entthront hatte, als er Gilian wiedersah. Jedesmal, wenn er in New York war, ging er mindestens einmal wöchentlich ins Nirvana, es war so etwas wie ein Ritual geworden. Hoffnung hatte er längst nicht mehr, und so traute er seinen Augen nicht, als er eines Tages Gilian allein an einem Tisch sitzen sah. Er begrüßte sie und nahm ihre Einladung an, bei ihr Platz zu nehmen. Man fragte sich, wie es einem geht, und dann wußten sie wohl beide nicht mehr so recht, was sie sagen sollten. Schließlich fragte er sie direkt heraus, warum Sretlow im letzten Spiel auf so eigenartige Weise verloren hatte.

»Er hat es mir zuliebe getan«, sagte Gilian, und ohne daß er noch ein weiteres Mal nachfragen mußte, erzählte sie ihm die ganze Geschichte. Sie hatte geglaubt, daß sie sich damit abfinden könnte, daß Sretlow sich die meiste Zeit mit Schach beschäftigte, aber sie hatte sich geirrt, was ihr erst während des Weltmeisterschaftkampfes so richtig klar geworden wäre. Genau das, wofür er sie bestechen wollte, hatte sie ohnehin vorgehabt. Sie wollte allerdings bis zum letzten Moment warten und erst nach dem Wettkampf mit ihm darüber reden, falls er wider Erwarten verloren hätte. Da sei er, Brown, aufgetaucht. Sie hatte vermutet, daß er sie bestechen wollte, und nur, weil sie anfangs mit dem Gedanken spielte, das Geld anzunehmen, habe sie sich mit ihm getroffen. Erst als sie sich gegenübergestanden waren, war ihr klar geworden, daß sie das Geld niemals annehmen würde. Und noch etwas war ihr nach dem Gespräch klar geworden, daß sie Sretlow niemals angerufen hätte, falls er tatsächlich versucht hätte, sie zu bestechen. Am Sonntag hatte sie in Sydney angerufen und Sretlow mitgeteilt, daß sie sich von ihm trennen würde, wenn er auch in Zukunft so viel Zeit mit Schach verbringen würde, und daß dies mit Sicherheit der Fall wäre, wenn er den Titel erfolgreich verteidigte. Gilian war es nicht leicht gefallen, weiterzusprechen. »Ich hatte nie einen schöneren Liebesbeweis erhalten und nie einen größeren.« Dann fragte sie unvermittelt: »Und warum haben Sie eigentlich nicht versucht, mich zu bestechen?«

»Sie wissen es doch«, hatte er geantwortet, obwohl es nur die halbe Wahrheit war.

Da hatte sie ihm eröffnet, daß sie sich vor zwei Jahren von Sretlow getrennt habe. »Zuerst stahl er sich nur nachts heimlich aus dem Bett«, erzählte sie. »Als ich es bemerkte, bat er mich, doch noch ein letztes Mal an einem Turnier teilnehmen zu dürfen. Natürlich blieb es nicht bei dem einen. Es war schlimm für ihn, da er weder mich noch sein geliebtes Schach verlieren wollte. Das Ergebnis kennen Sie. Er fand nie mehr zu seiner früheren Spielstärke zurück. Damals dachte ich, es wäre letztlich auch für ihn besser, wenn ich mich von ihm trennte. Womöglich hab' ich mich getäuscht; denn soweit ich weiß, spielt er kaum mehr auf großen Turnieren, die überdies zunehmend von Schachcomputern beherrscht werden. Er haßte es, gegen eine Maschine zu spielen. Maschinen sollen für den Menschen Hilfsmittel sein, aber niemals Gegner, hat er immer gesagt. Er hatte sich sogar als erster dafür eingesetzt, daß Dawson der Weltmeistertitel nicht aberkannt wurde, als er gegen den Computer verlor ...«

»Ich weiß«, hatte er sie unterbrochen und gefragt, ob sie Sretlow denn noch immer liebe?

Sie wisse es nicht, hatte sie nach einigem Nachdenken geantwortet. Und dann hatte er gefragt, ob er sie wiedersehen könnte.

Ein halbes Jahr später hatten sie geheiratet.

Brown griff nach dem Zigarrenkasten. Ich sollte weniger rauchen, dachte er, während blaugraue Rauchwolken das Zimmer schwängerten. Ungewollt kehrten seine Gedanken zu Gilian zurück. Es war eine wunderschöne Zeit gewesen, zumindest für ihn, bis Gilian sich beklagte, daß er zuviel auf Reisen wäre und ihn schließlich mit Sretlow verglich.

»Ihr seid beide zu bedauern«, hatte sie gesagt, »beide seid ihr süchtig, Marionetten, die sich nicht mehr selbst gehören.«

Er hatte geglaubt, sie würde nun auch ihm ein Ultimatum stellen, und er war gewillt, für sie auf alles zu verzichten, doch es kam anders.

»Wie war das eigentlich damals?« hatte sie ihn gefragt, »bei Sretlows Kampf gegen Dawson, hattest du da auch schon etwas nachgeholfen, bevor du mich aufgesucht hast?«

Er wollte ihr nicht unbedingt alle Einzelheiten erzählen, aber er wollte sie auch nicht belügen. Wie interessiert sie ihm zugehört hatte, fast ein wenig bewundernd, wie es ihm schien, so daß er ihr schließlich die ganze Geschichte erzählte. Als er geendet hatte, passierte es. Zitternd war sie aufgestanden, ganz bleich war sie geworden. »Das hab' ich nicht gewußt«, wiederholte sie immer wieder, und noch am gleichen Tag hatte sie ihn verlassen. Stundenlang hatte er sie angefleht, zu bleiben, sie um Verständnis gebeten, ihr alles Erdenkliche versprochen, sogar gedroht, sich umzubringen, am Ende hat er nur noch geheult. Geduldig hatte sie ihm zugehört, ihn gestreichelt und in den Arm genommen. »Eines Tages wirst du mich vielleicht verstehen und mir verzeihen. Ich liebe dich«, waren ihre letzten Worte, »aber ich kann nicht bei dir bleiben.«

Brown fuhr sich mit dem Handrücken über die Augen. Hölzern erhob er sich aus dem Sessel und ging zum Fenster. Bei Richardson brannte noch Licht. Was mochte in dem Mann vorgehen, fragte er sich, jetzt, nachdem jener wußte, wie übel man ihm mitgespielt hatte – ich ihm mitgespielt habe, korrigierte sich Brown. Was würde Sretlow tun? Sie hatten beide eine ganze Woche Zeit, darüber nachzudenken. Brown begann seine Sachen zu packen; denn er wollte noch vor Mitternacht in seiner Stadtwohnung sein.

Richardson hatte tatsächlich die ganze Woche über nichts anderes als über Browns unbedachtes Geständnis nachgedacht, über die Unverzeihlichkeit des Geschehens und über die Rache, die er nehmen wollte. Es gab nur eine angemessene Vergeltung, Browns Tod. Vorzubereiten war nicht viel. Er würde Brown Tee anbieten und zum Süßen Puderzucker, weil er angeblich keinen anderen im Hause hätte. Vor Browns Augen würde er seinen eigenen Tee damit süßen. Er mußte sehr vorsichtig sein, ohne jedoch vorsichtig zu wirken; und dann den Löffel in den mit Zyankali vermischten Teil des Puderzuckers zurückstecken. Jeder Handgriff war eingeübt, bis zur Perfektion gedrillt. Sollte Brown den Tee verschmähen, lag ein Revolver bereit. Was auch immer geschehen würde, Brown würde sein Haus nicht mehr lebend verlassen. Seine Leiche wollte er im Meer versenken, weit draußen, wo sie niemand je finden würde.

Die Natur gab sich seltsam friedlich und still, kein Wind, kein fernes Rauschen der Wellen, selbst die geschwätzigen Blätter der Silberpappel hingen lautlos im Geäst. Erstarrt und leblos die gesamte Szenerie, unecht wie ein überdimensionales Bühnenbild, das teilnahmslos den nächsten Auftritt der Spieler erwartet.

Der Samstag verging, und auch der Sonntagnachmittag, ohne daß Richardson Brown zu Gesicht bekommen hätte. Unruhig saß er am Fenster und starrte unverwandt auf den holprigen Zufahrtsweg. Eine Straße konnte man ihn weiß Gott nicht nennen.

Halb sieben, er hörte Motorengeräusch. Langsam kroch die Limousine den Hügel herab und bog auf Browns Anwesen ein. Nur eine Person stieg aus. Er war also doch noch gekommen, aber warum, überlegte Richardson, mußte Brown nicht wie üblich am Montagmorgen wieder in der Stadt sein? Er stellte den Wasserkessel auf die Heizplatte. Das Tablett mit den Tassen, den Löffeln, der Teekanne und der Zuckerdose stand bereit, sogar eine Schale mit Plätzchen hatte sich dazugesellt.

Punkt sieben läutete es an der Tür.

»Sagen Sie bloß, Sie sind extra wegen mir herausgefahren?«

»Wir hatten eine Verabredung.«

»Aber wir hätten doch auch erst am nächsten Wochenende ...«

»Ich bin es gewohnt, wichtige Verabredungen einzuhalten.«

»Ist sie denn so wichtig?« Richardson war von der direkten Gangart seines Besuchers ein wenig überrascht.

»Ist sie es nicht?« fragte Brown zurück.

Richardson registrierte erstaunt, wie ihm die Zügel mehr und mehr zu entgleiten drohten. Er bat seinen Gast ins Haus und bot ihm Platz an. »Was halten Sie von einer Tasse Tee?«

Mal sehen, wie er reagiert, dachte Brown.

»Vielleicht später.«

Richardson ließ sich nichts anmerken. »Wenn er noch ein wenig zieht, schmeckt er ohnehin besser«, sagte er und stellte das Tablett neben das Schachbrett.

»Diesmal sind Sie der Angreifer.«

Richardsons Blick zeigte Verständnislosigkeit.

»Das letzte Mal hatte ich Weiß.«

»Ach so«, verriet sich Richardson und drehte das Schachbrett, bis die weißen Figuren vor ihm standen.

»Wollen Sie denn wirklich spielen – ich meine Schach?«

Richardson nahm eine der beiden Tassen vom Tablett, goß sich bedächtig Tee ein. Dann der Griff zum Zuckerlöffel. »Leider hab' ich nur Puderzucker im Haus.« Er spürte förmlich Browns Augen auf seiner Hand. Ruhig führte er den gefüllten Löffel über die Tasse, drehte ihn um und steckte ihn anschließend wieder in die Zuckerdose. »Warum sind Sie gekommen, Mister Brown?«

Zumindest will er mich nicht vergiften, dachte sich Brown, dann sagte er: »Um die Dinge zwischen uns zu klären, Mister – wie soll ich Sie eigentlich nennen?«

»Warum nicht Richardson?«

»Und was wollen Sie von mir – Mister Richardson?«

»Vielleicht will ich Sie umbringen.«

»Und weshalb?«

»Da fragen Sie noch?«

»Ja, da frage ich.«

»Weil Sie Menschen auf die schändlichste Weise belogen und betrogen haben«, brach es aus Richardson heraus.

Brown blieb, zumindest äußerlich, ganz ruhig. »Also nicht, weil ich belogen und betrogen habe, sondern weil es auf die schändlichste Art gewesen sein soll?«

»So ist es!«

»Und natürlich ist es alles andere als schändlich, jemanden dafür umzubringen?«

»Es wäre nicht schändlich, sondern gerecht.«

»Und wer bestimmt, was gerecht ist?«

»Wollen Sie etwa leugnen, daß es gerecht ist, einen Schuldigen zu bestrafen, und daß Sie sich schuldig gemacht haben?«

»Noch einmal, wer bestimmt, was gerecht und was Schuld ist?«

»Sie versuchen abzulenken, Mister Brown.«

»Sie lenken ab, Mister Richardson. Es gibt nämlich kein verbindliches Maß für Schuld, Gerechtigkeit oder Schändlichkeit. Wer gibt Ihnen eigentlich das Recht, sich zum Richter über andere aufzuspielen?!«

»Das Recht des Opfers.«

Brown wußte nicht, was er auf diese unlogische und dennoch entwaffnende Art erwidern sollte. »Nehmen wir an, Sie wären tatsächlich im Recht ...«

»Ich bin im Recht.«

»Verdammt nochmal, Sie sind es nicht!«

»Spielt das überhaupt eine Rolle?«

Brown hatte sich wieder in der Gewalt. Auf diese Weise würde er den anderen nicht überzeugen können. »Hatten Sie wirklich vor, mich zu töten?«

Richardson antwortete nicht.

»Warum hassen Sie mich eigentlich so?«

»Weil Sie mich mißbraucht und gedemütigt haben.«

Brown stellte verwundert fest, daß er plötzlich Mitleid empfand, mehr noch, er fühlte sich schuldig. »Ich wollte unbedingt gewinnen, das stimmt«, und leise fügte er hinzu: »Aber ich wollte Sie nicht demütigen. Bitte glauben Sie mir – Sretlow.«

Die Augen seines Gegenübers verengten sich ruckartig. »Sretlow?«

»Sie können es ruhig zugeben, daß Sie ...«

Richardson schüttelte langsam den Kopf.

»Aber wenn Sie nicht Sretlow sind, dann wären Sie ja ...«

»Dawson«, beendete Richardson den Satz.

Brown verstand überhaupt nichts mehr. »Aber, warum dann das alles?«

»Weil ich endlich ein wenig Ruhe und Frieden haben wollte.«

»Ich meine, warum Sie mich hassen, mich, der Sie zum Weltmeister gemacht hat?«

»Genau das haben Sie getan, Brown. *Sie haben mich zum Weltmeister gemacht!*« Richardson zerbiß förmlich die letzten Worte.

Brown verstand noch immer nicht. »Hatten Sie wirklich die Absicht, mich zu töten?«

Es schien, als habe Richardson die Frage nicht gehört. »Warum mußten Sie mir das antun, Brown? Warum?«

Der Gefragte nahm sich die verbliebene Tasse vom Tablett. »Ich verstehe Sie nicht. Wie immer Sie es nennen wollen, was ich getan habe, letztlich kam es doch auch Ihnen zugute!« Er goß sich Tee ein.

»Warum haben Sie mir das angetan?« wiederholte Richardson.

Brown griff nach der Zuckerdose. »Dann sagen Sie mir doch endlich, *was* ich Ihnen angetan habe!«

Richardson beobachtete gebannt, wie Brown gleich mehrere Löffel Zucker mit ärgerlichen Bewegungen in seine Tasse kippte. »Ich sagte es bereits.«

»Nichts sagten Sie, außer, daß Sie sich mißbraucht und gedemütigt fühlten.«

»Reicht das nicht?« Richardson machte sich bereit, um den anderen am Trinken zu hindern.

»Wozu?« Brown stellte die erhobene Tasse wieder auf den Tisch. »Um jemanden umzubringen?«

Richardson hatte sich die Frage längst selbst gestellt, und es war ihm unbegreiflich, wie es soweit kommen konnte.

»Ich will Ihnen etwas sagen.« Brown machte eine kleine Pause. »Sie hassen gar nicht mich, sondern sich selbst. Ohne mich wären Sie niemals Weltmeister geworden. Ohne mich hätten Sie nicht einmal den ersten Ausscheidungskampf gewonnen. Ich bin der eigentliche Sieger, und dafür glauben Sie mich zu hassen, doch in Wirklichkeit beneiden Sie mich.«

»Sie haben mir zuviel genommen, als daß ich Sie nur beneiden könnte.«

»Ihre Illusionen habe ich zerstört, Ihre Illusionen über sich selbst, mehr nicht.«

»Nicht nur meine Illusionen.«

»Was denn sonst?«

»Meine Selbstachtung ...«

Brown schluckte seine Antwort hinunter, da er spürte, daß Richardson noch etwas hinzufügen wollte.

»Und Gilian.«

»Gilian?«

»Ich kannte sie schon, da war sie erst 20. Seit jenem Tag, als sie sich in unserem Club vorgestellt hat, liebe ich sie. Als ich es ihr sagen wollte, war sie verschwunden.«

»Verschwunden?«

»Irgendwohin verzogen. Fünf Jahre hat es gedauert, bis ich ihr durch Zufall wieder begegnete. Es war auf einem Turnier in New York. Damals, Mister Brown, hat man sie mir zum ersten Mal weggenommen.«

»Sretlow?«

»Ja.« Richardson beugte sich noch weiter nach vorne. »Und wollen Sie auch wissen, wann ich Gilian das nächste Mal wiedersah?«

Brown ahnte, was kommen würde, und griff nach der Teetasse.

»Drei Jahre, nachdem Sie mich zum Weltmeister gemacht haben, Mister Brown. Ich traf Gilian wiederum in New York, auf der Straße. Ich hielt es für den glücklichsten Zufall meines Lebens. Wir verabredeten uns, und alles schien gut zu werden.

Sie sagte, daß auch sie mich mochte, wollte jedoch einige Tage Bedenkzeit haben. Irgend etwas schien sie zu bedrücken, irgend etwas, das ihr sehr schwer fiel, mir zu gestehen. Ich habe es bis heute nicht erfahren. Und wissen Sie, Mister Brown, warum ich es nicht erfahren habe?«

»Gilian hat mir nie etwas über dieses Wiedersehen erzählt.« Brown hielt die Tasse noch immer in der Hand.

»Warum sollte sie auch. Es reichte doch, mir zu erzählen, daß sie Ihnen begegnet war.«

»Und was kann ich dafür, daß Gilian sich für mich entschieden hat?« Brown setzte die Tasse an die Lippen.

»Gar nichts«, sagte Richardson und sah unbeweglich zu, wie Brown die Tasse leerte.

T 1: *Wie war der Durchlauf?*
T 1181: *Ich würde ihn als normal bezeichnen.*
T 1: *Genauer!*
T 1181: *Dawson hat Brown auch diesmal vergiftet, aber er war nahe daran, es nicht zu tun, und auch Brown zeigt Besserungstendenzen.*
T 1: *Der wievielte Durchlauf war das?*
T 1181: *Der siebenhundertachtunddreißigste, Großer Luzi ...*
T 1: *Wage es nicht noch einmal, mich so anzusprechen!*
T 1181: *Verzeiht, Herrscher der Finsternis.*
T 1: *Wieviele Durchläufe werden es noch?*
T 1181: *Bis zur vollständigen Reinigung sicherlich noch an die tausend, wenn nicht mehr.*
T 1: *Sehr erfreulich.*
T 1181: *Soll ich etwas am Setting ändern?*
T 1: *Mir gefällt eigentlich diese Idylle am Meer.*
T 1181: *Also da capo?*
T 1: *Da capo!*

Der Garten lag im Sterben. Nicht das herbstliche Sterben bekümmerte ihn, sondern das endgültige. Seine Lieblingsbäume, die Lärchen, reckten schon seit langem ihre toten Äste ins wechselnde Blau des Himmels, waren schon vor Jahren gestorben ...

1972 schrieb Brian W. Aldiss, der bekannte englische SF-Schriftsteller, eine Erzählung mit dem Titel MANUSCRIPT FOUND IN A POLICE STATE. Ihre deutsche Übersetzung erschien sieben Jahre später im SF STORY READER 12 (Heyne Verlag).

Diese Erzählung ließ mich aus mehreren Gründen nicht mehr los: Erstens fand ich die Idee seines Khernabhar-Gefängnisses, eines riesigen Steinrades, das sich im Herzen des Berges Khernabhar dreht, ungemein faszinierend; zum zweiten basiert sie auf einer physikalischen Unmöglichkeit, und zum dritten ließ mich das Ende der Geschichte unbefriedigt.

Zehn Jahre nachdem Aldiss jene Story geschrieben hatte, setzte ich mich an die Schreibmaschine und versuchte auf dem Hintergrund seiner Erzählung eine neue zu schreiben. Einige Tage, nachdem sie fertiggestellt war, schickte ich ihm einen Brief, in dem ich ihm Inhalt und Art meiner Aufbauerzählung sowie die Ergebnisse meiner Berechnungen mitteilte und ihn fragte, wie er zu seiner Steinradidee gekommen sei.

Zu meiner Überraschung war Aldiss alles andere als glücklich über mein Schreiben. Er antwortete mit einem langen Brief, in dem er mir Recht gab, daß er seine Erzählung abrupt beendet hätte, weil er fühlte, »daß das Rad in einer besseren Weise behandelt, oder mit mehr symbolischer Kraft versehen werden sollte«; und weiter, daß er diese Idee zu einem Zentralmotiv in HELLICONIA WINTER, dem dritten Band seiner HELLICONIA-Trilogie, machen wolle, wobei er allerdings den Namen des Berges Khernabhar in Kharnabhar zu ändern gedenke. »For this reason«, fuhr er fort, »I am very jealous of my property, and have absolutely no wish for anyone else to take it up. I shall be giving it more psychological function – as you claim to be doing in your story. Also, I have got a geologist to work out the practicalities of my wheel; it now exists within the shadowy realm of possibilities; and I have combined it with Chinese biogas chambers I have seen, so that it will also have some scientific verisimilitude. For all these reasons, I am reluctant to let anyone borrow my wheel for any purpose.

However, I was partly reassured by the synopsis of your story.

Your conception appears quite valuable and profound, and not mereley a mechanical extension. (Funnily enough, I feared for years that someone would take my story ...)«.

Ich verstand seine offene, wenn auch unerwartete Reaktion und wurde ein weiteres Mal überrascht, als er mir anschließend anbot, auch meine Geschichte auf Helliconia spielen zu lassen. Als Letztes teilte er mir mit, daß er sich leider nicht mehr an die Entstehung seiner Steinradidee zu erinnern vermochte.

Dies war der Beginn eines angeregten Briefwechsels, der uns beiden zunehmend Freude bereitete.

In seinem zweiten Brief, nahm er mein Angebot an, aus seiner unfreiwilligen Kooperation eine freiwillige werden zu lassen und beschrieb mir nicht nur sein verändertes Rad-Modell (um die ursprünglichen physikalischen Unmöglichkeiten zu beseitigen), sondern schickte mir auch eine detaillierte Skizze des neuen Modells, sowie den ersten Band seiner Helliconia-Trilogie. Darüber hinaus stellte er mir völlig frei, inwieweit ich von seinem neuen Modell in meiner Geschichte Gebrauch machen wollte. Da es jedoch erheblich von dem ursprünglichen abweicht, behielt ich das Originalmodell bei, konnte jedoch nicht dem Angebot widerstehen, eine kleine Referenz hinsichtlich des Great Wheel of Kharnabhar auf dem Planeten Helliconia in meine Erzählung zu integrieren.

Interessanterweise regte ihn unser Briefwechsel dazu an, nochmals intensiver darüber nachzudenken, wie seine Steinradidee entstanden sein könnte. Da er mir gestattet hat, aus seinen Briefen zu zitieren, möchte ich ihn nochmals selbst zu Wort kommen lassen: »Your comment that you expected I might feel flattered by your taking up my idea amused me. It's true I was *flattered. And you have given me cauce to consider the idea more closely. As a result, I believe that I have discovered in the geological layers of my mind the original intention which led me to the idea. The urge was to show a man stepping into rock and vanishing forever, as a man may do in life.«*

Er erinnerte sich des weiteren daran, daß ihm ein SF-Fan erzählt hätte, bereits in einem der Mars-Romane von Edgar R. Burroughs sei ein Rad in einem Berg beschrieben worden, er, Aldiss, sich jedoch nicht erinnern könnte, je von dieser Idee – zumindest nicht bewußt – gelesen oder gehört zu haben. Inzwi-

schen habe ich weitere Details über sein neues Rad-Modell erhalten, das er nicht nur aus den erwähnten physikalischen Problemen zu einem Radring umgestaltet hat (wodurch die zu bewegende Masse drastisch verringert wird), sondern vor allem, weil es für seine Intentionen unabdinglich ist, daß das Rad von den Eingekerkerten selbst durch den Berg getrieben wird. Ich habe auch die physikalischen Eigenschaften seines neuen Modells durchgerechnet und ihm die, nach meiner Meinung noch verbliebenen Probleme mitgeteilt. Für einige hat er bereits interessante Lösungsansätze entwickelt, alle Probleme werden sich wohl nicht lösen lassen; aber ein wenig dichterische Freiheit sollte auch einem SF-Autor zugestanden werden; denn letztlich geht es um erfundene Geschichten und nicht um physikalisch-mathematische Gutachten.

Ich bin jedenfalls sehr gespannt, welche Gestalt »Das Große Rad des Kharnabhar« in HELLICONIA WINTER annehmen wird und freue mich schon jetzt auf eine persönliche Begegnung mit diesem außergewöhnlichen Autor.

Im toten Herz des Kharnabhar

Eigenartig war es schon, daß er sich so gar nicht erinnern konnte, wann oder wo ihm jene merkwürdige Erzählung* vor die Augen geraten war, obwohl sie sich in seinem Gehirn eingenistet hatte wie eine bösartige Geschwulst, die Nacht für Nacht aufbrach, um seine Träume zu vergiften. Dabei langweilte Axel Mathers nichts mehr, als erfundene Geschichten.

Woran lag es also?

Am merkwürdigen Inhalt der Geschichte, oder nur daran, daß sie von einem Mann erzählte, der zufällig seinen Namen trug?

Sie erzählte von einem Berg, einem Berg namens Kharnabhar,

---

* Meine Geschichte ist eine hommage à Brian W. Aldiss, dessen Erzählung »Aufzeichnungen aus einem Polizeistaat« (ersch. im *SF Story-Reader 12*) ihr zugrunde liegt. – Der Autor.

auf einem fernen Planeten, dessen Inneres das schrecklichste Gefängnis barg, das Menschen je ersonnen; Abkömmlinge jener Menschen, die den Planeten vor langer Zeit in Besitz genommen hatten.

Sie erzählte auch von dem unglücklichen Volk der Onnias, jenen über und über behaarten, sechsfingrigen Wesen, das von den Menschen gezwungen worden sein soll, ihr eigenes, furchtbares Gefängnis in den Berg zu schlagen.

Ein gigantisches, in seiner Größe fast unvorstellbares Steinrad, aus dem Berginneren herausgesägt, ähnlich seinem Vorbild, dem »Großen Rad des Kharnabhar« auf HELLICONIA, mit tausenden, in seinen Rand gehauenen, Zellen. Große Löcher, jedes an die fünf Meter breit, zwei Meter hoch und einige Meter tief. In jeder Zelle ein Holzgestell mit Strohmatratze, zwei untereinander, aus der Rückwand gemeißelte Steinschalen, in die, aus einer Kerbe im Fels, Wasser träufelt. An der Decke ein kopfgroßes Loch, für die Zufuhr von Nahrungsmitteln, im Boden ein zweites, für das überlaufende Wasser, den Nahrungsabfall und die Exkremente.

Nur zwei Gänge führten zu dem im Berg liegenden Rad. Der eine, für den Nachschub neuer Gefangener bestimmt, der andere für die Freilassung der Überlebenden und den Abtransport der Toten.

Nacht für Nacht hatte Mathers von diesem Schreckensrad geträumt und jede Station des Leidensweges seines Namensvetters in all ihren grauenvollen Einzelheiten immer wieder durchlitten.

In einem Pulk von einundzwanzig meist noch jungen Männern und Frauen hatte man ihn zum Berg gebracht, in das Auffanglager vor dem Kharnabhar. Täglich wurde nur ein Häftling in den Berg geführt, selten einmal zwei. Am elften Tag hatten sie niemanden geholt. Am zwölften war die Reihe an ihm und an Joanna, deren Name fast alles war, was er von ihr wußte. Nicht einmal der kleine Trost, miteinander zu sprechen, war ihnen vergönnt gewesen. Wie ein gieriger, unersättlicher schwarzer Schlund war der Eingang zum Berg, aus dem ihnen der faulige Atem des Kharnabhar entgegengeschlagen war. An den Händen hatten sie sich gefaßt, in der Hoffnung, dadurch die Unerträglichkeit dessen ein wenig zu mildern, was sie erwartete. Noch ehe sich die Augen an das schwache Licht unruhig flackernder Fackeln gewöhnen konnten, mündete der leicht ansteigende Gang in einer geräumigen Halle. Die Wärter drängten sie in eine Ecke, bedeuteten ihnen, sich auf den Boden zu setzen. Das Rad hatte keine Eile.

Täglich drehte es sich nur ein winziges Stück, nur soweit, um eine neue Zelle und einen kleinen Teil der nächsten an der rechten Seite der Höhle aus dem Bergmassiv heraustreten, und eine belegte Zelle auf der linken Seite wieder im Berg verschwinden zu lassen. Drei Zellen reichten aus, um die Stirnseite der Halle in ihrer vollen Breite auszufüllen.

Noch immer hoffte Mathers, im letzten Moment begnadigt zu werden. Irgend jemand hatte ihn denunziert, hatte der Obrigkeit seine Sympathie für die Widerstandsbewegung gemeldet. Nur seine Sympathie hatte er bekundet, mehr nicht; er hatte an keiner ihrer subversiven Aktivitäten teilgenommen, besaß nicht einmal Kontakt zu der Bewegung. Dafür konnte man ihn doch unmöglich für eine halbe Ewigkeit ins Rad schließen;

Da fing der Berg an zu stöhnen.

Ein entsetzliches Knirschen und Mahlen löste sich aus dem Fels, prallte gegen die steinernen Wände, wuchs zu einem ohrenbetäubenden Kreischen.

Das Rad setzte sich in Bewegung.

Millimeter um Millimeter, zentimeterweise ruckten die Zellen weiter, krochen sie schreiend aus dem Massiv in die Höhle und wieder zurück, in das ausweglose Dunkel des Kharnabhar.

Die erste Zelle war bereits zur Hälfte ins Innere des Berges zurückgekehrt, als man Joanna zu ihr brachte. Widerstandslos überschritt sie den schmalen Spalt zwischen Rad und Höhle, zwischen Gegenwart und Zukunft, Hoffnung und Hoffnungslosigkeit. Unbeweglich stand sie, mit leeren Augen, während sich die Radkammer brüllend in unendlicher Langsamkeit weiterbewegte. Eine Stunde später war sie unwiderruflich im Fels verschwunden.

Zwei Stunden später, war die Reihe an ihm. Schon jetzt schien die Ungeheuerlichkeit des Berges all seine Kraft gebrochen zu haben. Ohne sich zu wehren, ließ er sich in die Zelle stoßen, unfähig, noch irgend etwas zu denken oder zu hoffen, überflutet von lähmendem, heillosem Entsetzen. Wie zuvor Joanna, wurde ihm *eine Fackel in die Hand gedrückt, und ein Beutel mit Nahrungsmitteln in die Zelle geworfen. So tief zurückgezogen hatte sich seine gequälte Seele, daß nicht einmal das erneute Aufschreien der Gesteinsmassen in sein Bewußtsein vorzudringen vermochte. Unaufhaltsam fraß sich sein Gefängnis in die Finsternis, unaufhaltsam verengte sich der Abstand zwischen Zellenwand und Höhlenfels, schmolz das letzte Zurück in die Freiheit zu einem ausweglosen Spalt. Ein letztes minutenlanges Verharren, dann ein erneutes Erzittern des Steinriesen, und das langsame, gnadenlose Zerquetschen des Spalts. Die grauenhafte Reise des Axel Mathers durch das tote Herz des Kharnabhar hatte begonnen.*

Mathers wußte nicht mehr, wie oft er diese erste Station des Schreckens bereits durchlitten hatte. Nacht für Nacht war sie wiedergekehrt, mit einer Intensität und Anschaulichkeit, daß die Wirklichkeit zunehmend größere Mühe hatte, den Traum als solchen zu begreifen. Erst später wurde er immer häufiger durchbrochen und schließlich abgelöst von kaum erträglicheren Bildern, weiteren Stationen vom Weg des Axel Mathers durch den Kharnabhar.

Anfangs schienen sich die Tage zu gleichen wie die Sandkörner im unaufhörlichen Geriesel einer unerschöpflichen Sanduhr. Beginn und Ende eines Tages einzig und allein durch das allmorgendliche Gepoche und Geklopfe markiert, das sich wie ein Lauffeuer im Rad ausbreitete und die Gefangenen zur täglichen Arbeit rief. Jeder beteiligte sich am morgendlichen Lärmen, um sicher zu gehen, daß auch die anderen ihre ganze Kraft einsetzten, um der Freiheit ein kleines Stück näher zu rücken.

Niemand hatte Mathers über das Gesetz des Rades informiert; wozu auch, es teilte sich jedem Gefangenen selbst mit.

In der ruhenden Führungswand, innerhalb der sich das Rad drehte, waren in gleichmäßigen Abständen anderthalb Meter lange Ketten eingelassen, an ihren freien Enden mit handlichen, vom täglichen Gebrauch blank gescheuerten Ringen versehen. Dies war das ungeschriebene Gesetz des Kharnabhar, das riesige Steinrad in vereinter Kraft und unerbittlicher Mühsal, durch die Zeiten und den Berg zu treiben. So anstrengend und kräftezehrend war das tägliche Ziehen, daß es nur an die drei Stunden durchzuhalten war. Einige Minuten mit aller Gewalt am Eisenring zerren, ein

Weiterschaben des Rades um einige Zentimeter, kurze Erholungspause, erneutes Abstützen in der Zelle und neuerliches Einsetzen der verbliebenen Kräfte. Innerhalb weniger Tage lernte auch er, wie alle Gefangenen vor ihm und alle nach ihm, den ehernen Rhythmus des Rades, bestimmt durch die Grenzen menschlicher Anstrengung. Täglich vierundvierzig mehrminütige Phasen gemeinsamen Zerrens und dreiundvierzig kurze Erholungspausen, in notwendiger- und bewundernswerter Weise synchronisiert, um dem fernen Ziel sieben bis acht Meter näherzukommen.

Die Versorgung mit Nahrungsmitteln war ausreichend, wenn auch nicht regelmäßig: Haferbrotlaiber, hin und wieder Reis und Fleischstücke in Hanfleinen geknotet, außerdem verschiedene Früchte, Kokosnüsse, Mangos, Satsumas, auch Mangostanen. Der erste Teil des Nachschubs war an einer Schnur befestigt, die ihn mit einem festen, aber leicht zu lösenden Knoten umschloß. Löste man den Knoten nicht, erschien am folgenden Tag nurmehr die Schnur mit einer Frucht oder einem eingeschlagenen Stück Brot an ihrem Ende. Der Sinn der Maßnahme war offensichtlich: Würde der Knoten über mehrere Tage hinweg nicht gelöst, so wußten jene, welche die Nahrungszufuhr besorgten, daß der Gefangene tot war, zumindest nicht mehr fähig, die Schnur zu lösen. Was mit Sicherheit zur Einstellung der Versorgung führen würde. Mathers konnte nicht umhin, den Einfallsreichtum der Konstrukteure sowie der Betreiber dieses einzigartigen Gefängnisses widerwillig zu bewundern.

Dann der besondere Tag, an dem sich seine Kammer vor eine ausgebesserte Stelle in der Außenwand schob. Seinen prüfenden Händen war der Unterschied zwischen der glatten Oberfläche der eingefügten Steinquader und dem zernarbten und teilweise abgebröckelten Bergfels sofort aufgefallen. Offensichtlich war hier ein größeres Loch beseitigt worden, um ein Überwechseln in die Nachbarzelle zu verhindern. Am Ende der ausgebesserten Stelle befand sich eine kleine Nische, und in ihr lagen mehrere Feuersteine. Anfangs hatte sich Mathers darauf beschränkt, einzelne Halme aus der Strohmatratze mit Hilfe der Feuersteine mühselig zu entzünden. Später fertigte er sich aus Streifen von Hanfleinen, die er mit Kokosöl tränkte, kleine Fackeln.

Mit dem Licht wuchs neuer Mut.

Er begann die Eingravierungen in den Zellenwänden zu untersuchen und fand heraus, daß sie sich über Jahrtausende erstreckten, weit zurück, bis in die Zeit der alten Schriften, die er nicht zu lesen verstand. Überall Strichlisten, behelfsmäßige Kalender, dazwischen aber auch Zeichnungen und hilflose Ausbrüche verzweifelter Seelen. Eine offensichtlich schon sehr alte Zeichnung, zweifellos ein Modell seines trostlosen Gefängnisses, fand sein besonderes Interesse. In einem großen Kreis, der an zwei nahe beeinander liegenden Stellen unterbrochen war, befand sich ein kleinerer. Die Unterbrechungen markierten Ein- und Ausgang des Gefängnisses; der innere Kreis das, sich um eine mächtige Zentralachse drehende, Steinrad. Weitere, sehr kleine Kreise gruppierten sich in unregelmäßigen Abständen um den Mittelpunkt der Zeichnung. Soweit er es beurteilen konnte, schien sich das Bild mit dem zu decken, was er über den Kharnabhar gehört hatte und aufgrund seiner eigenen Erfahrungen vermutete. Über dreitausend Zellen sollten sich im Rad befinden, dessen Durchmesser um die acht Kilometer betragen mußte; und zehn gottverlassene Jahre sollte es dauern, bis eine Radkammer ihren Weg von der Zugangshöhle bis zur Ausgangshöhle zurücklegte.

Nacht für Nacht hatten ihn jene ersten Monate des Axel Mathers im Verlies heimgesucht, am häufigsten jedoch jenes fürchterliche Erlebnis im zweiten Monat seiner Gefangenschaft.

Die Sehnsucht nach einem menschlichen Wesen, das Wissen um Joannas Nähe, hatten ihn nicht ruhen lassen, einen Weg zu ihr zu suchen. Seltsamerweise hatte sie nie auf sein Rufen oder Klopfen reagiert, obwohl sie es trotz meterdicker Trennwände hätte hören müssen. Der Abstand zwischen Rad und Berg betrug meist mehrere Zentimeter.

Wochenlang hatte er vergeblich versucht, eine der Ketten aus der Verankerung zu lösen, in der trügerischen Hoffnung, mit diesem Werkzeug eine Öffnung in die trennende Zwischenwand sägen zu können. Trotz der Zwecklosigkeit seiner Bemühungen gab er nicht auf; womöglich war Joanna krank geworden und brauchte Hilfe. Den naheliegenden Gedanken, daß sie bereits tot sein könnte, versuchte er mit aller Gewalt zu verdrängen.

Der achtundfünfzigste Tag begann wie jeder der vorhergegangenen. Seine Wasseruhr signalisierte ihm die verbleibenden Stun-

den bis zum Beginn der täglichen Arbeit. Tagelang hatte er damit zugebracht, sie aus einem Geflecht von Tuchstreifen und Kokosnußhälften zu konstruieren und Wochen, um sie zu eichen. Die Abflußkerben hatte er in den einzelnen Schalen so angebracht, daß die Füllung einer jeden Schale ziemlich genau eine Stunde beanspruchte. In die oberste der zehn Schalen waren an ihrer Innenseite fünf Markierungslinien eingeritzt, mit deren Hilfe er Zehnminutenperioden ablesen und selbst kürzere Abstände mühelos schätzen konnte.

Nach dem Frühstück hatte Mathers wie jeden Morgen die Festigkeit der Kettenverankerung geprüft und die Bergwand kontrolliert. Außer den üblichen Schürflinien nichts Besonderes; nur eine kleine Vertiefung, direkt an der Trennwand zu Joannas Zelle, ebenfalls nichts Außergewöhnliches.

Dann begann der allmorgendliche Lärm.

Fast unhörbar schien er sich irgendwo hinter ihm zu entzünden, bis er ständig anschwellend und lauter werdend über Mathers Zelle schwappte, um schließlich das gesamte Rad zu durchdringen. In einer der Erholungspausen – eine Stunde der täglichen Arbeit mochte bereits vergangen sein – untersuchte er die zweieinhalb Meter gewonnener Wandfläche. Zu seiner großen Überraschung entpuppte sich die unscheinbare Vertiefung als der Beginn einer mächtigen Aushöhlung, deren Breite und Tiefe noch immer im Wachsen begriffen war. Die Entdeckung erregte ihn derart, daß er das Loch alle paar Minuten erneut kontrollierte. Nach der zweiten Stunde schien es, als würden sich die Außenkanten wieder aufeinander zu bewegen, doch eine halbe Stunde später öffneten sie sich erneut und diesmal so steil, daß am Ende der letzten halben Stunde der täglichen Mühsal der Bruch einen Durchmesser von gut dreißig Zentimeter und eine Tiefe von einem knappen Meter besaß. Würde sich die Aushöhlung in gleicher Weise noch einige Meter fortsetzen, so müßte es ihm möglich sein, in Joannas Zelle zu gelangen. Mathers zündete eine Fackel an und stellte fest, daß auch diese Stelle einmal ausgebessert worden war, doch die Füllsteine mußten im Laufe der Jahre herausgebrochen sein, wodurch sich die Bruchstelle noch vertieft zu haben schien. Das schwache Licht der kleinen Fackel verlor sich im Dunkel, ohne auf ein Ende des Loches zu treffen.

So lieb ihm das Licht gewesen wäre, er ließ es dennoch zurück, da es ihm beim Durchzwängen sehr hinderlich sein würde.

Trotz zunehmender Enge und der unbegründeten Angst zu ersticken, kämpfte er sich weiter. Die Dicke der Trennwand schätzte er auf anderthalb bis zwei Meter, falls ihn seine Erinnerungen aus der Zugangshöhle nicht trogen.

Hoffentlich war das Loch lang genug, damit er es in Joannas Zelle wieder verlassen konnte.

Endlich ertastete seine Hand die Kante der Trennwand. Seine Erinnerung hatte sich als zutreffend erwiesen. Er lauschte angestrengt, vermochte jedoch nur das Geräusch seines gepreßten Atems zu vernehmen, sowie ein beängstigendes nicht allzu lautes Knacken im Gestein. Minuten später rutschte er in ihre Zelle.

Joanna? –

Joanna!?

Und dann der Alptraum.

Wie eine Besessene stürzte sie sich auf ihn. Den verwirrenden Irrtum erkannte Mathers erst, als seine abwehrenden Hände in einen borstigen, üppigen Bart griffen. Jemand biß ihm in die Hand, bevor sich zwei kräftige Hände um seinen Hals schlossen. Verzweifelt griff Mathers nach dem Schädel des anderen und rammte seine Stirn in dessen Gesicht. Einen unverständlichen Fluch ausstoßend taumelte der Bärtige zurück, zögerte jedoch nicht, ihn erneut anzugreifen. Wild um sich schlagend gelang es Mathers ein zweites Mal, sich zu befreien. Doch bevor er sich ins Felsenloch zurückziehen konnte, traf ihn der Bärtige mit einem Stock in die Rippen. Mathers schrie dem anderen zu, doch endlich Vernunft anzunehmen, daß er nicht Feind, sondern Freund sei. Das einzige, was er als Antwort erntete, war ein wütendes Knurren und der gleiche Fluch in einer unbekannten Sprache. Als der andere auch daraufhin nicht aufhörte, auf Mathers einzuschlagen, wehrte er sich mit einem gewaltigen Fußtritt, der den Bärtigen weit zurückschleuderte. Ohne sich weiter um den Fremden zu kümmern, kroch Mathers so schnell er vermochte in seine Zelle zurück, wo er sich völlig ermattet, zitternd und keuchend auf das Bett sinken ließ.

Die ganze Nacht über brannte er Fackeln ab. Mathers blieb wach, aus Angst der Bärtige könnte ihn im Schlaf überraschen.

Stundenlang grübelte er darüber nach, was mit Joanna geschehen sein mochte, ob sie sich überhaupt noch in ihrer Zelle befand, und was es mit dem unbekannten Angreifer in ihrer Kammer auf sich hatte. Noch ehe sich Mathers zu einem erneuten Versuch entschließen konnte, in die andere Zelle einzudringen, ertönte das Signal zur Arbeit. An deren Ende war die Felsspalte durch seine Zelle gewandert und bis auf einen unzugänglichen Rest hinter der Trennwand zum nachfolgenden Verließ verschwunden.

Nie hatte er die hermetische Abgeschlossenheit seines Gefängnisses mehr geschätzt als in den folgenden Nächten, in denen er sich vor jeglichen Eindringlingen sicher fühlen konnte, bis auf die Ratten natürlich, die immer wieder Wege durch die Ritzen und nicht selten durch das Nahrungsloch in seine Höhle fanden.

Mathers wußte längst nicht mehr, wann diese schrecklichen Träume begonnen hatten, oder wo er jener furchtbaren Erzählung begegnet war, die sich wie eine Made in sein Gehirn gefressen hatte. Nur das eine tröstete ihn, daß sich seine Träume mehr und mehr dem Ende jener Geschichte näherten, wie die langsam steigenden Wellen der Flut, die in ständigen Anläufen die Wasserlinie höher und höher treiben.

Tagelang hatte Mathers über den Fremden nachgegrübelt. Die einfachste Erklärung war, daß es der Gefangene vor Joanna sein mußte; aber dann erinnerte sich Mathers an jene Sage, daß die Onnias, jene über und über behaarten, sechsfingrigen Wesen, in grauer Vorzeit von den Menschen gezwungen worden waren, das Steinrad als ihr eigenes Gefängnis in den Kharnabhar zu schlagen. War es nicht denkbar, daß die Onnias noch immer im Berg lebten, daß sie es waren, die in jenen Kammern über dem Rad hausten, um die Häftlinge mit Nahrung zu versorgen, die Brüche im Bergfels auszubessern und die irgendwelche geheime Zugänge zu einzelnen Zellen besaßen? Hatte der Eindringling nicht einen Bart gehabt, der um ein Vielfaches länger war als sein eigener? Und waren es nicht vielleicht zwölf Finger gewesen, die sich um seinen Hals gelegt hatten? Je länger Mathers darüber nachdachte, desto größer wurde seine Gewißheit, daß er einem Onnia begegnet war, einem jener sagenumwobenen Wesen, die nun im Berg versteckt das Rad betreuten; die Zugang zu Joannas Zelle besaßen, einen Zugang, der für sie beide, falls Joanna noch am Leben war, ein Fluchtweg sein könnte, eine einmalige Möglichkeit, dem Kharnabhar vorzeitig zu entrinnen!

Tag für Tag, Woche für Woche untersuchte er in nie erlahmender Hoffnung die Beschaffenheit der Außenwand. Endlich, am hundertundzweiten Tag seiner Gefangenschaft, hatte er Glück. Bereits am Tage zuvor hatte sich ein stärkeres Zurückweichen der Bergwand angedeutet. Der Abstand zwischen Radkante und Berg hatte sich langsam aber sicher geweitet, war von fünf auf zehn und schließlich auf über zwanzig Zentimeter gewachsen. Abgemagert wie er war, schien sich nach mehreren Enttäuschungen diesmal tatsächlich die Möglichkeit aufzutun, erneut in Joannas Zelle zu gelangen.

Es mußte früher Nachmittag gewesen sein, als sich Mathers entschlossen in den Zwischenraum zwängte, vorsichtshalber mit einem Knüppel bewaffnet, den er vor Wochen in einer der vorbeiwandernden Felsennischen, zusammen mit dem mumifizierten Schädel einer Wildkatze, gefunden hatte. Fast eine halbe Stunde benötigte er für die Passage, was jedoch hauptsächlich durch die Vorsichtigkeit bedingt war, mit der er zu Werke ging, um sein Eindringen nicht vorzeitig zu verraten ...

An dieser Stelle hätten Mathers Traumgespinste zerreißen müssen; denn hiermit endete jene einprägsame Erzählung.

Doch das Gegenteil geschah.

Mathers träumte weiter, rekapitulierte nicht nur die eine oder andere der geschilderten Episoden, nein,
er träumte die Geschichte weiter,
als hätte jener Erzähler nur vergessen, sie fertig zu erzählen.

Dunkelheit und Stille empfingen ihn jenseits der Trennwand; nur das aufdringliche Geräusch fallender Wassertropfen war zu vernehmen und, so schien es Mathers wenigstens, das heftige Pochen seines aufgeregten Herzens. Minutenlang verharrte er in bewegungslosem Lauschen. Nichts, außer den unermüdlich aufklatschenden Wassertropfen. Schließlich entrang sich seiner Kehle ein leises Krächzen.

Joanna?

Keine Antwort.

Ein wenig lauter:

Joanna??

Nur der gleichgültige Takt der Wassertropfen.

Mathers wagte es noch immer nicht, sich zu bewegen, geschweige denn die Ungewißheit tastend zu erforschen. Er mußte sehen, wohin seine ungeschützten Hände griffen.

Eine gute halbe Stunde später kehrte er mit zwei Feuersteinen, mehreren Strohhalmen und einigen seiner Fackeln zurück. Funken sprühten in alle Richtungen, wieder und wieder; endlich eine kleine Flamme, heller werdend, am Ende des geborstenen Halms. Der Griff mit zittriger Hand nach dem ölgetränkten Leinenstab. Aufflackernde gelbliche Helligkeit, unruhige Schatten, ausgreifender und matter in wachsender Entfernung. Ängstlich, aber auch neugierig, in unmittelbarer Nähe des Rückweges an die Felswand geschmiegt, den Knüppel in der krampfhaft geschlossenen Faust, wartete Mathers auf die Anpassung seiner an die Dunkelheit gewohnten Augen.

Die auf dem Boden hingestreckte Gestalt gewahrte er als erstes; dann eine zweite, auf dem Bett liegend. Instinktiv näherte er sich jener auf dem Boden und erkannte mit einem Blick, was geschehen war. Sein verzweifelter Fußtritt hatte den Bärtigen so unglücklich gegen das Wasserbecken geschleudert, daß es ihm das Genick gebrochen hatte. Erleichterung, aber stärker noch Schuldgefühle stiegen in Mathers hoch. Zurückweichend stieß er an das Bett.

Er ahnte, was ihn erwartete, und fürchtete, ein grauenvoll entstelltes Gesicht zu entdecken. Joanna war tot, aber ihr Gesicht war unversehrt. Bleich, ein wenig eingefallen und um Jahre gealtert, leuchtete es, immer noch schön, aus dem Geflecht dichter, dunkler Haarsträhnen, die von Silberstreifen durchzogen schienen. Diese Frau war ihm zum Wichtigsten in seiner Einsamkeit geworden, das Liebste, obwohl er nicht mehr von ihr wußte als ihren Namen und nur für einen kurzen Augenblick ihre Hand halten durfte. Der Berg hatte sie ihm genommen und, wie zum Hohn, ihre Schönheit durch seinen trocknen Atem bewahrt.

O du verfluchter Kharnabhar! schrie er, während er schluchzend und von Krämpfen geschüttelt vor ihrem Bett zusammenbrach.

Es dauerte lange, bis er sich wieder beruhigte und ihm der Wunsch, zu überleben, ausreichende Kraft verlieh, den toten Eindringling näher zu betrachten. Der Bart war üppig, aber weder das übrige Gesicht noch die Hände waren behaart; und dann die schreckliche Gewißheit, daß auch seine Hände nicht die eines Onnia waren. Fünf Finger an jeder Hand, mehr nicht. Der Tote war ein Gefangener wie Mathers, mußte aus einer der vorderen Zellen gekommen sein. Er trug eine zerschlissene Kutte, wie Mönche sie tragen.

Aber die unbekannte Sprache?

Hatte er Joanna getötet, und nicht der Berg?

Warum war er bei Joanna eingedrungen?

Warum hatte er ihn angegriffen?

Fragen über Fragen und dennoch die hoffnungslose Gewißheit, daß es keinen Ausweg aus dem Verhängnis gab.

Mathers resignierte, sehnte sich nurmehr nach Ruhe und Geborgenheit, die er jenseits der Trennwand zu finden hoffte. Innerlich wie ausgebrannt, zwängte er sich in den Spalt, quälte er sich zurück in die tröstende Dunkelheit, sank er schließlich völlig erschöpft auf das Bett in seiner Zelle.

Erst Stunden später kam er wieder zu sich; körperlich noch immer wie zerschlagen, innerlich jedoch gefaßt und klar. Als erstes prüfte er den Wasserstand in den untersten Kokosschalen, anschließend leerte er alle Schalen. Etwas mehr als zehn Stunden verblieben ihm bis zur nächsten Radbewegung. Zeig genug, um nachzudenken, um zu prüfen, vielleicht sogar genug, um sich letzte Gewißheit zu verschaffen.

Der Bärtige war zwar kein Onnia, aber vielleicht besaß Joannas Zelle dennoch einen geheimen Zugang?

Mathers quetschte sich ein weiteres Mal durch den schmalen Spalt, wiederholte, drüben angelangt, die mühselige Prozedur des Feuerschlagens. Erst jetzt bemerkte er das Fehlen von Verwesungsgeruch; doch vorerst beschäftigte ihn die Frage nach dem geheimen Zugang weit mehr. Es gab keinen, wie er schließlich feststellen mußte, weder in der Decke, noch im Boden, noch in den Wänden. Diese Zelle unterschied sich in nichts von der seinen.

Die Ratten?

Warum hatten sie sowohl die Nahrungsreste als auch die Leichen verschont?

Mathers war bislang nur gefräßigen Ratten begegnet. Kaum ein Tag oder eine Nacht verging, in denen er sie nicht durch sein Ge-

fängnis huschen sah oder hörte. Doch hier drüben hatte er noch keine einzige gesehen!

Ein Blitzen am Hals des Bärtigen unterbrach Mathers Gedankengang. Es war der kleine Teil einer Kette, der am Hals aus der Kutte hervorlugte. Die Wärter mußten sie übersehen haben. An ihr war ein Kreuz befestigt, das Symbol einer alten Religionsgemeinschaft, die es schon auf der Erde gegeben haben soll. Die Taschen der Kutte waren leer. Mathers untersuchte den Stoff genauer. Der Kragen fühlte sich härter an, enthielt jedoch nur Füllmaterial. Mathers öffnete die Säume. Der morsche Stoff bot kaum Widerstand. Nichts. Zum Schluß die harte Stelle im Gürtelband. Zum Vorschein kam eine weitere Kette, gleich jener, die der Mönch um den Hals trug, sowie ein vergilbtes Stück Pergament. Mathers vermochte zwar die Worte zu entziffern, aber er verstand sie nicht. PATER NOSTER, lauteten die beiden ersten. Irgend etwas hielt ihn davon ab, auch Joannas Kleidung zu untersuchen.

Was hatte der Bärtige in ihrer Zelle gewollt?

Getötet hatte er sie nicht. Die eingetrockneten Nahrungsmittel waren der Beweis. Oder sollte sie der Eindringling schon vor Monaten umgebracht haben? Joanna hatte nie auf sein Rufen oder Klopfen geantwortet! Sie mußte demnach schon wenige Tage nach ihrer Einkerkerung gestorben sein, doch die erste große Bruchstelle war viel später erschienen. Den Bärtigen traf also keine Schuld an ihrem Tod!

In Mathers Erleichterung mischte sich tiefes Bedauern. Warum bloß hatte ihn der andere angegriffen, ihn als Feind betrachtet? Die friedlichen Züge des Toten enthielten keinerlei Hinweise, behielten alle Antworten für sich.

Aber vielleicht ...?

Mathers Augen wanderten zum anderen Ende der Zelle. Das Licht reichte nicht hin. Er mußte aufstehen. Wie hatte er das übersehen können? Das Zurückweichen der Felswand reichte nicht nur bis in Joannas Zelle, sondern über sie hinaus! Zwischen der nächsten Trennwand und dem Berg klaffte ein ebenso großer Spalt wie jener, durch den er gekommen war.

Mathers griff nach dem Knüppel, steckte ihn unter den Gürtel und schob sich, die brennende Fackel in der Rechten, in die Öffnung. Auf halbem Wege verengte sich der Spalt derart, daß er be-

fürchten mußte steckenzubleiben. Er kehrte um, jedoch nicht, um aufzugeben, sondern, um die Beschaffenheit der Bruchstelle genauer zu untersuchen. Bis in Kniehöhe schien der Spalt ein wenig breiter als in Brusthöhe. Vielleicht konnte er sich auf der Seite liegend hindurcharbeiten.

Am Ende einer endlos erscheinenden, kräftezehrenden Tortur war das Ziel erreicht. Keuchend betastete Mathers die verstreuten Früchte. Trotz genügender Zeit gönnte er sich keine Ruhepause. Die Früchte, und selbst die eingeschlagenen Fleischstücke waren noch verhältnismäßig frisch, konnten erst wenige Tage alt sein. Mathers betrachtete die Wände.

Überall Strichlisten. Nicht Strichlisten, überwiegend Kreuzlisten. Endlose Reihen, in Blöcken geordnet. Je hundert Kreuze in einem Block. Drei solche Blöcke, dann ein unvollständiger, wieder drei Blöcke, erneut ein unvollständiger und so fort. Hier waren nicht mehr Tage gezählt worden, sondern Jahre!

Die ersten Blöcke noch mit großen Zeichen, dann immer kleinere Kreuze. Eine ganze Höhlenwand mit Kreuzzeichen übersät wie das kindliche Bild eines ungeheueren Friedhofs aus längst vergangenen Zeiten. Fast zehn Jahre waren in die Wand geritzt, neun Jahre und zweihundertvierundfünfzig Tage. Mathers schüttelte fassungslos den Kopf, zählte sie ein zweites Mal. So unvorstellbar die Erkenntnis auch war, sie schien zwingend. An jenem Tag bevor man Joanna und ihn geholt hatte, war niemand in den Berg geführt worden. Nun wußte er, warum.

Jener einsame Mann hatte das Rad bezwungen, hatte eine volle Umdrehung überstanden, um am Ende dieser unmenschlichen Prüfung nicht in die Freiheit, sondern erneut in den Berg geschickt zu werden.

Welche Schuld konnte eine derartige Strafe rechtfertigen?

Unerklärliche Angst legte sich wie Eisenbänder um Mathers Brust. Er taumelte zum Bett. Etwas Hartes bohrte sich in sein Fleisch, lenkte ihn ab. Unter der Decke versteckt, lagen zwei Feuersteine und einige selbstgefertigte, ölgetränkte Dochte, ähnlich jenen Fackeln, die sich Mathers geflochten hatte, nur dünner. Er verspürte plötzlich den Drang wieder ins vertraute Geviert seiner Zelle zurückzukehren, doch ihm war klar, daß er die vielleicht einmalige Chance, hier zu sein, nicht ungenutzt verstreichen lassen durfte. Er begnügte sich jedoch mit einem oberflächlichen Abtasten der Strohmatratze, um sich anschließend den Eingravierungen an den übrigen Wänden zuzuwenden; die meisten, wiederum in einer fremden Sprache. In der Nähe der Wasserbecken wurde die Schrift immer fahriger, auf dem Boden, zwei handliche Steinkeile mit abgenutzten Spitzen, zweifellos Schreibwerkzeuge, liegengelassen an jener Stelle, die zuletzt beschriftet worden war. Worte in seiner eigenen Sprache.

GOTT, DU HAST MEIN FLEHEN ERHÖRT, ICH DARF BLEIBEN

Darunter:

DU BIST DAS LICHT IN DER FINSTERNIS, DER WEG UND DIE WAHRHEIT

Neue Zeile:

IN DEINE HÄNDE EMPFEHLE ICH MEINEN GEIST, DEN DIE MÄCHTE DES BÖSEN ZERFRESS ...

Anstatt das zweite S zu beenden, ratschte die Linie unkontrolliert weit übers Ziel hinaus und ließ das Wort unvollendet. Es war nicht zu fassen: der Bärtige wollte im Berg bleiben, wollte diese unmenschliche Einsamkeit und Mühsal ein zweites Mal auf sich nehmen, weil er sich seinem Gott hier am nächsten fühlte. Die Wärter glaubten wohl, er sei verrückt geworden. Mathers hatte davon gehört, daß nicht nur Häftlinge, sondern auch Geisteskranke in den Berg gesteckt wurden. Dies mußte der Grund sein, warum man den Mönch in seiner Zelle belassen hatte! Aber was geschah dann?

IN DEINE HÄNDE EMPFEHLE ICH MEINEN GEIST, DEN DIE MÄCHTE DES BÖSEN ZERFRESS ... ›zerfressen‹ mußte das Wort lauten. Darunter eine letzte Zeile:

WEICHE VON MIR SATAN, VADE SATANA!

Mathers wiederholte die beiden letzten, kaum mehr leserlichen Worte laut: Vade Satana! Er erinnerte sich genau, dies war der Fluch, den der Mönch ihm entgegengeschleudert hatte, als sie miteinander kämpften. Weiche von mir Satan! Es mußte die uralte Sprache der Priester und Mönche gewesen sein, deren Ursprünge in das Dunkel der Erdgeschichte zurückreichten, viel weiter noch als die Geschichte der Besiedlung dieses Planeten. Hinter dem letzten Wort ein dunkles Kreuz aus fingerdicken Balken, auf den Fels ge-

zogen; dunkelrotes, verkrustetes Blut. Blutreste auch an einem der Steinkeile. Dies war nicht mehr der mit seinem Schicksal zufriedene Mönch. Irgend etwas war mit ihm geschehen. Alles deutete darauf hin, daß er verrückt gewesen war; als er sich mit dem Steinkeil mutwillig verletzte, als er in Joannas Zelle eindrang.

Welche Mächte des Bösen hatten seinen Geist zerfressen?

Die Finsternis? Die Einsamkeit?

Aber sie haben ihm jahrelang nichts anhaben können!

Hatte irgendeine Krankheit sein Gehirn zerstört? Womöglich irgend etwas in der Nahrung, ein Gift, an dem auch Joanna gestorben war?

Sowohl die Nahrungsreste in ihrer Zelle, als auch in jener des Bärtigen waren von den Ratten unberührt geblieben, ebenso wie die Toten selbst. Aber es waren die gleichen Nahrungsmittel, die auch er gegessen hatte.

Konnte es vielleicht am Wasser liegen, das bei seinem Weg in Joannas Zelle zufällig arsenhaltiges Gestein durchquerte?

Konnten giftige Ausdünstungen der Zellwände ihren Tod und seine Krankheit verursacht haben?

Mathers fühlte, daß er das Rätsel wohl nie würde lösen können.

Wieviel Zeit mochte inzwischen vergangen sein? Sein inneres Zeitgefühl war unter dem Ansturm der Ereignisse aus den Fugen geraten. Er wußte auch nicht mehr, wieviele seiner Fackeln er verbraucht hatte.

Nur die Dochte und die Feuersteine, mit Ausnahme des einen, nahm er mit. Sein Bedürfnis, die todbringenden Zellen wieder zu verlassen, war so stark geworden, daß er auch in Joannas Verlies nur kurze Zeit verblieb, um neue Kraft zu schöpfen.

Zu seiner großen Überraschung stellte er fest, daß nicht einmal drei Stunden vergangen waren, seit er seine Zelle verlassen hatte, dabei war ihm, als wäre er eine halbe Ewigkeit weg gewesen.

Der Gedanke, die beiden Leichen ständig in seiner Nähe zu haben, wurde ihm plötzlich unerträglich. Ich muß sie loswerden, *dachte er, immer wieder,* ich muß sie loswerden, *bevor er, ohne es zu wollen, in einen ohnmachtsgleichen Schlaf versank, den erst viele Stunden später ein bedrohliches Grollen im Berg beendete.*

Acht der zehn Nußhälften waren bereits gefüllt. Nur noch zwei Stunden verblieben ihm, bis zum dröhnenden Arbeitsbeginn. Hof-

fentlich Zeit genug, dachte Mathers. Ein weiteres Mal machte er sich auf den Weg in die Nachbarzelle. Zuerst wickelte er Joanna vorsichtig in ihre Decke, verschnürte sie mit Leinenstreifen. Dem Bärtigen zog er die Kapuze übers Gesicht. Mathers richtete ihn auf und lehnte ihn an die Bergwand. Joanna war viel leichter. Dennoch war es ein schweres Stück Arbeit, sie durch den Spalt, in seine Zelle zu ziehen.

Es verblieb nurmehr eine halbe Stunde.

Ein letztes Mal quälte er sich durch die engen Wände, knotete den Gürtel des Toten zu einer Schlinge und zog sie um dessen Körpermitte fest. Das freie Gürtelende in der Hand behaltend, zerrte er den Toten hinter sich zwischen Radwand und Bergfels. Dann begann das Klopfen.

Es verebbte bereits, als Mathers schweißgebadet, das zum Zerreißen gespannte Gürtelband fest umklammert, in seine Kammer glitt.

Ein leichtes Vibrieren des Bodens, und dann jenes höhnisch klingende, ohrenbetäubende Krächzen wie aus abertausenden verdorrten Kehlen, als das Rad anruckte. Mathers spürte, wie sich der Gürtel noch etwas stärker straffte. Wenige Sekunden später, schien er zu reißen, doch es war nur das plötzliche Erschlaffen gewesen; die Trennwand begann Zentimeter um Zentimeter an dem Toten vorbeizuziehen. Immer wieder spannte sich der Gürtel, wenn hervorstehende Spitzen der Trennwand sich in die Kutte hakten. Der Stoff war zwar mürbe, aber der Gürtel war vom selben Material, nur daß er aus vier Lagen bestand. Beim dritten Anrucken riß die Schlinge. Erschöpft rutschte Mathers zu Boden, unfähig, zum Bett zu kriechen. Alles, was ihm zu tun verblieb, war abzuwarten.

Berstende Steine, Kratzen, Schaben, Knirschen, dazwischen lautes Knacken und Splittern, wie Schmerzenslaute einer geschundenen Kreatur. Schürfen, Mahlen, Poltern, Dröhnen, Brechen, er konnte es einfach nicht mehr hören, wie ein Kind preßte er die Hände auf die Ohren, doch das Schreien des Berges drang durch sie hindurch, als wären sie von Papier.

Eine Hand schlug ihm ins Gesicht, der linke Arm des Toten, welcher als erstes zum Vorschein kam. Erschreckt zuckte Mathers zurück.

Der linke Arm!

Mit dem Rücken zum Berg, hatte er den Toten in die Spalte gestellt. Der Berg hatte ihn gedreht! *Mathers schlug die Hände vors Gesicht, als der Tote aus der Wand kippte.*

Schritt für Schritt wanderte die zurückweichende Felsenstelle in seine Zelle, durch sie hindurch, erreichte schließlich die Trennwand zur nachfolgenden Kammer. Vorsichtig schleifte Mathers die deformierte Gestalt zur anderen Seite der Zelle und lehnte sie mit abgewandtem Gesicht an den Fels.

Eine halbe Stunde später kam das Rad zur Ruhe.

Behutsam schob Mathers den auf der Seite liegenden Toten, so weit er es vermochte, in die Öffnung zur nachfolgenden Zelle. Joannas Körper legte er in gleicher Weise auf die Leiche des Fremden und schob auch sie in den Spalt, bis nurmehr ihre Unterkörper herausragten. Am kommenden Tag würden beide in die nächste Zelle wandern und in ihr bleiben, falls sie nicht von den nachfolgenden Gefangenen wieder und immer wieder in die Felsennische gebettet wurden, bis sie sich, vom Berg zermalmt und zerrissen, auflösten.

Mathers mußte, koste es was es wolle, endlich einen Weg finden, diesem Alptraum ein Ende zu setzen. Doch allein schien es ihm nicht zu gelingen; er brauchte fremde Hilfe. Vielleicht sollte er einen Wahrsager aufsuchen, einen jener Meister der Schwarzen Magie, von denen er in seiner Kindheit gehört hatte.

»Was willst du von mir?« fragte eine unangenehme Stimme.

Mathers wandte sich um. »Den Namen dessen, der die Geschichte vom Berg Kharnabhar geschrieben hat.«

»Er kann dir nicht helfen.«

»Wer dann?«

»Nur einer, du Tor«, grinste das bleiche Gesicht, »und der kann dir auch nicht helfen.«

»Und wer ist das?«

»Du selbst.«

»Und wie?«

»Träumen.«

»Aber die Träume sind es doch gerade, die mich so quälen?«

Schauriges Lachen quoll aus den gelben Zahnreihen des Wahrsagers und füllte seine Höhle bis in den letzten Winkel. »Wissen ist Macht, sagt man, aber ich sage dir, du mußt zu Stein werden, um den Kharnabhar zu besiegen. Und nun mach, daß du fortkommst, bevor ich noch mehr sage!«

Nichts hatte er erfahren – außer einer Handvoll dunkler Worte, die keinen rechten Sinn ergaben.

Er mußte selbst einen Ausweg finden, war es das, was ihm der Alte sagen wollte? Aber wie sollte er eine erfundene Geschichte besiegen, eine Lügengeschichte?

Eine Lügengeschichte!

Widerlegt man eine Lüge nicht durch die Wahrheit, und Träume durch die Wirklichkeit? Er mußte das Traumgebilde zerpflücken, es so lange sezieren, bis es sich selbst widerlegte und in Luft auflöste. Er mußte beweisen, daß die Geschichte etwas beschrieb, das gar nicht sein *kann*; und was nicht sein kann, gibt es nicht! So einfach war das, er mußte nur den Beweis erbringen. Wissen *ist* Macht!

Mathers konzentrierte sich: Ein riesiges Steinrad, aus dem Berg geschnitten. Bereits die erste Unmöglichkeit; aber nicht beweisbar, weil das Wie in der Geschichte nicht beschrieben wird. – Das Schlagen der Zellen in den Radrand? – Nur in der Zugangs- und der Ausgangshöhle konnte man gleichzeitig am Rad arbeiten. Durchmesser des Rades zirka acht Kilometer, Umfang des Rades somit über fünfundzwanzig Kilometer. Pro Zelle mit Trennwand, im Schnitt sechseinhalb Meter; also über dreitausendfünfhundert, fast viertausend Zellen im Rad. Drei Generationen lang wurde im Berg gearbeitet, sechzig, siebzig Jahre also. Pro Zelle brauchten sie womöglich Wochen, nimmt man nur eine Woche, dann wären das allein über siebzig Jahre!

Aber die Geschichte sagt auch nicht, wie lange an einer Zelle gearbeitet wurde.

Die Zugketten? Sie konnten doch erst nachträglich angebracht werden. Dauer? Im besten Fall weitere zehn Jahre, ein Radumlauf. – Oder war es denkbar, daß durch die Schächte zur Ausbesserung von Bruchstellen …? Aber die Geschichte mußte doch zu widerlegen sein!

Sieben bis acht Meter drehte sich der Radkranz täglich weiter. An die zehn Jahre sollte ein voller Umlauf in Anspruch nehmen, stand in der Geschichte. Das entspräche einem Radumfang von mehr als siebenundzwanzig Kilometern und einem Durchmesser von fast neun Kilometern. Deutlich mehr, als in der Geschichte angegeben war!

Andrerseits: ging man von neuneinviertel Jahren aus, so ergab dies einen Raddurchmesser von fast genau acht Kilometern, oder jenen fünf Meilen, die in der Geschichte angegeben waren. Neun Jahre und zweihundertvierundfünfzig Tage waren in der Zelle des Bärtigen eingeritzt. Am hundertundzweiten Tag waren sie sich begegnet. Ein Umlauf dauerte demnach ziemlich genau neun Jahre und fünf Monate. Die Freilassung erfolgte noch etwas früher, möglicherweise genau nach neuneinviertel Jahren!

In Mathers Kopf begann sich Gelesenes und Geträumtes zunehmend zu vermischen. Er mußte besser aufpassen!

Das tägliche Ziehen an den Ketten? Wie war es überhaupt möglich, einen derartigen Rhythmus beizubehalten? Das Klopfen begann immer an der gleichen Stelle, erinnerte sich Mathers, irgendwo hinter ihm. Offensichtlich wurde es nicht von den Gefangenen, sondern von den Wärtern entfacht, wahrscheinlich in der Ausgangshöhle oder in einer der Kammern über dem Rad!

Vorsicht, schon wieder vermengte er Traum und Geschichte!

Einige Minuten Arbeit an der Kette, kurzes Ausruhen und erneutes Zerren, an die drei Stunden täglich. So war es beschrieben, und so hatte er es geträumt. Aber wie sollte jene wundersame Synchronität gemeinsamen Ziehens und Ausruhens zustande kommen? Während die einen noch zogen, gaben andere längst auf. Die Arbeits- und Erholungsphasen mußten somit ebenfalls von außen gesteuert sein! Davon stand jedoch nichts in der Geschichte! Das Anrucken des Rades war das Zeichen zum erneuten gemeinsamen Krafteinsatz, aber das Anrucken selbst mußte von außen bewerkstelligt werden! Aber wie, wenn sich die Gefangenen selbst durch den Berg zogen? Dies war doch das Gesetz des Kharnabhar, die Zentralidee jener verdammten Geschichte!

Irgend etwas stimmte nicht an dieser Idee!

Mathers spürte, daß hier der Schlüssel zu dem gesuchten Beweis liegen mußte. Fieberhaft begann er zu rechnen. Den ungefähren Durchmesser des Rades wußte er und damit auch die Grundfläche des Steinzylinders, was er nicht wußte, war seine

Dicke. Es war anzunehmen, daß meterdicke Gesteinsschichten unter und über jeder Zelle lagen, vor allem unter ihr. Sein Beweis sollte jedoch hieb- und stichfest sein, also berechnete er nur die Masse eines Steinrades von acht Kilometern Durchmesser und einer Dicke von nur einem Meter.

Er konnte es im Kopf.

Radius, also 4×10^3 zum Quadrat, ergibt 16×10^6 und das mal Pi; dürfte fast genau 50 Millionen Quadratmeter für die Zylinderfläche ergeben.

Gestein war sicherlich erheblich schwerer als Wasser, aber selbst wenn es nur so schwer wog wie Wasser, so ergab dies bei einer Zylinderhöhe von nur einem Meter immer noch 50 Millionen Tonnen für das gesamte Steinrad. Demnach fielen auf jeden der 4000 Gefangenen, auch diese Zahl war etwas zu hoch angesetzt, mehr als 10000 Tonnen. Zehntausend Tonnen!

Selbst wenn sich das Rad so reibungsarm durch den Berg drehen würde, wie sich Züge auf Schienen bewegten (Reibungsfaktor zwei Tausendstel, erinnerte sich Mathers) und nicht, wie beschrieben, über Gestein mahlte, so verblieben für jeden Gefangenen noch immer über zwanzig Tonnen!

Ein Ding der Unmöglichkeit!

Mathers rechnete alles mehrfach durch, wählte andere Rechengänge und überprüfte auch diese.

Am Ergebnis änderte sich nichts: Selbst wenn alle Gefangenen gleichzeitig ihre ganze Kraft einsetzten, konnten sie das Rad auch nicht einen Millimeter weiterdrehen!

»So ist es«, sagte jene unangenehme Stimme, die er sogleich wiedererkannte.

»Ich habe die Geschichte widerlegt«, triumphierte Mathers, »ich habe sie besiegt.«

»Wissen ist Macht«, kicherte der Wahrsager, »aber ich sagte es bereits, man muß zu Stein werden, um den Kharnabhar zu besiegen.«

»Es gibt keinen Kharnabhar!«

»Und was ist das?« Funken sprühten aus boshaften Augen. Mit einer weitausholenden Bewegung schlug der Wahrsager seinen Umhang über den Kopf und verharrte bewegungslos. Langsam ließ er den erhobenen Arm sinken und stand noch immer unbe-

– VADE SATANA...

weglich und still, das gesenkte Gesicht von einer geräumigen Kapuze überschattet, während sich der Umhang, in eine Kutte zu verwandeln schien.

»Wer bist du?« fragte Mathers, obwohl er es wußte.

»Ein Geist des Kharnabhar.«

»Und was willst du von mir?«

»Du glaubst nicht an den Kharnabhar?«

»Ich habe bewiesen, daß es ihn nicht geben *kann*!«

Da setzte sich der Mönch, sein Gesicht noch immer im Dunkel und begann zu erzählen. »Dem Herrn, meinem Gott, zu dienen, war mein Bestreben. Ich ging in ein Kloster, doch die Klöster wurden aufgelöst, und selbst das Tragen der Kutten wurde uns verboten. Ich floh in den Regenwald. Doch die Häscher des Tyrannen durchkämmten nicht nur die abgelegensten Gebirgsregionen, sondern selbst den Regenwald. Eines Tages fanden sie mich und drohten mit der Einkerkerung im Kharnabhar, falls ich nicht von meinem Glauben ablieſse. Es schien mir wie ein Zeichen des Herrn, und so wurde ich in den Berg geführt, in Finsternis und Einsamkeit; denn einzig und allein der Herr sollte mir Licht und Trost sein. Doch ich war schwach und habe der Versuchung nicht widerstanden, mir Licht zu verschaffen. Aber der Herr hat mir verziehen und mein Flehen erhört. Tag für Tag habe ich darum gebetet, im Berg bleiben zu dürfen, zur Läuterung meines Geistes und zur Reinigung meiner Seele. Am Tage der Freilassung habe ich mir die Augen verbunden und die Wärter gebeten, mich in meiner Zelle zu lassen. Der Herr schlug ihre Augen mit Blindheit und machte sie glauben, ich sei verrückt geworden. Sie konnten nicht verstehen, daß der Berg für mich nicht Verdammnis, sondern Erlösung war. In der Zugangshöhle knieten einige Wärter nieder und erbaten meinen Segen, sie hatten erkannt, daß mein Herz taub geworden war für die Versuchungen der Welt ...«

»Ich weiß, man muß zu Stein werden, um den Kharnabhar zu besiegen«, und noch während er es sagte, stürzte sich Mathers auf den Mönch und riß ihm die Kapuze vom Kopf.

Zum Vorschein kam das Gesicht des Wahrsagers.

»Alles Lug und Trug«, schrie Mathers, »es gibt keinen Bärtigen und keinen Kharnabhar!«

»Du hast es bewiesen, ich weiß«, kicherte die Teufelsfratze, »und dennoch möchtest du so vieles wissen.«

»Was will ich wissen!«

»Weshalb der Bärtige verrückt geworden ist, wieso er in Joannas Zelle geschlüpft ist, wieso er dich angegriffen hat, woran Joanna gestorben ist, weshalb ...«

»Dann sag es mir doch endlich!«

»Wie könnte ich?«

»Gibts du nicht vor, ein Wahrsager zu sein!«

»Ich gebe es nicht vor, ich bin es. Aber alles, was ich weiß, weiß ich von dir.«

»Von mir?«

»Nur von dir.«

»Und ich weiß, daß es den Kharnabhar nicht gibt! Ich habe es bewiesen!«

»Bewiesen hast du nur, daß das Steinrad nicht durch die Gefangenen bewegt werden kann.«

»Ich habe *das Gesetz* des Kharnabhar widerlegt!«

»Du hast es nicht widerlegt, sondern gefunden.«

»Gefunden?«

»Welchen Sinn hätte das Rad, wenn es tatsächlich von den Gefangenen gedreht würde? Zu viele würden es zu schnell bewegen, und zu wenige zu langsam oder gar nicht. Wie sollte überdies die Zahl der Gefangenen kontrolliert werden, wenn man nicht vorhersagen kann, wer wann erkrankt oder gar stirbt?«

»Statistik?«

»Würde nichts daran ändern, daß das Rad von außen gesteuert werden muß. Außerdem viel zu umständlich. Der viel einfachere Weg ist, das Rad völlig unabhängig von den Häftlingen zu bewegen, es so groß und schwer zu machen, daß selbst tausendfache Menschenkraft völlig unerheblich ist.«

»Aber wer konnte so ein Monstrum bauen und über Jahrtausende hinweg in Gang halten?«

»Weißt du es?«

»Nein?«

»Dann weiß ich es auch nicht.«

»Aber die Ketten?«

»Du kennst die Antwort.«

»Bloße Beschäftigungstherapie?«

»Ohne die aber kaum einer die Einkerkerung überleben würde.«

»Aber den Kharnabhar gibt es doch gar nicht!«

»Ich weiß«, gluckste der Wahrsager, dessen Gesichtszüge mehr und mehr jenen von Mathers glichen, »ich weiß, du hast es bewiesen.«

Mathers griff nach dem Hals des Alten und drückte zu. Doch das gräßliche Lachen schwoll weiter an.

»Hörst du den Berg? Hörst du ihn rufen?«

Mathers drückte noch fester zu. »Es gibt keinen Berg!« schrie er; und der Hals zwischen seinen Händen, begann zu zerbröckeln, zerkrümelte zu winzigen Körnern, die durch Mathers Finger rieselten. Nichts blieb von jenem teuflischen Zerrbild seines Ichs als ein Häufchen Sand zu seinen Füßen und das verklingende Echo des Gelächters zwischen fernen Wänden.

Dann hörte Mathers nur mehr das Pochen seines Herzens, hörte das Blut in seinen Ohren, hörte es wie wild gegen die Wände seines Kopfes schlagen, hörte es lauter und lauter dröhnen ...

Es war nicht das Pochen seines Blutes, das seinem langen Traum ein Ende setzte, es war der allmorgendliche Ruf zu den Ketten.

NACHWORT

Vielleicht interessiert es den Leser zu erfahren, worum ich Science Fiction schreibe und wie ich dazu gekommen bin.

Als Kind und Jugendlicher las ich alles mögliche (meine Tante hatte eine Leihbücherei), nur an SF-Bücher kann ich mich eigenartigerweise nicht mehr erinnern, mit Ausnahme jener, über Tarzanabkömmlinge wie Bomba den Dschungelboy und die wöchentlich mit Sehnsucht erwarteten Zwei-Groschen-Heftchen über Akim, den Herrscher des Urwalds.

Auch an meine zweite oder eigentliche Begegnung mit der SF erinnere ich mich nur sehr dunkel. Es war Ende der 60er Jahre, als ich, nach Abschluß meines Studiums, für längere Zeit in die USA fuhr, um mich zum Psychotherapeuten ausbilden zu lassen. Mein Englisch war alles andere als perfekt, so beschloß ich, das Nützliche mit dem Angenehmen zu verbinden und begann, amerikanische SF zu lesen. Zuerst nur Isaac Asimov und Frank Herbert, dann auch Kurt Vonnegut, Philip K. Dick, Arthur C. Clarke und zunehmend Anthologien.

Anfang der 70er Jahre kehrte ich mit einigen Kilo SF nach Deutschland zurück, eröffnete in München eine Praxis und kam zunehmend seltener dazu, eines der mitgebrachten Bücher zu lesen. Dennoch vermochte und vermag ich bei meinen regelmäßigen Besuchen in den USA dem Einkauf weiterer Kilo SF nicht zu widerstehen. Das soll nicht heißen, daß mein Bücherregal von SF-Literatur überquillt und schon gar nicht, daß ich ein profunder Kenner dieses Genres wäre. Von meinen rund 200 SF-Büchern habe ich schätzungsweise erst ein Drittel gelesen (und das Gelesene zum Großteil schon wieder vergessen).

Mein erster SF-Versuch war ein Gedicht, das Anfang der 70er Jahre entstand. Die erste Geschichte schrieb ich 1973, als ich bereits 31 Jahre alt war. Verglichen mit anderen Autoren, gehöre ich zu den Spätzündern, obendrein zu jenen mit erheblichen Ladehemmungen. Ich schrieb sie zu meinem eigenen Vergnügen, zeigte sie einigen Freunden, denen sie gefiel, und schrieb die nächste. Mitte 1974 waren es eine gute Handvoll, sowie der verunglückte Beginn eines Romans. Dann kam die erste große Ladehemmung. Mein Beruf ließ mir kaum mehr Zeit, zudem begannen andere Interessen meine Lust am Schreiben zu verdrängen; und an eine Veröffentlichung dachte ich ohnehin nicht.

1975 fiel mir durch Zufall eine Nummer des *SF Story Readers* (Heyne Verlag) in die Hände, in dem, zu meiner Überraschung, auch deutsche Autoren vertreten waren. Kurz entschlossen wählte ich zwei meiner Geschichten aus und sandte sie an Wolfgang Jeschke, dem Herausgeber beim Heyne Verlag. Eine kam wieder zurück, und die andere erschien noch im gleichen Jahr im *SF Story-Reader 5*.

Bei dieser Veröffentlichung wäre es wohl geblieben, hätten sich nicht Jahre später zwei, inzwischen profilierte, Herausgeber an mich gewandt: Jörg Weigand, mit dem Angebot, die veröffentlichte Story ROMEO UND JULIA, in eine französische Anthologie zu übernehmen, und Thomas Le Blanc, mit der Bitte um eine Geschichte für seine erste Anthologie.

Hierdurch erneut stimuliert, begann ich nach fünfjähriger Pause wieder zu schreiben, wobei ich es nicht zuletzt den freundschaftlichen und anregenden Gesprächen mit Wolfgang Jeschke verdanke, daß mir die Freude am Schreiben bis auf den heutigen Tag erhalten geblieben ist. Er war es auch, der meinem Wunsch popularwissenschaftliche Artikel zu verfassen, den nötigen Auftrieb verlieh, die sich jedoch bislang ausschließlich mit den hard sciences befassen, während in meinen Geschichten die ›soft sciences‹ im Vordergrund stehen.

Warum schreibe ich?

Zweifellos ist es für mich ein heilsamer Ausgleich zu meiner beruflichen Arbeit, oftmals auch eine Art Flucht, in der ich allerdings nichts a priori Verwerfliches zu sehen vermag.

Tiefer liegende Gründe scheinen mir in den Sehnsüchten und Ängsten meiner Kindheit verborgen, die ich, wie wohl jeder von uns, auch noch als ›erwachsenes Kind‹ mit mir herumtrage; in der kindlichen Lust am Fabulieren, am befreienden Lachen, in dem Wunsch, sich die Welt verfügbar zu machen, die Grenzen der Realität zu sprengen, mächtig und überlegen zu sein, sowie in dem Versuch, Ängste zu artikulieren, Ventile zu schaffen, Innenwelten zu öffnen.

Warum ausgerechnet Science Fiction?

Weil nur dieses Literaturgenre jene, mich faszinierenden Möglichkeiten bietet, auf die ich bereits in den Einführungen zu den einzelnen Geschichten eingegangen bin.

Aus dem Bisherigen erklärt sich auch teilweise, worüber ich Geschichten schreibe, aber wie gesagt, nur teilweise, weil die Bedingungsgeflechte, die zum Entstehen einer Erzählung führen, höchst komplexer und unterschiedlicher Natur sind, die, wie ich glaube, selbst vom Autor nur zum Teil durchschaut und nachvollzogen werden können. Wollte ich dennoch versuchen, einen gemeinsamen Nenner meiner Geschichten zu finden, so könnte er in meiner Irritation und Faszination durch das Ungewisse und Relative liegen, dem Nichtwissen hinter dem Wissen, dem Oszillieren von Gut und Böse, von Wahrheit und Unwahrheit, von Schein und Wirklichkeit.